아이를 변화시키는 부모 수업

: 아이의 감정을 이해하고 행동을 변화시키는 DBT 양육법

THE UNCONTROLLABLE CHILD: Understand and Manage Your Child's
Disruptive Mood With Dialectical Behavior Therapy Skills

Copyright © 2021 by Matis Miller

All rights reserved.

Korean translation rights arranged with New Harbinger Publications, Inc.,
U.S.A through Danny Hong Agency, Seoul.

Korean translation copyright © 2022 by Happy Han-Ga

이 책의 한국어판 저작권은 대니홍 에이전시를 통한 저작권사와의 독점 계약으로
해피한가에 있습니다.
신저작권법에 의해 한국 내에서 보호를 받는 저작물이므로 무단전재와 복제를 금합니다.

아이를 변화시키는
부모 수업

아이의 감정을 이해하고 행동을 변화시키는
DBT 양육법

마티스 밀러 지음, 주디스 벡 서문, 나경세 옮김

해피한가

‖ 이 책에 쏟아진 찬사들 ‖

"말 안 듣는 아이로 힘들어하는 부모에게 엄청난 도움이 되는 책이다. 이 책은 탄탄한 연구 결과를 바탕으로, 부모가 먼저 자신의 감정을 다스린 뒤에 아이들의 원기 왕성한 감정들을 다룰 수 있는 실용적이고 유용한 조언을 담고 있다. 부모가 먼저 평정심을 찾은 뒤 현실적이면서도 매우 유용한 계획을 마련할 수 있게 도와준다. 당장 이 책을 읽어라!"

― **존 가트맨**, 임상심리학 박사, 『내 아이를 위한 사랑의 기술』 저자

"마티스 밀러의 이 책은 섬세하고 감정적이며 때로는 충동적인 아이를 둔 부모를 위한 선물이다. 그가 예로 든 복잡한 가족들의 삶은 실제로 있을 것만 같은, 대부분의 부모라면 다 알 만한 극심한 딜레마를 보여준다. 전문 지식에 근거한 그의 제언은 자비롭고 우아하며 실용적이다. 이 책은 행동이론, 변증법의 원리, 변증법적 행동치료에 바탕을 둔 근거기반 실천들을 잘 엮어서 믿을 수 없을 정도로 읽기 쉽게 쓴 명작이다. 부모들은 밀러의 도움으로 경직되고 극단에 치우친 양육의 덫에서 벗어나게 될 것이다."

― **찰스 스웬슨**, 정신건강의학과 전문의, 매사추세츠 의과대학 정신과학 교실 부교수

"이 책은 양육에 참고할 만한 중요한 문헌이다. 마티스 밀러는 양육의 영역에서 가장 어려운 몇 가지 문제들에 대해 명확하고 통찰력 있는 개념과

효과적인 탐색 도구를 제시함으로써, 수용과 변화라는 양극을 통합하는 과정을 멋지게 보여준다. 그는 우리가 아이에게 줄 수 있는 가장 큰 선물은 바로 건강한 양육이라는 것을 상기시킨다."

- **웬디 테리 비헤리**, 뉴저지 인지치료센터 및 뉴저지-뉴욕시, 워싱턴 DC 스키마치료연구소 소장, 『자아도취적 이기주의자 대응심리학』 저자

"많은 부모와 아이들이 의사소통의 어려움, 고조되는 감정, 협력을 둘러싼 갈등(혹은 협력의 부재)으로 힘들어 한다. 누군가(때로는 부모, 때로는 아이)를 비난하는 것이 너무나 자주 해결책처럼 남발되고, 자신이 비난하는 대상을 변화시키기 위해 많은 노력을 쏟아 붓는다. 다행히도 마티스 밀러는 훨씬 더 쓸모 있고, 상대를 덜 탓하며, '수용 및 마음챙김'과 '변화 및 학습' 사이의 균형을 맞춘 접근법을 제시한다. 저자는 이러한 문제들이 근본적으로 부모-아이의 교류에서 비롯된다고 여기며, 이를 함부로 판단하거나 평가하지 않고 DBT 원리에 따라 실용성과 기술에 기반한 풍부한 개입 방법들을 제공한다. 아이의 행동 문제가 얼마나 자주 나타나든 상관없이, 부모라면 모두 여기에 나오는 기법들을 유용하게 활용할 수 있을 것이다. 마티스는 모든 가족에게 도움이 될 수 있는 명확한 양육 지침을 제공한다!"

- **앨런 E. 프루제티**, 임상심리학 박사, 하버드 의과대학 심리학과 교수, 『커플 연습』 저자

"이 책은 다루기 어려운 아이를 양육하는 데 유일무이하고 귀중한 지침서다. 최근 들어 아이들의 기분 및 행동 장애가 증가하고 있다. 이 책은 사랑

과 통제 사이의 균형을 찾는 기예를 익히는 데 영향을 끼치는 복합적인 요인들을 깊이 고려하여 적절한 예방 전략을 제시한다."

- **데이비드 펠코위츠**, 뉴욕 예시바 대학교 아즈리엘리 유대인 교육행정대학원 심리학 및 유대인 교육학과 학과장

"마티스 밀러의 탁월한 저작인 아이를 변화시키는 부모 수업: 아이의 감정을 이해하고 행동을 변화시키는 *DBT* 양육법은 까다로운 아이를 둔 부모에게 희망을 준다. 이 책은 부모가 통제와 강압보다는 균형과 사랑으로 아이를 키우도록 인도한다."

- **라비 예치엘 I. 페르**, 뉴욕 파 라커웨이 데렉 에이슨 유대교 신학대학교 교장 및 학장

"마티스 밀러의 아이를 변화시키는 부모 수업: 아이의 감정을 이해하고 행동을 변화시키는 *DBT* 양육법은 그가 이 분야에서 쌓아 온 전문성과 오랜 경험을 바탕으로 쓴 책이다. 저자는 말을 안 듣는 것처럼 보이는 아이를 다루는 데 도움이 되는, 쉽고 따라하기 좋은 매뉴얼을 제공한다. 이 책은 부모가 DBT 원리에 입각해서 아이의 내부에서 작동하는 과정, 감정, 행동을 이해함으로써, 명확하고 꼼꼼하게 아이를 변화시켜 나갈 수 있게 해준다."

- **새뮤얼 D. 맨델먼**, 교육 및 발달심리학 박사, 뉴욕 브루클린 인지학습연구소 발달심리학자

차례

역자 서문 » 8
서문 » 10
서론 » 12

- **1장** 시작하기 » 19
- **2장** 수용: 변화의 열쇠 » 47
- **3장** 실용적 수용 전략 » 67
- **4장** 마음챙김: 길을 밝히기 » 97
- **5장** 인정: 관계 부스터 » 143
- **6장** 아이의 행동을 조성하는 강화 전략 » 173
- **7장** 바람직하지 않은 행동을 줄이는 변화 전략 » 217
- **8장** 한계 설정과 적용 » 257
- **9장** 가족 안에서 균형을 맞추기 » 299

감사의 말 » 330
참고문헌 » 332

‖ 역자 서문 ‖

아이를 키우는 것만큼이나 서로 상반되는 얘기들이 그럴 듯하게 오가는 분야도 별로 없을 것이다. 어떤 이는 부모가 호랑이 같이 엄하게 키워야 한다고 말하고, 또 어떤 이는 한결같은 지지와 칭찬이 중요하다고 말한다.

진료실 안팎에서 만나는 적지 않은 부모들은 자신들이 양육을 제대로 못해서 아이가 잘못되면 어쩌나 걱정과 죄책감을 호소한다. 양육 전문가들이 하는 말을 들어보면 맞는 것 같다가도, 막상 집에서 내 아이한테 적용하려고 하면 도무지 뭘 어떻게 해야 할지 엄두가 안 나기도 한다. 더 잘하고 싶지만, 도대체 여기서 어떻게 더 잘하라는 것인지 괜한 반발심과 체념이 들기도 한다.

한 가지 확실한 것이 있다. 양육을 둘러싼 이 모든 모순적인 현상과 경험들은 지극히 당연하고 자연스러운 것이라는 점이다. 어쩌면 바로 이런 생각이 드는 사람도 있을 것이다. '이것도 맞고 저것도 맞으면 대체 뭘 어떻게 하라는 거야?'

이 책의 특장점은 바로 여기에 있다. 이 책은 부모가 아이를 특별한 방식대로만 양육해야 한다고 주장하지 않는다. 이 책에서 가장 중요하게 주장하는 것은 바로 '효과적인 것을 하라'는 것이다. 사람은 저마다 다른 모습으로 태어나고, 집안 분위기와 환경 등도 제각기 다르다. 다른 사람들이 효과를 본 양육법이 있다 한들, 우리집에서 나와 내 아이에게 효과가 없으면 그게 다 무슨 소용이란 말인가?

이 책에서는 변증법적 행동치료dialectical behavioral therapy, DBT에 기반한

양육 방법을 제시한다. DBT는 하나의 이론이자 기법으로서 고유한 체계와 방향성을 지니고 있다. 하지만 DBT에서는 '어느 방향으로 가야 한다'가 아니라, '자기에게 가장 잘 맞는(= 효과적인) 방향으로 가야 한다'는 것을 강조한다.

이 책은 짤막하고 단순한 조언들이 아니라, 근본적인 마음가짐과 구체적인 실천 방법을 알려준다. 풍부한 예시를 통해 '실제 현실에서는 어떻게 하는지' 알기 쉽게 보여준다. 부모들은 이 책의 내용을 응용해서 각기 다른 아이들(키워보면 알겠지만 한 부모에게서 태어난 아이들이라고 해도 제각각이다)에게 가장 잘 맞는 방식으로 활용할 수 있을 것이다.

이 책에 나와있는 대로 하려고 하면 분명 처음에는 잘 안 될 것이다. 당신이 자전거를 처음 탈 때, 악기를 배우기 시작할 때, 운동을 시작했을 때 어땠는지 떠올려 보라. 아마 처음부터 잘하지는 못했을 것이다. 오히려 넘어지기도 하고, 손이 까지기도 하며, 온몸이 욱신거리기도 했을 것이다. 그럼에도 불구하고 계속 노력했을 때 어떤 결과를 얻었는지 떠올려 보라. 양육도 마찬가지다. 과정을 믿으면서 계속하라. 분명 성과가 있을 것이다.

마지막으로, 비록 이 책이 DBT라는 특정한 인지행동치료 기법을 중심으로 내용을 풀어 나가고 있지만, 주 독자층이 부모들인 점을 번역 과정에 중요하게 고려하여 가급적 일상적이고 평이한 표현을 사용하고자 했다. 다만, 강화reinforcement, 소거extinction, 포만satiation 등을 비롯해 학계에서 널리 통용되고 있는 주요 행동심리학 용어들은 달리 대체할 만한 어휘가 마땅치 않아 그대로 사용하였다. 그 외 독자들의 이해에 도움이 될 만한 부분에는 별도로 역자 주석을 각주로 달았으니 참고하면 좋겠다.

‖ 서문 ‖

나는 전세계에 있는 정신건강 전문가들에게 인지행동치료를 훈련시키는 비영리단체인 벡Beck 연구소 소장으로서, 매년 수없이 많은 정신건강 분야의 책들을 리뷰할 수 있는 선망의 자리에 있다. 내가 리뷰하는 책들 중에는 아이들과 관련한 근거기반 책들도 꽤 많다. 아이를 변화시키는 부모수업: 아이의 감정을 이해하고 행동을 변화시키는 DBT 양육법은 그 중에서 아주 탁월한 책으로, 쉽게 읽히면서도 부모가 무슨 말을 하고 어떤 행동을 해야 하는지 알려주는 무수히 많은 예들을 수록하고 있다.

너무 많은 양육 책들이 부모가 부족한 양육 기술에만 초점을 맞춘다. 반면에 이 책은 부모가 자신에게 활용할 수 있는 기법들까지도 다루고 있다. 이를 통해 부모는 도움이 안 되는 믿음과 행동을 변화시키고 좌절이나 불안, 슬픔, 무능력감을 감소시켜서, 궁극적으로 아이들을 더 효과적으로 키울 수 있을 것이다. 이 책의 저자인 밀러는 왜 단지 양육 기법을 배우는 것만으로는 충분하지 않은지를 생생히 보여준다. 부모는 비현실적인 생각과 기대를 변화시켜야 할 필요가 있다. 이 책에 나와 있는 수용과 마음챙김 전략은 아이의 행동을 효과적으로 조성하기[1] 원하는 부모라면 꼭 익혀야 할 선행 학습이다. 수용, 현실적 기대, 그리고 침착한 태도는 변화의 필수 요건이지만, 구체적인 지침 없이 그러한 경지에 이르기는 쉽지

---

1 조성shaping은 복합적인 행동을 학습시키기 위해 낮은 수준의 행동부터 점진적으로 강화하고 보상하는 학습 방법이다. 자세한 내용은 '6장 아이의 행동을 조성하는 강화 전략'을 참조할 것

않다.

이 책에서 밀러는 색다른 방법으로 아이들에게 접근할 수 있도록 명확한 로드맵을 제시한다. 첫 번째 단계인 인정[2]은 특히 중요하다. 비록 많은 부모가 이 전략을 사용하는 데 실패하지만 말이다(특히 화가 나면 더욱). 두 번째로, 강화 전략 및 바람직하지 않은 행동을 줄이기 위한 구체적인 기법을 제시한다. 한계를 설정하는 것은 또 다른 핵심 기술이다. 한계를 설정하는 것만큼이나 중요한 것은 바로 시간이 지나도 그 한계를 계속 유지하는 것이다. 이 책에는 이를 위한 귀중한 방법들이 많이 나와 있다. 마지막으로, 다른 가족 구성원 및 아이에게 영향을 끼칠 수 있는 사람들이 이 책의 권고에 따라서 함께하기를 거부하는 상황에서 부모가 어떻게 하면 좋은지에 대한 지침도 제공한다.

나는 이 책에 담긴 귀중한 기술들이 양육에 힘겨워하는 부모와 아이 사이에 의사소통을 향상시키고, 가정에 평화를 가져오며, 긍정적인 미래로 가는 길을 닦아 줄 것임을 믿어 의심치 않는다. 이 책은 당신과 당신의 가정에 매우 의미 있는 변화를 가져다줄 수 있다. 읽고, 시도하고, 스스로 변화하는 것을 지켜보라!

- 주디스 벡, 임상심리학 박사
벡 인지행동치료연구소 소장
펜실베니아 대학교 정신과 심리학 임상교수

---

2 인정認定validation은 현재의 삶의 맥락과 상황에 비춰 볼 때 그 사람이 느끼는 감정과 경험이 타당하고 그럴 만하다는 것을 알아주는 것이다. 자세한 내용은 '5장 인정: 관계 부스터'를 참조할 것

‖ 서론 ‖

나는 좌절에 빠진 부모들을 수없이 많이 만나 왔다. 내담자, 친구, 청중 할 것 없이 그들은 하나같이 이렇게 말한다.

아이에게 설명서가 같이 딸려 나오면 얼마나 좋을까요!

말 잘 듣는 아이의 부모마저도 자신이 양육을 어떻게 할지 몰라서 허둥대고 있다고 느낄 때가 많다. 그들은 일상적인 양육 상황에서 어떻게 반응하고 대응해야 하는지에 대한 명확한 단계별 지침이 있었다면 훨씬 양육이 편했을 거라고 아쉬워한다.

문제는 정보의 부족이 아니다. 사실 현대 사회 부모로서 당신은 그 어느 때보다도 더 필요한 정보에 바로 접근할 수 있다. 책, 강연, 팟캐스트, 웹사이트… 어쩌면 매일 당신의 메일함에 짤막한 양육 팁이 전달되고 있을 수도 있다.

하지만 때로는 이 모든 정보를 접하는 것이 혼란스러울 수도 있다. 이렇게 하는 방법이 저렇게 하는 방법과 상충되기도 한다. 첫째 아이에게 효과가 있었던 것이 둘째 아이에게는 효과가 없다. 당신의 부모가 사용했던 양육 기법과 너무나 다른 방법에 갈등이 느껴지기도 한다.

"모든 부모가 꼭 알아야 하는 기법"이나 "당신의 삶을 바꿔줄 **단 한가지 양육 기법**" 같은 말에 현혹되지 마라. 당신이 이 책을 다 읽고 나면 "올바른" 양육 방법을 선택할 필요가 없음을 배우게 될 것이다.

이 책이 양육에 대한 모든 것을 담고 있지는 않지만(사실 그건 불가능하기도 하다), 거의 근접했다고 볼 수는 있다. 이 책은 당신이 지금 가지고 있는 기술을 최대한으로 활용하는 데 필요한 관점과 지식을 제공해 줄 것이다. 이 책을 읽으면 굳이 양육에 필요한 "완벽한 방법"을 찾을 이유가 없어질 것이다. 당신이 배워 왔고 앞으로 배울 모든 기법을 거의 전부 당신 것으로 만들 수 있도록 도와줄 것이기 때문이다. 또한 이 책은 당신의 여정에 함께 하며 도움이 될 수 있는 실용적이고, 공감적이며, 실행 가능한 전략들로 가득 차 있다.

이 책은 변증법적 행동치료Dialectical behavior therapy, DBT의 개념과 기술에 기반을 두고 있다. DBT는 마음과 세계관을 넓혀주는 치료 모형이다. DBT의 주요 목표는 당신이 균형 있는 관점을 찾게 도와주는 것인데, 이는 양육이라는 아슬아슬한 줄타기에서는 두말할 나위도 없이 중요하다. 이 책을 읽어 가면서 당신은 양육의 양극단인 수용과 변화, 융통성과 일관성, 한계와 사랑의 균형을 맞추는 법을 배우게 될 것이다. 이 원리들은 당신이 새로운 기법들을 배우면서 현재 지니고 있는 양육 기법들을 향상시키는 데 활용할 수 있는 틀을 이룬다. 무엇보다 가장 중요한 것으로, 이러한 기법들이 왜 효과가 있고 어떻게 하면 이것들을 당신의 성격과 아이에게 알맞게 사용할 수 있는지 이해하게 될 것이다.

이 책의 목적

나는 치료자로서뿐만 아니라 개인적으로도 삶에 힘들어하는 사람들을 많이 만난다. 그들이 겪는 어려움 중 상당수는 어린 시절에 예방하거나 없앨 수 있는 것들이었다.

어린 시절의 발달 시기는 누구에게나 장기적인 웰빙에 매우 중요한 역할을 한다. 아동청소년기 때 형성된 관계, 버릇, 믿음 체계, 살아가는 기술들이 인생의 근간을 이루게 된다. 이 시기의 건강은 평생에 걸쳐 막대한 영향력을 발휘하며, 그 효과 또한 오래 간다.

이 책은 전략적이고 효과적인 양육이 아이의 장기적인 성공에 굉장히 중요하다는 개념에 근거하고 있다. 부모는 아이의 삶에서 (비록 독보적이지는 않을 지라도) 가장 영향력 있는 여러 요인들 중 하나다. 즉, 부모가 달라지면 아이도 달라진다. 부모가 자신의 양육법에 일대 혁신을 일으킬 수 있는 능력을 발휘함으로써 그들이 목표로 하는 것들(아이의 긍정적인 행동 늘리기, 아이가 사랑받고 받아들여지고 이해 받는다는 확신을 갖게 하기, 그러면서도 아이의 비순응적이고, 파괴적이고, 공격적인 행동들을 감소시키기)을 이루게 하는 것이 이 책의 목적이다.

이 책은 당신에게 필요할까?

DBT와 이 책에 나와 있는 개념들은 충동을 억제하고 감정을 조절하는 데 어려움을 겪는 아이들에게 특히 효과적이다. 이 책을 통해 이런 아이들도 자신의 감정을 효과적으로 다루고 다스릴 수 있다. 그 중에는 정식으로 주의력결핍 과잉행동장애Attention-deficit/hyperactivity disorder, ADHD, 적대적 반항장애oppositional defiant disorder, ODD, 파괴적 기분조절장애disruptive mood dysregulation disorder, DMDD 등의 진단을 받은 아이들도 있을 것이다. 만약 당신의 아이가 이들 질환(이에 대해서는 1장에서 배우게 될 것이다) 중 하나로 진단받았거나, 일부 증상들을 지니고 있다면 이 책은 아이를 이해하고 효과적으로 양육하는 데 도움이 될 것이다.

물론 꼭 아이가 위에 열거한 정신질환으로 진단받거나 특별히 다루기 힘든 행동을 보여야만 이 책의 도움을 받을 수 있는 것은 아니다. 비록 이 책이 말 안 듣는 아이들을 키우는 부모들을 우선적으로 고려했지만, 단지 그들만을 위한 것은 아니다. 이 책은 모든 부모가 나름대로 갖고 있는 양육의 잠재력을 끄집어 낼 수 있게 도와줄 것이다.

양육의 산 오르기

나는 양육을 등반에 즐겨 비교한다.

산을 오르기 위해서는 기술, 지식, 도구가 필요하다. 도구 없이 정상까지 오르는 것은 말 그대로 불가능하다. 효과적인 등반가는 다양한 지형과 목적에 맞게 제작된 도구를 사용한다. 어떤 것들은 특정한 상황에서 효과가 있지만 다른 상황에서는 효과가 없다. 반면 다양한 상황들에 두루 사용될 수 있는 도구도 있다. 도구를 지나치게 많거나 적게 사용하면 등반이 느려진다. 시의적절하지 못하게 도구를 사용하면 정상까지 오르는데 방해가 될 뿐만 아니라 자칫하면 미끄러질 수도 있다.

그리고, 무엇보다 균형을 유지하는 것이 가장 중요하다.

등반과 마찬가지로 양육 역시 특별한 도구가 필요한 여정이다. 당신의 도구상자에도 이미 많은 도구들이 들어 있을 것이다. 하지만 그것들을 제 때 적절히 사용하고 있는지는 알 수 없다. 어떤 도구들은 유용하게 사용할 수도 있음에도 불구하고 처음에 기대했던 만큼 효과가 없어서 던져 버렸을지도 모른다. 혹은 애초부터 그런 도구를 가져본 적이 없을 수도 있다!

감정 조절로 힘들어하는 아이를 양육하기 위해서는 특별한 도구 모음이 필요하다. 당신이 달랑 도구 몇 개만 가지고 이제 막 등반을 시작했든 다년간의 경험을 보유하고 있든, 잘 정리된 도구상자와 설명서가 있으면 도움이 될 것이다. 이 책에는 당신이 거의 모든 상황에서 적용할 수 있는, 다양한 지형에서 활용할 수 있는 귀중한 도구들과 그 사용법이 담겨 있다.

만약 당신이 도구를 효과적으로 사용하는 데 도움이 필요하면, 대부분의 전문 등반가들이 독학으로 깨우치지 않았음을 명심하라. 당신의 등반 기술을 향상시키기 위해 전문적인 지원(혹은 다른 경험 많은 부모의 조언)을 찾는 것은 부끄러운 일이 아니다. 만약 당신이 이미 치료자의 도움을 받고 있다면 아이의 치료와 병행하며 이 책의 내용을 함께 활용하고 논의할 수 있을 것이다. 더 비공식적인 지원으로는, 당신과 비슷한 처지에 있는 사람들과 이 책을 함께 읽고 검토해 보는 방법도 있다.

양육과 DBT에서 가장 중요한 것은 건강한 균형이다. 아이가 성장하기 위해서는 수용(부모로부터 받아들여지는 것)과 변화(행동 교정)의 균형 있는 조화가 필요하다. 사람들의 균형점은 저마다 다르다. 균형점이 정확히 반반인 경우는 거의 없기 때문에 당신과 아이에게 효과적인 지점을 찾는 것이 중요하다.

이 책은 당신만의 균형점을 스스로 찾을 수 있게 도와줄 것이다.

이 책의 활용법

이 책은 순서대로 읽어 나가도록 되어 있다. 앞부분에 나와 있는 기초 개념이 뒤에 나오는 기술들을 더 효율적으로 활용하는데 도움이 될 것이다. 내용을 읽고 기술을 적용하면서, 무엇이 당신에게 맞는지 배워 나가게 될 것이다.

필요하다면 언제든 앞으로 되돌아가 선행 기술들을 검토하고 연습할 수 있다. 양육에는 항상 기복이 있으며, 양육의 여정을 지나가는 동안 여러 번 같은 곳을 다시 찾아보게 될 것이다. 어떨 때는 망쳐 버리기도 하겠지만, 그래도 괜찮다. 사실 그건 충분히 예상 가능한 일이며 지극히 정상적인 것이기 때문이다. 이 책은 당신이 어려움을 겪을 때 다시 앞으로 나아가고, 양육의 산을 올라가며 스스로의 생각과 감정을 탐색해 나가도록 도와줄 것이다.

이미 몇몇 개념들에 익숙한 사람이라도 일단은 책을 전부 정독하기 바란다. 이를 통해 당신이 이미 지니고 있던 기술을 더 효과적으로 활용하는 데 도움이 되는 세부 사항들을 더 새롭게 알 수 있을 것이다. 효과를 극대화하기 위해 이 책의 내용을 배우자나 다른 중요한 사람들과 함께 공유하는 것도 좋다.

독자들의 편의를 위해 이 책의 각 장에 나오는 기술과 개념을 요약해 놓은 것을 내려받을 수 있게 따로 정리해 놓았다(https://blog.naver.com/happy_han-ga/222523899895 더 자세한 사항은 이 책의 맨 뒷부분을 참조하라). 요약된 내용을 안내 삼아 이 책의 기법들을 되새기고 적용해 나갈 수 있을 것이다. 웹사이트에서 내려받을 수 있는 자료 중에 '장애물 카드'가 있을 것이다. 이 카드는 책에 나와 있는 기술을 적용하는 데 방해가 되는 쓸모없는 믿음들과 더불어 이를 "우회하는" 해결책도 함께 알려준다. 맨 마지막 장에는 모든 기술들을 포괄하는 상세한 체크리스트가 수록돼 있다. 이 또한 웹사이트에서 내려 받을 수 있다. 책을 읽으면서 필요하면 언제든 체크리스트를 활용하라.

당신이 양육의 산을 올라가고, 자신의 균형점을 찾고, 마침내 정상에 올라가 숨 막히는 전망을 만끽하는 데 이 책이 도움이 되기를 진심으로 바란다.

1장

시작하기

아무도 양육이 쉬울 거라고 말하지 않았다.

사실 모든 부모는 아이들이 항상 고분고분하고 사랑스럽고 꼭 안아주고만 싶은 그런 존재가 아니라는 것을 알고 있다.

당신이 부모가 될 준비가 얼마나 되어 있었든지 간에, 객관적으로 어떤 아이들은 다른 아이들에 비해 더 키우기 어렵다는 사실은 몰랐을 것이다. 그 중에는 "말 안 듣는" 아이들도 있으며, 그 아이들과 함께 지내려면 당신이 양육에 대해 알아야 한다고 생각해 왔던 것들의 범위를 다시 정의해야 한다. 양육을 등반에 비유하면 이 아이들은 암벽이나 가파른 절벽과도 같다.

만약 이 책의 제목[3]을 흘낏 본 뒤 '이야, 우리 애잖아'라는 생각이 들었다면 당신은 이런 아이들을 양육하는 데 필요한 모든 것을 이미 알고 있을 것이다. 설령 당신이 괜한 호기심에 이 책을 집어 든 뒤 '휴, 우리 애는 그래도 말은 잘 들어'라고 생각했더라도 여기서 멈추지 마라. 이 책에 있는 모든 내용이 당신에게 도움이 될 것이다.

자신의 감정을 조절하는 데 어려움을 겪는 말 안 듣는 아이라고 해서 꼭 가까운 미래에도 여전히 "말을 안 듣는 채로" 남아 있지는 않는다. 당

---

3 원서의 제목은 말 안 듣는 아이 The Uncontrollable Child 이다.

신은 DBT를 이루는 마음가짐, 틀, 도구들을 활용하여 다시 양육에 대한 통제력을 회복할 수 있다.

이 장에서 당신은 책의 뒷부분에 나오는 전략과 정보를 이해하고 실행하는 데 미리 도움이 될 만한 기본 개념을 배우게 될 것이다. 첫째, 우리는 말 안 듣는 아이들의 핵심 특징은 물론이고 성격 특성에서 비롯되는 특유의 장단점을 다룰 것이다. 그 다음으로는 DBT의 기초를 다룰 것이다. 먼저 "변증법"이 정확히 무엇을 의미하는지부터 살펴본 뒤 DBT의 기본 개념으로 넘어갈 것이다. 마지막으로, 당신과 함께 살고 있는 아이들 중 누군가를 떠올리는 몇몇 아이들의 사례를 만나보게 될 것이다.

누가 말 안 듣는 아이인가?

애는 통제 불능이야!
자기가 하려는 일이 잘 안 되면 어찌할 바를 모르네.
아무리 애를 써도 전혀 협조를 안 해.
내 말은 뭐든 안 들으려고 해!
애는 감당이 안돼.
아이와의 싸움은 영원히 계속될 거야.
우리 애는 왜 그렇게 매사에 예민한 걸까?
내가 애한테 할 수 있는 게 하나도 없는 것 같아.

말 안 듣는 아이에 대한 단일하고 명확한 정의는 없다. 이 말에는 다음과 같은 많은 이름이 딸려 있다. 툭하면 우는 아이, 나이에 안 맞게 많이 떼쓰는 아이, 항상 예민한 10대, 충동적으로 벽을 치는 아이, 과장되게 호들갑 떠는 여자 아이.

말 안 듣는 아이는 쉽게 말해서 *감정 조절*에 어려움을 겪는 아이다.

사람들은 누구나 살면서 힘겹거나, 실망스럽거나, 속상한 순간들을 겪게 된다. 대부분은 적절하게 감정을 조절하고 상황을 해결할 수 있다. 때로는 감정이 우리를 이기기도 하지만 말이다. *감정 조절*에 어려움을 겪는 말 안 듣는 아이는 평균 이상의 빈도로 감정에 압도되는 편이다. 이런 아이들은 분노 폭발, 한바탕 울컥 슬퍼하기, 비명 지르기, 싸움, 자해 등 나이에 맞지 않거나 사회적으로 용인되지 않는 방식으로 과잉반응한다.

말 안 듣는 아이 진단

어떤 부모는 아이에 대한 정신과적 진단을 찾아보면서 힘든 시간을 겪는다. 아이가 자라면서 더 이상 그런 모습을 안 보일 거라고 믿거나, 낙인을 두려워하거나, 아이에게 '공식적인' 병명을 붙이는 것이 왠지 잘못하는 것 같은 느낌이 들어서 진단적 평가를 꺼리기도 한다.

정신건강 전문가로서 나는 진단(기술적으로는 증상들의 집합체)이 적절한 치료 경과를 결정하거나 적합한 치료자를 찾는 데 도움이 될 수 있다고 생각한다. 진단은 당신의 아이가 드러내는 증상들에 이름을 붙여 주고, 이를 통해 전문가들의 소통을 향상시키는 데 도움이 될 수 있다.

특정한 진단을 받으면 학교 배정을 변경하거나 양육 전략을 조정하는 것이 더 수월해진다. 게다가 자신이나 아이가 어떤 병으로 진단을 받으면 그 자체로 상당히 인정받는 효과가 있다. 즉, 자신들의 경험과 고난이 갑자기 이해가 되는 것이다. '내가 정신줄을 놓고 지내는 줄 알았는데, 진짜 그런 병이 있었던 거잖아!'

하지만 어떤 경우에는 진단적 꼬리표가 아이의 성공에 딱히 도움이 안 되기도 한다. 진단은 아이의 모든 면을 포괄하지 않는다. 아이의 성격적인 부분을 전부 진단 하나로 설명할 수는 없는 것이다. 진단은 다음의 경우처럼 체념을 정당화하거나 그 이유로 사용되어서는 안 된다. '저는 ADHD가 있어서 혼자 숙제를 못해요.' 혹은 '나는 절대 아이를 잘 다루지 못할 거야. 정신과 의사도 아이가 실제로 정신질환이 있다고 했잖아.' 진단은 아이에게 무엇이 있는지를 말해 주는 것이지, 아이가 누구인지를 말해 주지는 않는다.

말 안 듣는 아이와 씨름하는 삶은 버겁다. 아이의 증상이 아주 심하거나 일상생활에 지장을 줄 정도라면, 당신과 아이 모두의 웰빙을 위해 도움을 요청할 필요가 있다. 지금부터는 감정 조절을 못하는 것이 특징적인 질환들인 ADHD, ODD, DMDD를 살펴볼 것이다. 부디 다음의 내용들이 당신의 아이와 가족들에게 일어나는 일들을 이해하는 데 도움이 되었으면 한다.

주의력결핍 과잉행동장애 ADHD

ADHD는 비교적 잘 알려진 질환으로, 주의력 저하, 과잉행동, 충동적 행동을 특징으로 한다. 이 증상들은 12살 이전에 나타나며, 어떤 아이들은 아주 어릴 때부터 두드러지기도 한다. ADHD는 심각도에 따라 경도,

중등도, 중증도로 나뉜다.

ADHD의 증상들로는 다음과 같은 것들이 있다.

- 업무에 집중하거나 세부적인 것들을 꼼꼼히 신경쓰기 어려움
- 시작한 일들을 끝까지 다 마무리하는 것이 어려움
- 활동을 조직화하거나 물건을 잘 간수하지 못함
- 주의산만 혹은 건망증
- 끊임없이 움직이거나 가만히 못 있음
- 지나치게 말을 많이 하거나 중간에 끼어듦
- 자기 차례가 될 때까지 못 기다림

대부분의 건강한 어린이들은 충동적이고 활동적이지만, ADHD에서 두드러지게 나타나는 특징은 아이의 기능 수준에 심각한 지장을 준다.

적대적 반항장애 ODD

지속적으로 반항적이거나, 예민하고, 화를 내고, 따지기 좋아하고, 비협조적인 아이에게는 ODD 진단을 고려할 수 있다. ODD의 증상으로는 다음과 같은 것들이 있다.

- 반항적이고, 비협조적이고, 따지기 좋아하고, 적대적인 행동
- 다른 사람의 마음을 일부러 상하게 하거나 화나게 만드는 경향
- 자신의 잘못된 행동을 남 탓으로 돌리는 경향

- 복수심과 악의
- 자주 예민하고 화나는 기분에 빠짐
- 항상 성질을 못 참음

만약 위의 증상들이 6개월 이상 지속된다면 ODD의 진단에 해당될 수 있다.

파괴적 기분조절부전장애 DMDD

DMDD는 비교적 새로운 질환으로서, 감정 조절이 어려운 다른 질환들과 비슷한 면들도 있지만 독자적인 특징도 있다.

DMDD는 그저 그런 정신의학 사전인 정신질환의 진단 및 통계 편람 제5판(American Psychiatric Association 2013)부터 새로 포함된 비교적 새로운 정신질환으로서, 이 질환을 앓고 있는 아이들의 부모에 대한 지원책은 아직 개발 중이다.

DMDD는 6-18세 아이들에게 진단하며, 다음의 특징들이 있다.

- 1주일에 3번 이상 자주 분노발작을 보이거나 폭발하듯 격렬하게 화를 냄
- 분노 폭발이 발달 단계나 상황에 맞지 않음
- 거의 매일, 거의 온종일, 거의 모든 상황에서 나타나는 만성적이고, 심각하고, 설명하기 어려운 예민함이 1년 이상 지속
- 10살 이전에 증상이 시작

- 적어도 2개 이상의 상황(집, 학교, 또래 관계 등)에서 증상이 나타남

    2013년 전까지 이러한 증상들을 지니고 있는 아이들은 종종 심한 분노 폭발과 급격한 기분 변화를 특징으로 하는 아동기 양극성장애로 진단되었다. 하지만 연구자들이 이런 아이들이 어른이 될 때까지 추적하여 관찰한 결과, 양극성장애로 이어지지 않는다는 것을 밝혀냈다. 즉, 이들에게서 조증 삽화나 조증과 우울증이 혼재된 삽화가 나타나지 않은 것이다. 이 아이들은 대부분 어른이 되었을 때 우울 및 불안을 경험하였고, 이로 인해 연구자들은 DMDD를 새로운 질환으로 분리하게 되었다(National Institute of Mental Health 2016).

    DMDD 아이들은 감정적 민감성이 높기 때문에 부정적 사건이나 감정에 더 쉽게 반응한다. 이 아이들의 분노 폭발은 흔히 아이들이 떼쓰는 것보다 오래 가고, 단지 화나는 감정에 국한되지 않고 꾸준하게 감정적 고통을 느끼는 경우가 많다.

    DMDD의 증상은 경계성 성격장애 진단을 받은 성인의 주요 증상인 감정 조절 장애, 강렬한 분노, 혼란스러운 대인관계, 불안, 흑백논리, 충동성 등과 매우 유사하다. 이들 두 질환 사이의 유사성으로 인하여 애초에 경계성 성격장애를 치료하기 위해 개발된 DBT가 DMDD 아이들에게 특히 효과적이라는 것도 밝혀졌다. 나의 전문적인 견해로는, DMDD 아이들에게는 DBT가 가장 효과적인 치료 방법이다.

    만약 당신이 아이가 하는 행동들을 이해하기 위해 검색을 해본다면, 양육 및 치료적 자원이 부족함을 알게 될 것이다. 특히 아이가 상대적으로 드문 질환을 앓고 있거나 아무런 질환도 앓고 있지 않으면 더욱 그렇다.

그게 바로 내가 이 책을 쓰게 된 이유다. 바로 "말 안 듣는 아이"를 둔 부모가 DBT를 활용할 수 있게끔 하는 것이다.

DMDD를 앓고 있는 아이에 대한 흔한 치료 방법으로는 부모 훈련, 개인치료, 가족치료, 그리고 일부 사례에서 약물치료가 있다. DMDD의 치료 목표는 아이가 자신의 감정을 인식 및 조절하고, 고통을 감내하고, 효과적인 대인관계 기술을 개발할 수 있도록 하는 것인데, 이는 모두 DBT의 핵심 특징이기도 하다.

말 안 듣는 아이와 살아가기

말 안 듣는 아이를 키우는 것은 지치고, 좌절감이 들고, 혼란스럽고, 당혹스럽고, 고통스러우며, 겁나는 일이기도 하다.

(아이에게도 엄청 힘든 일이다!)

또한 엄청난 죄책감이 몰려올 수도 있다. '대체 내가 뭘 잘못했길래 애가 이렇게 된 거지?'

세상에서 가장 경험이 많고, 박학다식하고, 참을성 있고, 자비로운 부모조차도 자기가 말 안 듣는 아이(감정적으로 예민하고, 쉽게 통제 불가능한 상태에 빠지고, 지나치게 감정적이고, 아주 과민함)와 같이 있다는 것을 실감할 수 있다.

감정 조절의 어려움은 오해받기 쉬운데, 특히 모르는 사람들에게는 더욱 그렇다. '저 애는 그냥 엄하게 다스려야 해요!', '그 애한테 필요한 건 사랑이에요!', '왜 당신은 애가 스스로 침착해질 수 있도록 내버려 두지 못하

나요?', '당신은 애를 너무 오냐오냐 키우고 있는데 그러면 안 돼요.'

아이가 말을 듣게 하기 위해 부모가 할 수 있는 것이 아무것도 없을 때도 많다. 대부분의 아이들은 날 때부터 이미 지나치게 예민하고, 충동적이고, 혹은 다른 말로 "통제 불가능"하다. 한 가지 좋은 소식이 있다면, 당신의 삶(과 아이의 삶)을 다스리기 위해 지금부터 할 수 있는 방법들이 무수히 많이 있다는 것이다.

부모로서 당신은 아이의 삶에 영향을 끼쳐서 아이가 최대한 건강한 상태를 유지하게 만들 수 있다. 어린 시절은 아이를 수용하고, 키우고, 보호하고, 방어하고, 무조건적으로 사랑하는 한편, 건강한 한계를 설정하고, 독립심을 장려하고, 개인적인 책임감을 가르치는 시기다. 어린 시절은 또한 아이가 스스로 자신의 감정적 어려움을 다룰 수 있는 방법과 다른 사람에게 도움을 구하는 방법 모두를 가르치는 시기이기도 한다.

감정 조절에 어려움이 있는 아이의 치료에서 "부모 훈련"은 핵심적인 부분이다. 매번 나는 아이보다는 부모가 변하도록 장려하는 것이 훨씬 더 효과적인 경우를 많이 봐 왔다. 일반적으로 자기중심적인 아이보다는 어른이 더 넓은 세계관을 가지고 있고, 더 많이 동기부여 되어 있고, 더 많이 협조적이며, 더 많이 자기주도적인 변화를 이룰 수 있기 때문이다.

이 책은 당신의 아이가 아니라 양육 방법을 변화시키기 위한 것이다. 이 책을 읽으면서 당신은 양육 방법을 변화시키는 것이 아이의 행동 변화에 핵심적인 요인임을 배우게 될 것이다. 효과적인 양육은 아이의 정서적 건강에 필수적이며, 이 책은 당신이 자신감 있고 적절하게 말 안 듣는 아이를 양육할 수 있도록 힘을 북돋아줄 것이다.

DBT 기초

이 책에 있는 기술과 전략을 바로 다루기 전에 DBT의 핵심 개념과 원리를 먼저 다루기로 하겠다. 당신이 이 개념들을 알면 배움을 위한 올바른 마음가짐을 가지게 됨으로써, 생각하는 방식과 아이들에게 말하고 행동하는 방식을 변화시킬 수 있다. 당신의 이런 변화는 다시 아이들이 생각하고 말하고 행동하는 방식에 영향을 줄 것이다.

DBT는 인지행동치료(생각, 감정, 행동을 다루는 구조화되고, 목표 지향적이며, 근거기반의 정신치료)의 일종이다. DBT는 1980년대 심리학자인 마샤 M. 리네한이 개발하였다. DBT는 애초에 감정 및 행동을 조절하기 힘들어하는 경계성 성격장애 환자들에게 도움을 주기 위해 개발되었지만(Linehan 1993), 그동안 진화를 거듭하였다. 오늘날 DBT는 다양한 기분 및 심리학적 질환들에 대한 주된 치료 방법으로 받아들여지고 있으며, 아무 질환이 없는 사람들도 DBT의 개념을 유용하게 활용할 수 있다. 모든 사람들(특히 부모)이 DBT의 기술을 통해 건강하고 안정적인 관계를 만들고 강력한 자기감을 만드는 데 도움을 받을 수 있다.

'변증법적'이란 무엇을 의미할까?

당신도 추측하고 있겠지만, DBT의 정수는 바로 당신이 배우게 될 기술과 원리에 녹아들어가 있는 변증법의 개념이다. 단어에 두려워하지 마라, 보기만큼 무서운 내용은 아니다!

"변증법적dialectical"이라는 단어는 "대화dialogue"와 같은 어원을 지니고 있는데, 상반되거나 모순되는 두 가지 생각을 통합하거나 융합할 수 있는 능력으로 정의된다. 간단히 말하면, 대화와 토의를 통해 중도를 찾아 나가는 기술이다.

많은 전문가들이 '사랑과 수용' 혹은 '행동 변화와 훈육' 중심의 양육에 초점을 맞춘다. 이 두 가지 접근은 표면적으로는 모순되는 듯이 보이며, 부모는 양육의 여정 속에서 하나를 다른 하나보다 더 우선시 하는 경향을 보인다. 부모들은 수용에 초점을 맞출 수 있다. '무조건적으로 아이를 사랑해주면 더 정서적으로 건강하게 자라게 될 거야. 아이가 자기 방식을 부모가 못마땅하게 여긴다고 느끼게 하고 싶지는 않아.' 혹은 반대로 변화에 초점을 맞출 수도 있다. '우리 애는 적절하게 행동하는 법을 배워야 해. 세상에 있는 어떤 수용과 사랑도 우리 애를 변화시키지 못할 거야.'

하지만, 수용과 변화는 둘 다 건강하고 예의 바른 아이로 키우는데 꼭 필요하다. 당신은 이 책을 통해 수용과 변화를 아주 자연스럽게 같이 적용하는 법을 배우게 될 것이다. 이런 마음가짐으로 말이다. '나는 아이의 지금 모습과 아이가 그간 성취한 것을 수용하고 자랑스럽게 여기고 있어. 그리고 나는 우리 애가 지금의 행동을 변화시키기를 원해.'

한 손가락으로 물건을 집으려고 해보라. 한 손가락보다는 두 손가락으로 집는 것이 훨씬 더 쉬울 것이다. 안 그런가? 단단히 잡기 위해서는 서로 반대 방향에서 힘을 줘야 하기 때문에 두 손가락이 필요하다.

이게 바로 변증법의 원리다. "손가락"은 한 개보다 두 개가 더 낫다. 두 개의 개념이 모순되더라도(혹은 그렇게 보일지라도) 당신은 더 강력하고, 단단하고, 효과적인 양육을 위해 두 개의 개념을 융합할 수 있는 변증법을 활용할 수 있어야 한다.

왜 변증법일까?

변증법적으로 행동하고 생각하면 건강하지 않은 생각, 비효율적인 전략, 힘겨루기에서 벗어날 수 있다. 변증법적으로 보면 "옳거나" "그른" 방법이란 없으며, 흑백논리로 생각할 필요도 없고, "내 방식과 남의 방식"의 구분도 없다. 그보다는 귀중한 중도의 길을 찾는 데 초점을 맞춘다. 당신이 변증법적으로 생각하기 시작하면 다음과 같이 될 것이다.

- 아이의 생각과 관점까지 포함해서 이해할 수 있을 정도로 자신의 생각과 관점을 확장시킨다.
- 아이의 동기와 마음가짐에 대한 이해와 지혜를 얻는다.
- 아이와의 서먹함을 풀고, 갈등을 해소하고, 힘겨루기를 줄이는 방법을 배운다.
- 자기 자신 및 가족 내부의 고립, 긴장, 대립을 줄인다.
- 더 융통성을 발휘하고 다가가기 편해짐으로써 아이와 말이 잘 통하고 합이 잘 맞게 된다.
- 추정과 비난을 하지 않음으로써 아이와의 마찰을 줄이고 결속을 강화한다.
- 효과적인 의사소통과 문제해결을 위해, 양극단 사이에서 균형 잡는 법을 배운다.

DBT의 기본 개념

마샤 리네한(1993)은 이 책의 기본을 이루는 DBT의 세 가지 원리를 제시했다. 당신이 이 세 가지 원리를 바탕으로 변증법적으로 생각하기 시작하면 모든 전략의 효과를 극대화할 수 있을 것이다.

이런 개념들이 다소 어렵게 느껴지더라도 걱정할 것 없다. 책의 나머지 부분을 읽기 위해 이 개념들에 전부 통달할 필요는 전혀 없다. 이것은 그저 당신에게 DBT에서 사용하는 원리와 언어를 소개하는 차원에서 보여주는 것뿐이다. 당신은 이러한 주제들이 각 장마다 스며들어 있는 것을 알아차리게 될 것이며, 그러면서 각각의 개념을 명확하고 실용적인 방식으로 배우게 될 것이다. 필요하면 언제든 여기로 돌아와 참조하면 된다.

개념 #1: 세상은 서로 상반되는 힘으로 이루어져 있다

변증법의 가장 기본 중 하나가 바로 두 개의 상반되는 생각들의 조화다. 따라서, 이 핵심 개념은 매우 중요하다.

세상은 온통 반대되는 것들 천지다. 물질과 반물질이 있고, 전진과 후진이 있고, 흑과 백이 있으며… 반대편이 맞을 때도 있다. 당신은 상황을 수용하는 동시에 변화시키고자 노력할 수 있다. 당신은 터프하면서 동시에 부드러울 수 있다. 당신은 할 수 있는 최선을 다하고 있는 동시에 더 잘할 수 있도록 노력할 수 있다.

이 점을 염두에 두고, 모든 관점에 진실과, 타당성과, 그럴 만한 이유가 있음을 알아야 한다. 물질계에 유일하고, 반박 불가능하고, 절대적인 진실은 없다. 우리의 목표는 최적의 지점, 만남의 장소, 두 개의 상반된 관점이 융합되는 지점을 찾는 것이다.

"변증법적인" 것은 "타협"을 세련되게 표현한 것이 아니라, 상대방의 진실을 알고 인정하는 행위다. 당신 안의 진실을 아는 것은 쉽다. 정작 어려운 부분은 상대방이 진실이라 여기는 것을 찾고, 당신이 모르는 진실을 파악하는 것이다. 진실을 더 완전하게 구성하기 위해 모든 진실들을 함께 가져와 변증법적인 균형을 맞추는 것이다.

변증법적으로 생각하고 행동하는 것을 시작하기 위해, 다음의 팁과 전략들을 당신의 일상적 관계에 반영해 보라.

- 다양한 상황에서 모든 측면과 관점을 바라보는 연습을 한다. 스스로에게 다음과 같이 물어보라. *내가 여기서 놓치고 있는 것은 무엇일까? 그들의 관점에서 볼 때 "일말의 진실"은 무엇일까?* 아마 이렇게 하는 것이 악마의 변호인devil's advocate [4] 처럼 느껴질 수도 있을 것이다.
- 양쪽 측면에 담겨 있는 진실에 경의를 표하고 인정한다(5장에서 이 모든 것을 배우게 될 것이다). 이것은 당신의 가치를 포기하고, 배신하고, 타협하는 것이 아니다. 당신은 상반되는 진실을 조화시키는 데 어려움을 겪을 수도 있다. 다르게 생각하는 연습에는 시간이 필요하다. 애초에 세상은 반대되는 것들로 가득 차 있기 때문에, 기꺼이 모순을 받아들이고 그것들과 같이 있는 것을 편안히 여겨라.
- 옳고 그름, 선과 악에 초점을 두지 않는다. 사실상 양육 전략에 있어서 (학대나 방임 같은 행위를 하지 않는 한) 항상 "옳거나" "그르기만" 한 방식은 없다. 그보다는 무엇이 효과적인지, 어떻게 하는 것이 효과적인 행동인지에 주의를 기울여라(여기에 대해서는 3장과 4장에서 다룰

---

4 의도적으로 반대편의 입장에서 의견을 말하고 문제를 제기하는 사람. 레드팀read team이라고도 부른다. 이를 통해 개인이나 조직에서 쉽게 생각하지 못했던 약점과 허점 등을 짚어 내고 개선할 수 있게 해준다.

것이다).

- 문제를 바라보는 데에는 언제나 한 가지 이상의 관점이 존재함을 인식한다. 땅 위에 커다란 숫자가 써져 있는 것을 상상해 보라. 어떤 관점에서는 6으로 보이겠지만, 다른 관점에서는 9로 보일 것이다. 각각의 관점을 지닌 사람들은 정당하게 자신들의 관점이 맞다고 주장할 수 있다. 당신이 보기에 얼마나 "옳은지"에 상관 없이 다른 관점에서 바라보도록 노력해 보라.

- 사용하는 단어를 다듬는다. "하지만"을 "그리고"로 바꿔라. 5장에서 배우겠지만, "하지만"이라는 단어는 어떤 문장에서든 앞에 나오는 내용을 취소한다. '그 애는 훌륭한 아이야, 하지만 자기조절은 못해. 그 애는 아주 스마트해, 하지만 학교공부는 잘 못해.' 위의 문장들에서 "하지만" 대신에 "그리고"를 넣어 보면 그 차이를 실감하게 될 것이다!

- "해야만 한다"를 없앤다. 여기에 대해서는 2장과 4장에서 더 깊이 다룰 것이다. '해야만 한다'는 비난과 가정으로 이어진다. '애가 그것보다는 더 잘 알아야만 했어. 애는 그런 식으로 행동하지 말았어야 했어.'처럼 말이다. 어떤 일들이 "그래야만 한다"고 곱씹기보다는, 지금이 어떤 상황이고 앞으로 어떻게 될 수 있는지에 초점을 맞추어라.

- 극단으로부터 멀어진다. DBT는 흑백논리에 빠져 있는 당신의 "말 안 듣는" 아이처럼 극단에 치우쳐 생각하는 경향이 있는 사람들에게 가장 도움이 된다. 무엇이든 지나치게 많거나 지나치게 적은 것은 해롭다. "언제나" 혹은 "결코"는 극단에 빠지기 쉽기 때문에 가능하면 피하는 것이 좋다. 대신 "때때로"나 "종종"을 사용해 보라(하지

만 극단적으로 극단을 피하지는 마라! 극단적인 태도도 때로는 다른 쪽 극단에서 벗어나 중도의 입장을 취하는 데 도움이 된다).

개념 #2: 모든 것이 변한다는 사실만이 유일하게 변하지 않는다.

우리는 DBT를 통해 기본적으로 수용과 변화의 변증법적 균형을 이루고자 한다. 긍정적인 변화가 불가능해 보일 때도 종종 있지만(특히 까다로운 아이들을 양육하는 부모의 경우), 세상은 끊임없이 변화하고 있다는 것을 기억하는 것이 중요하다.

삶에서 고정불변인 것은 변화한다는 사실 그 자체밖에 없다. 당신은 미시시피 강가에 두 번 서 있을 수 있는가? 물론 그럴 수 있을 것이다. 하지만 그때마다 다를 것이다. 아무리 똑같은 장소에 서 있으려 해도 강은 항상 흐르고, 이동하고, 변화한다.

당신이 어떤 순간이나 사고방식에 매여 있더라도 기억해야 할 것이 있다. 바로 변화는 끊임없이 일어나고, 계속되고, 되돌릴 수 없다는 사실이다. 우리는 항상 어제보다 더 나이를 먹는다. 지금의 당신은 몇 분 전의 당신과 똑같은 사람이 아니다.

우리의 아이들도 마찬가지다. 단지 신체적으로만 다른 것이 아니다. 아이들은 (그리고 우리는) 경험과 학습을 통해 변화한다. 당신의 중학생 아이가 유치원 때부터 계속 똑같은 행동 문제로 속을 썩이더라도, 지금의 아이는 유치원 때의 아이와 다르다. 그렇기 때문에 아이에게 적용하는 규칙과 양육 전략 역시 덩달아 달라져야 한다.

이러한 개념은 아이가 괴롭거나, 화가 나거나, 신경을 거슬리게 만드는 단계를 통과하고 있을 때 특히 더 위안이 된다. 과거에 끝나지 않을 것만 같았던 모든 단계들을 다 통과했던 아이에게 그 시절은 그저 먼 과거의 기억으로만 남아 있다(심지어 당신도 그때를 좋은 시절로 회상할 지도 모른다!). 스스로에게 물어 보라. '내 아이는 30살이 되어서도 여전히 부기맨을 무서워하고, 마카로니 외에 다른 음식들을 죄다 거부하고, 천둥번개에 까무러치고, 유치한 농담에 가장 잘 웃을까?' 대답은 (바라건대) '아니요.'일 것이다. 바로 끊임없는 변화 덕분이다. 이것은 당신이 당면한 문제를 해결하기 위해 노력할 수 없거나, 노력하지 말아야 한다는 말이 아니다. 단지 그런 것들이 영원히 계속되지는 않을 것임을 기억하라는 것이다.

사람들이 변화하는 것처럼, 의미와 진실 역시 시간이 흐름에 따라 변화한다. 당신이 받아들이고자 애쓰는 진실도 매 순간 변화할 수 있다. 심지어 우리가 다른 것을 바랄 때조차도 변화의 불가피성을 받아들여야 하는 경우가 있다(여기에 대해서는 3장에서 다룰 것이다).

일단 변화가 끊임없이 이어진다는 관점을 받아들이고 나면, 삶을 융통성 있게 대하고 그 흐름을 타는 데 도움이 된다. 우리는 변화와 편안한 관계를 맺음으로써 새로운 도전과 장애물을 견딜 수 있고, 이는 곧 불가피하게 삶의 불친절함을 겪을 때 회복탄력성으로 작용한다.

당신은 다음과 같은 전략들을 활용하여 이 개념을 일상 속에 적용해 나갈 수 있다.

- 변화를 나타나는 그대로 받아들인다. 그렇게 하는 것이 힘들다는 것을 인정하는 동시에 변화가 일어나도록 해보라. 이후에 나오는 장들에서 배우게 되겠지만, 변화를 받아들이는 것은 당신이 변화를 승인하거나, 변화를 원하거나, 당신의 목표나 가치를 포기하는 것을 뜻

하지 않는다.
- (특히) 당신이 원하지 않을 때에도 온전히 변화를 수용하는 연습을 한다(여기에 대해서는 3장에서 배우게 될 것이다.) 이 경지에 도달하기 위해서는 작은 것부터 시작해야 한다. 방식을 바꿔 보라. 다른 의자에 앉아 보고, 아침에 새로운 메뉴를 먹어 보라.
- 아이의 성장에 따라오는 변화에 맞서 싸우지 않는다. 아이가 하루아침에 못돼 먹은 10대가 됐다는 사실이 별로 달갑지는 않을 것이다. 그래도 기억하라, 이 또한 지나갈 것이다. 사랑스럽고 홀딱 반했던 유아기 때의 아이를 잃었다고 한탄하지 말고, 그 사실을 받아들이고 현재를 살아라.

개념 #3: 변화는 서로 영향을 주고 받는다

이 책의 세 번째 핵심 개념은 변화는 변화를 낳는다는 것이다. 우리는 모두 고유한 특성과 독특한 관점을 지니고 있으면서 모두 연결되어 있다. 이렇게 연결돼 있다는 것은 우리가 의도하든 의도하지 않든 모든 만남이나 교류에서 서로 영향을 주고 받음을 의미한다.

이것은 모든 인간관계에서 중요한 진실이며 양육에서는 특히 더 그렇다. 가혹하고 비판적인 사람은 똑같은 대접을 받을 가능성이 높다. 타인을 존중하는 사람은 대개 다른 사람으로부터 비슷한 존중을 되돌려 받는다. 뿌린 대로 거둔다.

똑같은 원리로, 당신이 변하면 그에 반응하여 주변 사람들도 변할 것이다. 당신은 다른 사람들을 변화시킬 수 없지만 당신 자신을 변화시킴으로써 환경과 주변 사람들에게 영향을 끼칠 수 있다.

그게 바로 이 책의 목적이다. 부모가 아이의 행동에 영향을 끼칠 수 있도록 자기 자신과 양육 방법을 변화시키도록 도와주는 것이다. 당신이 아이에 대해 지니고 있는 생각, 느낌, 행동을 변화시킴으로써, 아이가 당신에 대해 지니는 생각, 느낌, 행동에 영향을 끼칠 수 있다.

아마 양육이 아닌 다른 관계에서도 이러한 현상을 눈치챘을지도 모른다. 극단적인 입장은 다른 사람 역시 극단적인 입장을 취하게 만드는데, 이는 흔히 "반발"로 나타난다. 무엇이든 하나의 의견을 말하면 당신은 분명 누군가 반대되는 의견을 가진 사람을 발견하게 될 것이다. 예를 들어 "부모도 아이들로부터 벗어나 소소한 휴가를 꼭 가질 필요가 있다!"고 말하는 것은 또 다른 반응을 불러 일으킨다. "당신은 절대 아이들 곁을 떠나서는 안 된다. 그렇게 되면 아이들은 부모에게 자신들보다 더 중요한 무언가가 있다고 생각할 것이다."

이 세 번째 개념을 실전에 적용하는 데 도움이 되도록 다음의 사항들을 마음속에 간직하라. 당신은 이 책을 읽어 가면서 다양한 방식으로 이 내용들을 마주치게 될 것이다.

- 다른 사람들이 당신에게 끼치는 영향만큼이나 당신이 다른 사람들에게 끼치는 영향에 대해서도 주의를 기울인다. 당신은 이러한 영향을 인식함으로써 문제의 근원으로 들어가 문제해결을 촉진할 수 있을 것이다. 현재 당신이 사용하는 양육 기법과 그 상호작용에 대한 아이의 반응을 관찰하면, 무엇이 효과가 있고 무엇이 효과가 없는지 배우게 될 것이다.
- 원인을 찾는다. 모든 일에는 환경이나 신체, 상황, 대인관계, 호르몬,

감정 수준 등 다양한 원인이 있으며, 이러한 원인을 찾는 것이 당신이 가장 효과적인 행동 방침을 결정하는 데 도움이 될 것이다. 아이의 행동을 유발한 무언가가 있다는 것을 아는 것만으로도 아주 큰 안심이 될 수 있다. 특히 행동이 이해가 안 될 때에는 더욱 그렇다. 행동의 원인을 찾으면 "이해할 수 없는" 것을 이해하게 된다. 설령 당신이 원인을 찾지 못하더라도, 무언가 원인이 있다는 것을 아는 것만으로도 위안이 될 수 있다.

- 비난을 내려놓는다(여기에 대해서는 3장과 4장에서 다룰 것이다.) 비난하거나 판단하기는 쉽다. 하지만 그것은 효과적인 양육을 방해할 것이다.

당신은 이런 아이들을 본 적이 있는가?

만약 당신이 말 안 듣는 아이를 키운다면, 다음 아이들 중 한 명(혹은 두 명 모두)이 익숙할지도 모른다.

릴리를 보자.

릴리는 3남매 중 둘째로, 창의적이고 지적이며 사회성이 뛰어난 7살 여자애다. 많은 친구들이 릴리를 좋아하며 항상 아이들로 둘러싸여 지내는 타고난 리더다. 학교 선생님들은 릴리가 천사라며 아이의 훌륭한 학업 성적, 교실에서의 품행, 사회성을 극찬한다.

선생님들의 유일한 걱정은 이따금씩 아이가 조용하고, 위축되고, 심지어는 울기도 하는데 도통 이유를 모른다는 것이다. 그래도 아이가 워낙 전반적으로 뛰어나기 때문에 선생님들은 굳이 걱정을 많이 하지는 않는다.

아이의 부모는 학교 상담을 마치고 나오면서 자신들이 학교 선생님들과 똑같은 아이에 대해 얘기를 나눈 것인지 귀를 의심한다.

집에서 릴리는 지킬 박사와 하이드씨 그 자체다. 하이드씨가 너무 자주 나와서 문제지만 말이다. 만사가 순조로울 때에는 가족들 또한 깔깔대고 미소 짓는 좋은 아이인 "학교 릴리"와 함께 시간을 보낸다. 하지만 무엇 때문이든(부러진 연필에서부터 취소된 약속까지 "무엇이든" 그럴 수 있다) 일단 아이가 화가 나면 소리를 지르고 떼쓰고 삐치는 골칫덩이가 되어 버린다.

말할 것도 없이 릴리의 뜻대로 되지 않으면 집은 더 이상 즐거운 곳이 아니다.

좌절에 빠진 릴리의 부모는 아이가 지나치게 예민하다고 말한다. 그들은 아이를 사랑하는 동시에 아이의 강렬한 감정 때문에 힘들어한다. 아이를 있는 그대로 수용하려고 하지만, 아이의 분노 폭발과 그에 따른 집안의 스트레스를 다루느라 무척 힘들다.

때때로 릴리의 언니와 막내 남동생을 포함한 온 가족이 아이를 자극할 만한 유발 요인을 피하기 위해 눈치를 보기도 한다. 하지만 모든 유발 요인들을 피하는 것은 사실상 불가능하다. 가끔 아이의 예측 불가능한 기분 때문에 가족 단합 모임, 여행, 생일 파티를 망쳐 버리기도 한다. 심지어 릴리 자신의 생일 파티까지도 말이다! 스케줄의 갑작스러운 변화, 학교에서의 힘든 하루, 부모가 "안 돼"라고 말한 것, 다른 형제와의 말다툼, 고장 난 장난감 등 모든 것이 다 아이의 감정을 순식간에 곤두박질 치게 할 수 있다.

분노 폭발은 예측 불가능하고 오래 지속되며, 평정심을 되찾는 시간이 다른 아이들보다 오래 걸린다.

릴리의 감정은 울부짖기, 소리 지르기, 가족 구성원들에 대한 언어적 공격 등 격렬한 형태로 모습을 드러낸다. 아이는 속상할 때 종종 부모의 지시에 따르기를 거부하고, 자신의 삶이 불공평하다고 불평하며, 자신은 부모가 싫고 부모가 죽어 버렸으면 좋겠고, 부모가 오직 다른 형제들에게만 관심을 쏟고 자신은 사랑하지 않는다고 말한다. 아이는 입을 다문 채 자신을 설득하려는 어떤 말도 듣지 않으려는 것처럼 보이며, 심지어는 아예 못 듣는 것 같기도 하다.

아이가 정말로 통제를 벗어날 때면 머리카락을 손으로 쥐어뜯고 손톱으로 긁는 자해를 하는데, 이때 부모는 몹시 놀라서 당장 자해를 멈추게 하기 위해 아이의 요구에 굴복하고 만다.

릴리는 떼쓰기뿐만 아니라 걱정도 많은 편이다. 불안 때문에 힘들어하며 끊임없이 언젠가 "일어날 수도 있는" 황당한 경우들을 물어본다. "강도가 집에 들어와서 물건들을 모두 훔쳐갈 것 같아서 무서워요.", "내가 납치되면 어떻게 해요?", "우리집에 번개가 쳐서 다 타버리면 어떻게 해요?" 부모가 인내심 있게 아이를 안심시키려고 했지만 이는 한 번도 아이를 만족시키지 못했다. 엄마와 아빠는 릴리의 두려움 때문에 야간에 오붓하게 데이트하는 횟수도 줄여야 했다. 릴리는 부모가 데이트를 하려고 하면 어디 가는지, 얼마나 오래 있다 오는지, 누구와 함께 가는지, 그동안에는 누가 자신을 돌봐 주는지 등을 꼬치꼬치 캐물었고, 부모가 밖에 있는 동안 거의 몇 분 간격으로 계속 전화를 해 댔다.

릴리의 부모는 짜증나고, 낙담하고, 스트레스 받고, 불안한 채로 지나치게 예민한 아이를 양육할 수 있는 최선의 방법을 찾고자 노력하고 있다.

타일러의 경우를 보자.

타일러의 부모 역시 릴리의 부모와 마찬가지로 어쩔 줄 모르고 있다. 13살 타일러는 그동안 가족들의 삶을 무수히 많이 들었다 놨다 했으며, 그 중 대부분은 안 좋은 경우였다. 아이는 8살 때 ADHD 진단을 받았고 10살 때 충동 조절을 위한 약을 복용하기 시작했다. 아이는 여러 명의 치료자들을 만났고 각자 다른 방식으로 치료를 시도했지만 여전히 충동성을 비롯한 ADHD 증상들로 어려움을 겪고 있다.

타일러에게는 여러 가지 장점도 있다. 좋은 친구들이 몇 명 있고, 기계를 잘 다룬다. 타일러는 집안의 수리공 역할을 하고 있다. 지난 몇 년 동안은 끔찍한 유머 감각 때문에 반에서 광대 취급을 받았지만 그 끔찍했던 유머 감각 역시 어느덧 지금은 잘 무르익었다. 아이의 위트 있고 적절한 멘트는 항상 웃음을 불러일으키고 긴장을 풀어준다.

타일러는 릴리와 달리 학교에서는 별 볼일 없다. 여러 과목에서 성적이 좋지 않으며 싸움으로 문제를 일으킨 적도 있었다. ADHD 약을 복용하기 전에는 학교에서 원만한 관계를 갖거나 공부를 하는 것이 항상 힘들었다. 그동안 먼 길을 돌아오기는 했지만, 약 용량을 잘 맞추고 사회성 훈련을 하면서 그나마 지금은 학교에서 비교적 잘 지내고 있다.

집에서의 생활은 얘기가 또 다르다.

약효가 줄어드는 늦은 오후 무렵부터 타일러는 충동성과 감정을 조절하는 데 큰 어려움을 느낀다. 예민해지면 곧잘 욕을 하고, 물건을 던지고, 문을 쾅 닫고, 부모와 남동생에게 신체적으로 공격적인 모습을 보인다. 아이는 감정 기복이 있고 반항적이고 비협조적이어서, 게임을 그만두거나, 자러 갈 준비를 하거나, 숙제를 하거나, 제 시간에 집에 들어오는 것을 거부한다.

타일러의 분노는 집안에 균열을 내는데 이는 문자적 의미와 상징적 의미 둘 다에 해당한다. 벽에 난 구멍, 고장 난 경첩, 엉망진창인 침실이 바로 분노의 증거다. 타일러의 8살짜리 동생인 알렉스가 형을 두려워하는 데에는 그럴 만한 이유가 있다. 타일러는 과거에 알렉스를 다치게 한 적이 있었고, 부모는 둘째 아들을 지켜주지 못한 것에 대해 무기력감을 느낄 수밖에 없었다. 알렉스는 타일러가 공격적으로 변하면 비록 자신을 공격하는 것이 아니어도 울면서 자기 방으로 대피한다. 모든 가족 외식과 외출은 긴장으로 가득 차다가 종종 재앙으로 마무리되었는데, 이는 알렉스가 안전하지 못하다고 느끼게 되는 데 큰 영향을 끼쳤다.

타일러는 릴리와 마찬가지로 성이 차지 않은 상황에 강하게 반응한다. 알렉스가 타일러보다 더 많은 아이스크림을 가지면, 부모가 자신을 차에 태워 마트에 데려다주지 못하면, 기대치가 자신의 기준에 못 미치면, 최신 전자제품을 가지지 못하면, 말싸움에서 부모가 알렉스 편을 들면… 타일러는 곧장 화를 내버린다.

엄마 아빠는, 특히 유치원 선생님인 엄마는 그들이 타일러 같은 아이를 다루는 법을 알고 있었다고 생각했다. 하지만 그들은 생업에 종사하면서 가정을 돌보고 있었고, 두 명의 아이들 사이에서 갈피를 못 잡은 채 무능함과 원망감을 느낀다.

당신은 이 책의 마지막 부분에서 릴리와 타일러를 다시 만나게 될 것이다. 그리고 이 책의 나머지 장들을 통틀어 그와 비슷한 많은 아이들과 그 부모들을 만나게 될 것이다.

혹시 당신이 이 예들에 전혀 공감하지 못하거나 아이가 "릴리"나 "타일러" 같을 때가 아주 짧더라도 여기서 책 읽기를 중단하지 마라! 지극히 평범한 "말 잘 듣는" 아이의 부모 역시 자신들의 양육 방법을 강화하고 개선할 수 있다.

"말 안 듣는 것"의 밝은 면

감정 조절이 안 되는 아이를 양육하는 것이 만만치 않은 일이라는 데에는 의심의 여지가 없다. 다만 모든 어려움이 그렇듯, 아무리 암울한 상황에서도 한가닥 희망은 있기 마련이다. 비록 말 안 듣는 아이를 양육하는 것이 믿기 어려울 정도로 힘들다 하더라도, 이러한 성격 유형에는 특별한 장점이 있다. 고정관념에서 벗어난 사고, 추진력, 열정, 회복탄력성, 끈기가 그것이다. 이러한 아이들을 받아들이고 잘 보살펴라. 당신에게는 이 아이들이 장점을 활용해 미래를 만들어 나가도록 도울 수 있는 능력이 있다.

부모의 힘을 보여줌으로써 당신의 용기를 북돋아줄 연구가 하나 있다 (Suomi 2005). 크라스니거, 블라스, 호퍼(1987)는 붉은털 원숭이들의 5~10%가 정상 개체들보다 더 충동적임을 밝혀냈다. 이 연구자들은 이렇게 생물학적으로 "말 안 듣는 원숭이들"을 각각 일반적인 어미 집단과 매우 잘 보살피는 어미 집단이 키우게 했다. 배려하고 세심하고 심지어 좌절스러운 때조차도 애정을 표현하는 매우 잘 보살피는 어미들에게 맡겨진 원숭이들은 일반적인 어미들에게 맡겨진 원숭이들에 비해 더 건강하게 자랐다. 그들은 심지어 공격적이지 않은 원숭이들보다도 더 잘 자라났다!

당신은 DBT의 기초, 즉 DBT란 무엇인지, 그것으로 어떤 도움을 받을 수 있는지, 기본 개념과 주제가 무엇인지 다 배웠다. 이제 당신은 배운 것들을 양육에 적용할 준비가 됐다. 이 장과 이후의 모든 장에 나오는 개요는 다음 웹사이트 주소를 통해 내려받을 수 있다(https://blog.naver.com/happy_han-ga/222523899895). 이 장에서 배운 개념들은 2장 수용의 기본부터 시작해서 총 8개 장에서 다루는 기술과 전략을 습득하면서 다시 마주치게 될 것이다.

당신이 넘어야 할 양육의 산은 험할 수 있지만, 에베레스트 산을 오르는 것은 놀라운 업적임을 기억하라. 비록 등반은 힘들어도 정상에 오르면 (뽐낼 수 있는 권한은 말할 것도 없고) 굉장한 만족감과 성취감, 충만함 등을 느낄 것이다. 그리고 전망은 숨막힐 정도로 아름다울 것이다. 그러니 잘 버텨내라, 당신은 할 수 있다!

2장

수용: 변화의 열쇠

균형 잡힌 양육의 길을 걷다 보면, 즐거움과 불쾌함, 기쁨과 슬픔, 만족과 좌절을 오가면서 예상치 못한 우여곡절을 수없이 많이 겪게 될 것이다. 그것이 바로 우리가 수용에 먼저 초점을 맞추는 이유다. 수용은 앞에 놓인 길을 평탄하게 만듦으로써, 당신이 어떤 어려움에 직면하든 효과적인 선택을 하고 성공적으로 기술을 사용하도록 북돋아 준다.

그럼 성공적인 양육에서 수용이 의미하는 것은 무엇일까?

첫째, 그것은 설명하기 어려울 정도로 추상적이거나 막연한 개념이 아니다. 오히려 수용은 능동적인 과정으로, 당신이 *이미* 하고 있는 것들 중에도 있다. 구체적인 전략과 전술을 활용하면 수용을 더 잘할 수 있다. 당신이 수용을 향해 나아간다면, 아이와의 관계가 더 강화되고 당신과 아이 모두 긍정적인 변화를 이루게 될 것이다.

이 장에서 당신이 배울 것은 다음과 같다.

- 이 책에서 사용하는 수용의 정의
- 어려운 아이를 양육하는 맥락에서 수용의 목적
- 수용과 변화의 관계
- 수용으로 관계를 변화시키는 법
- 수용을 가로막는 장애물을 극복하는 법

마지막으로 우리가 진정 아이들에게 필요한 부모가 될 수 있도록, 수용을 방해하는 요소들을 탐색하고 이를 극복할 수 있는 기술을 터득해 나갈 것이다.

수용이란 무엇인가(그리고 무엇이 아닌가)

간단히 말하면, 수용은 있는 그대로의 현실을 받아들이는 것이다. 우리는 지금 당장 처해 있는 순간뿐만 아니라 현실적인 미래까지 인식하고 있다. 수용 모드에 있을 때 우리는 지금 이 순간을 바꾸기 위해 어떤 것도 적극적으로 하지 않는다. 그저 현재를 명확히 바라보며 있는 그대로 놔둘 뿐이다.

이 말은 굉장히 좋게 들릴 수도 있고, 어쩌면 불가능한 도전처럼 들릴 수도 있다. 수용을 향해 나아가는 것은 분명 어려울 수 있지만, 구체적이고 실용적인 방법을 사용하면 가능하다. 이는 또한 당신이 그토록 바라는, 양육 기술을 향상시킬 수 있는 열쇠이기도 한다.

수용은 마술처럼 상황을 더 좋게 만드는 것도, 불편한 상황을 사라지게 하는 것도 아니다. 당신이 수용한다고 해서 아이의 천성이 바뀌는 것도 아니고 하루아침에 아이의 행동이 달라지지도 않을 것이다. 고통은 여전히 존재하고, 심할 수도 있다. 수용은 괴로움 없이 앞으로 나아가는 것을 더 쉽게 만들어줄 것이다.

고통$_{pain}$(삶의 일부)과 괴로움$_{suffering}$(피할 수 있는 것)은 굉장히 다르며, 그 차이는 수용에 있다. 아래 공식을 보라.

고통 + 수용 = 고통

고통 + 불수용 = 괴로움

잠시 시간을 내서 이 공식을 제대로 설명해주는 이야기를 생각해 보자. 두 젊은이가 범죄를 저지르지도 않았는데 교도소 독방에 수감되었다고 가정해보자.

한 명은 운명을 한탄하고 비탄에 잠긴 상태로 형기를 시작한다. 시간이 가면서 그는 상황이 빨리 변하지는 않을 것임을 깨닫는다. 당연히 그는 화가 난다. 하지만 그는 수감된 채로 시간을 보내야 한다는 사실 또한 수용한다. 그는 자신에게 주어진 기회를 탐색하기 시작한다. 교도소 도서관, 수감자들을 위한 학위 프로그램, 운동, 가족에게 편지 보내기 같은 것들을 한다. 그는 자기계발과 바깥 세상과의 연결에 집중한다.

또 다른 한 명은 자신의 상황을 현실로 받아들이지 못한다. 그는 몇 달이 지나도록 부당한 현실에 격분한다. 끊임없이 초조하고 분노한 채 감방 안을 서성거린다. 잠도 제대로 못 자고 밥도 잘 안 먹으면서, 오직 삶의 부당함에만 몰두한 채 다른 것은 거의 못한다. 그렇게 현실을 견딜 수 없는 상태로 생활하다가 서서히 미쳐 간다.

둘 다 고통 속에 있지만 괴로움을 느끼는 것은 오직 한 명뿐이다.

요약하면 이렇다. 수용은 일이 그렇게 되기를 바라는 것도, 그 상황을 좋아하는 것도, 그런 삶을 선택하는 것도(의식적으로든 무의식적으로든), 그것에 동의하는 것도 아니다. 수용은 그저 당신이 최대한 삶을 효과적으로 살면서 현실(고통과 투쟁을 포함한)을 인정하고 받아들임을 의미한다.

수용과 변화의 균형

세상에는 수없이 많은 문제들이 있다. 당신의 문제가 감정 조절이 어려운 아이를 키우는 것이라면, 이웃은 결혼 생활로 씨름할 수도 있고, 여동생은 만성적인 실직 상태가 문제일 수도 있다. 모든 문제는 다 다르지만 어떤 문제든 그것을 해결하는 방법은 딱 네 가지뿐이다.

1. 해결한다.
2. 문제에 대한 느낌을 변화시킨다.
3. 감내한다.
4. 비참하게(혹은 더 나쁘게) 지낸다.

많은 상황에서 당신은 하나 이상의 선택을 할 수 있다. 문제를 수용한 뒤 그것을 변화시키기 위해 노력할 수도 있고, 문제에 대한 관점을 바꾸려고 노력하는 동안 그것을 견딜 수도 있다. 어떤 상황에서는 오직 한 가지 선택밖에 없을 수도 있다. 선택할 수 있는 것은 오직 네 가지뿐이다. 그것은 마더 구스 운율의 확장판이다.

세상의 모든 불행에는,
해결 방법이 있거나 없다.
해결 방법이 있으면, 그것을 찾으려 노력하라.
해결 방법이 없다면, 신경 쓰지 마라.

선택 1: 해결한다

많은 문제들은 효과적인 해결책을 찾아 해결할 수 있다(비록 항상 쉽지는 않겠지만). 배고프고 예민한가? 가서 간식을 먹어라. 일이 행복하지 않은가? 새로운 일을 알아보라. 아이가 약을 먹어도 효과가 없는가? 새로운 정신과 의사를 찾아가라.

문제에 대한 해결책을 찾는 것은 기술적으로 변화 전략이지만, 이를 위해 수용이 필요할 때가 자주 있다. 수용과 변화는 얼핏 상충되는 개념처럼 보인다. "수용하면 변화는 없을 것이고, 변화를 위해 노력하면 진정으로 수용하는 것이 아니다!"처럼 생각할 수도 있을 것이다. 하지만 진실은, 수용과 변화는 모두 필요하며 아이와 당신의 필요에 따라 그 둘의 균형을 맞출 수 있다는 것이다.

문제를 해결하려고 하기 전에, 먼저 현실적인 변화를 이루기 위한 현실 인정과 수용이 필요할 수 있다. 가까스로 한 과목에서 합격점을 받은 대학생이 아이비리그의 로스쿨에 합격하기 바라는 것이 비합리적인 것처럼 말이다.

이것이 바로 양육에서(그리고 거의 모든 삶의 영역에서) 수용이 중요한 이유다. 당신은 삶이 가져다준 그 어떤 현실도 전부 수용해야만 비로소 효과적인 것을 할 수 있다. 당신의 아이가 감정적으로 예민하거나/ADHD가 있거나/(당신의 어려움을 여기에 채워 넣으라) 한다면, 그 정보를 사용해서 변화를 향한 경로를 설정하고 효과적으로 나아갈 수 있다.

그것이 바로 수용/변화의 균형이다. 현실을 수용하고, 동시에 그것을 변화시키기 위해 우리가 할 수 있는 것을 하는 것이다. 일단 당신의 상황을 있는 그대로 수용하고 감내하고 나면, 변화를 위한 대안적 경로를 발견할지도 모른다. 아이가 분노 폭발을 보이는가? 이제 그것을 받아들였다면 아이가 화를 낼 때 "정신 좀 차려라"고 말하기보다는, 아이가 예민해질 때 힘들어하는 것을 인정해주거나 공간을 마련해 주는 식으로 새로운 기술을 시도해 볼 수 있을 것이다. 아이들끼리 기질이 서로 너무 심하게 맞부딪히고 역동을 변화시키기 위해 할 수 있는 것이 하나도 없는가? 일단 당신이 이것을 받아들이고 나면, 아이들이 서로 잘 지내게 하려고 애쓰기보다는 취침 시간이나 기타 일정들을 서로 엇갈리게 하는 식으로 다른 해결책을 시도할 수 있다.

아까 그 죄수들을 기억하는가? 자신의 현실을 수용한 죄수는 비록 교도소에 있는 현실을 바꾸지는 못하더라도 자기에게 주어진 것을 가지고 앞으로 더 나아갈 수 있다. 부당하더라도 무기징역형을 받았다는 사실을 수용하고 나면, 수감 기간 동안 가장 효과적으로 지내는 방법을 알아낼 수 있을 것이다.

선택 2: 느낌을 변화시킨다

일단 당신이 문제를 수용하고 현실과 접촉하고 나면, 당장 그 순간에는 아무런 해결책이 없다고 느껴질 수 있다. 이럴 때는 변화나 해결책에 초점을 맞추기보다 마음챙김과 반대행동(다음 장들을 통해 자세히 다룰 것이다)을 통해 감정 반응을 조정할 수 있다.

다른 관점을 취하는 것도 감정에 영향을 끼칠 수 있는 방법이다. 문제를 다른 각도에서 보면 그 느낌이 달라질 수 있다. '애는 나를 너무 힘들게 해.'를 '애도 정말 힘들 거야.'로 바꿔보라. 문제와 직접적으로 관련이 없는 잘 먹기, 잘 자기, 운동하기 같은 활동들도 기분이 더 나아지게 할 수 있다.

부당하게 감옥에 갇힌 사람은 자신의 상황을 바꿀 수 없지만 상황에 대한 태도는 바꿀 수 있다. 현실의 부당함과 불쾌함에 초점을 맞추기보다는, 자신의 관점을 바꾸는 것을 선택할 수 있다. 이렇게 말이다. '이것은 내가 나에게 더 관심을 가지고 더 나은 사람이 될 수 있는 기회야.'

선택 3: 감내한다

만약 상황을 변화시킬 수 없다면, 무조건적인 수용인 감내하는 법(이 장과 다음 장의 주제이기도 하다)을 배워라. 어떻게 해도 문제에 대해 더 나은 느낌을 갖지 못할 수도 있지만, 문제를 *지니고 있다는* 사실을 더 낫게 느낄 수는 있다. 이는 상실을 겪을 때 흔히 하는 반응이다. 시간이 지나면서 고통이 줄어들지만 그렇다고 완전히 사라지지는 않는다. 날카롭고 찌르는 듯한 아픔에서 둔한 통증으로 변할 뿐이다. 고통을 감내한다고 해서 고통이 있다는 사실을 변화시키지는 않지만, 그로 인한 괴로움은 없앨 수 있다.

애초부터 우리는 문제를 해결하도록 프로그램되어 있다. 고장 난 변기를 고치고, 지금 다니는 직장이 마음에 안 들면 새로운 일을 알아보고, 힘들어하는 아이를 돕기 위해 보육교사를 알아본다. 현실을 수용하는 것이 변화로 이어질 수 있고 실제로도 그런 경우가 자주 있지만(선택 1 참조), 안타깝게도 변화가 불가능할 때도 종종 있다. 아무리 많이 수용해도 바꿀 수 없는 절대 불변의 상황도 있는 것이다.

양육에 있어서도 당신이 바꿀 수 없는 것이 많이 있을 것이다. 아이의 모든 면을 다 바꿀 수는 없다. 유전적 요인, 타고난 기질, 몇몇 환경적 요인, 출생 순서, 깊이 뿌리내린 일부 행동들은 어느 정도 고정된 것으로 봐야 한다. 변화의 가능성이 없다면 부모가 할 일은 아이의 특징과 상황을 받아들이는 것이다.

변화가 효과적이거나 현실적인 선택일지라도 시간이 가면서 점차 효과가 떨어지는 것을 발견할지도 모른다. 한 아이에게 효과가 있었던 방법이 다른 아이에게 효과가 없거나, 아이가 자라면서 효과가 없어질 수도 있다. 어쩌면 아이를 돕기 위해 상담치료, 약물치료, 부모 교실, 멘토링 등 수없이 많은 노력을 퍼부었지만 딱히 나아지는 것이 없었을 수도 있다.

우리는 변화가 가능하거나 불가능한 모든 상황에서 수용을 활용함으로써 가혹하고 고통스러운 삶의 현실에 대처해 나갈 수 있다.

이것이 바로 감옥 은유의 본질이다. 첫 번째 죄수가 자신의 상황을 받아들일 때 고통은 그대로 남아 있더라도 괴로움은 줄어든다. 때로는 수용이 변화를 일으키기도 하고, 어떤 경우에는 수용 자체가 가장 중요하기도 하다. 만약 그가 자신이나 상황을 더 나아지게 하려고 애쓰지 않은 채 그저 하루하루 감옥에서 살기로 마음먹는다면, 수용이 변화로 이어지지 않더라도 더 평화로운 삶을 살게 될 것이다.

선택 4: 비참하게(혹은 더 나쁘게) 지낸다.

물론 우리 이야기에는 또 다른 죄수가 있다. 바로 현실을 수용하기를 거부하고 계속 괴로워하고 있는 두 번째 죄수다. 수용하느냐 현실과 싸우느냐는 일종의 선택이다. 두 번째 죄수는 낙담할 만한 아주 타당한 이유가 있다. 하지만 그는 위의 세 가지 선택지들이 아닌, 비참하게 남아 있는 것을 선택한다.

비참하게 지내기를 선택하면 상황을 더 안 좋게 만드는 행동을 할 수도 있다. 아이한테 소리를 지르고, 상사에게 기분 나쁜 문자를 보내고, 초콜릿 아이스크림 커다란 한 통을 다 먹어 치운다. 짧게는 비참해서 더 좋게 느껴질 수도 있다. 수용보다 쉬우며 관심과 인정을 더 많이 받을 수도 있기 때문이다. 하지만 길게 볼 때 비참함 속에서 몸부림치는 것은 괴로움과 추가적인 고통을 유발할 수 있다.

변화시킬 수 없는 현실을 마주할 때 오직 변화에만 초점을 맞추면 좌절과 상처를 유발해서 상황을 더 악화시키는 경우가 많다. 부모에게 이것은 힘든 현실이 될 수 있다. 우리는 아이들의 행동을 "용납할 수 없는 것"으로 간주하고 아이들이 "변해야 한다"고 단정한다. 그렇게 모든 것을 다 시도한 뒤에도 아이들이 변하지 않으면, 계속해서 실체도 모호한 "다른 방법"을 찾는다. '분명 저런 행동을 고칠 수 있는 다른 방법이 있을 거야! 그것들 말고 다른 방법도 있을 거야!' 하지만 현실에서 (최소한 현재로서는) 다른 방법은 없다. 부모라고 해서 아이들의 문제를 항상 "해결"할 수는 없다.

아이를 실내 야구 연습장에 데려가 본 적이 있는가? 만약 있다면 아주 흔한 시나리오를 경험했을 것이다. 패기에 찬 아이가 자기가 반에서 4번 타자라며 공이 고속으로 날아오는 부스로 들어간다. 아이는 그렇게 빠른 공을 칠 준비가 전혀 안 되어 있다. 아이는 날아오는 공에 맞으며 그 자리에서 소리 지르고 울며 다시 하겠다고 요구한다. "이건 불공평해요! 이렇게 빠를 줄은 몰랐다고요! 이런 공은 아무도 못 칠 거예요!"

그러면 많은 부모들이 그런 아이를 향해 고함을 지른다. "야 공 날아오잖아. 그냥 방망이 들고 다시 치던가 아니면 거기서 비켜!"

"말 안 듣는 아이"의 부모로서 당신은 양육에 도전할 준비가 안 되어 있었을 수 있다. 공은 빛의 속도로 당신에게 날아온다. 당신은 삶의 현실을 부정하고 싸울 수 있다. '더 이상은 못하겠어! 애들 키우는 게 이렇게 힘든 줄 알았으면 아마 안 낳았을 거야! 너무 버거워서 감당이 안돼! 왜 얘는 평범하지가 않지?'

이것은 곧 현실과 싸우는 것이며, 당신을 비참하게 만들고 효과적인 변화를 방해할 것이다. 불수용의 슬럼프에 빠져 있는 한 어떤 효과적인 행동도 하기 힘들 것이다.

대신 당신은 현실을 인지하고 수용할 수 있다. '무슨 일이 있어도 공은 계속 날아와. 그게 삶이야. 그럼 이제 어떻게 하지?'

일단 당신이 싸움을 멈추고 나면, 변화를 이루기 위해 당신이 갖고 있는 것을 활용할 수 있다. 수용은 더 많은 선택의 길을 열어준다. 효과적인 양육을 위해 최선을 다해 방망이를 휘두를 수 있고(선택 1), 양육과 아이에 대한 당신의 느낌을 변화시키는 노력을 할 수 있으며(선택 2), 상황을 감내할 수도 있다. 타자석에서 물러나 공이 날아오는 것을 지켜보듯, 용납할 수 없다고 생각했던 것을 받아들이는 것이다(선택 3). 어떤 선택을 하든 쉴 새 없이 날아드는 공들로 인한 고통은 최소화할 수 있을 것이다.

수용은 건강한 관계를 육성한다

수용은 일상생활뿐 아니라 사랑하는 관계에서도 필수적이다. 수용은 우리가 문제를 효과적으로 해결하는 데 도움이 되는 것처럼 관계를 탐색하고 개선하는 데에도 유용하다(마찬가지로, 불수용은 개인적 상황을 더 악화시키는 것처럼 관계도 해친다.) 여기에는 양육 관계는 물론 우리 자신과의 관계도 포함된다.

일단 우리 자신과의 관계부터 시작해 보자.

모든 부모는 자신의 양육 능력에 대해 지나치게 죄책감을 느끼고 부정적으로 바라본다. 현대 사회의 부모로서 당신은 자신의 양육 방식과 몇 광년은 떨어져 있는 것처럼 보이는 "완벽한 부모" 이미지들의 폭격을 받고 있을 가능성이 높다. 당신은 어쩌면 올바른 음식을 주지 않는 것('옆집 슈퍼맘이 방금 나한테 식용색소가 어떻게 애들을 ADHD로 만드는지, 유기농 식생활은 어떻게 해나가는지 대해 일장연설을 했는데'), 아이에게 소리 지르는 것('기사를 보니까 언성을 높이는 것만으로도 아이의 정서적 웰빙에 해를 끼친다던데'), 앉아서 하염없이 계속 브루마블을 하지 않는 것('눈물이 날 정도로 너무 지루하다. 그런데 아이가 내가 자기랑 시간을 같이 보내는 걸 싫어한다고 생각하면 어쩌지?'), 혹은 최신 필수 양육법을 따르지 않는 것에 대해 자격지심이나 죄책감을 느낄지도 모른다.

당신이 까다로운 아이의 부모라면 죄책감은 더욱 증폭된다. '대체 어디서부터 잘못된 거지? 난 세상에서 가장 나쁜 부모인 게 분명해. 대체 그동안 어떻게 키웠길래 애가 이 모양인 거야?'

이러한 생각들은 해롭다. 당신이 불충분하고 비효율적인 양육을 했기 때문에 실패했다고 믿게 만들기 때문이다. 이는 강한 죄책감이나 불안, 심지어는 우울증으로 이어지기도 하고, 그 결과 한 사람이자 부모로서 당신의 역할을 다하는 데 심각한 지장을 줌으로써 결과적으로 아이에게도 악영향을 끼친다.

당신이 이 책을 읽고 있다는 사실만으로도 이미 지금 최선을 다하고 있고, 앞으로도 계속 더 나아지기 바라고 있음을 알 수 있다. *자신을 더 잘 수용하는 법을 배우면 스스로의 감정을 조절하는 데 도움이 되고, 이는 다시 아이에게 긍정적인 영향을 끼칠 것이다*(기억하라, *변화는 연달아 이어진다*.)

수용이 항상 기분 좋은 것만은 아니다. 당신과 아이가 처한 달갑지 않은 현실을 마주하면 온갖 부정적 감정과 좌절감이 들 수 있다. 걱정 마라. 그건 지극히 정상이며 그런 감정을 느껴도 괜찮다! 다음 장들에서 배우게 될 수용 전략을 통해 아이와의 관계를 강화하고 유지하면, 이러한 생각과 감정을 직면하는 데 도움이 될 것이다.

우리가 부모로서 수용한다는 것은 아이를 있는 그대로의 모습으로 사랑하고 알아주는 것을 의미한다. 우리는 아이가 그렇게 행동하는 원인을 이해하려 노력함으로써 아이가 지니고 있는 긍정적 성향, 장점, 기질과 더불어 특이함, 결점, 유별난 점도 사랑할 수 있다. 수용은 우리가 아이를 바라보고 관계를 맺는 방식을 변화시키는 힘이 있다.

아이는 부모가 자신을 수용하는지 아닌지 감쪽같이 알아차릴 수 있다. 아이의 모든 단점까지 전부 포함한 있는 그대로의 모습으로 수용하면서 아이를 바라보면, 아이에 대해 더 많은 사랑과 자비를 느끼게 될 것이고 사랑과 자비를 느낄 것이다.

아이는 발달 과정을 통해 사랑, 보살핌, 이해, 수용, 가치, 안전, 안심, 안정 등의 다양한 핵심적인 정서적 욕구를 지닌다. 아이는 화와 다른 부정적 감정 또한 표출할 수 있어야 한다. 아이는 자라면서 배우고, 부모로서 우리가 할 일은 아이들이 자라고 배우면서 이러한 복합적인 요구들을 충족시킬 수 있도록 해 주는 것이다.

만약 우리가 아이와 항상 부정적인 상호작용만 한다면 아이는 자신과 세상에 대해 부정적인 믿음을 발달시켜 나갈 것이다. 이러한 믿음은 성인이 되었을 때 감정 조절에 어려움을 유발하고 스트레스에 대처할 수 있는 능력을 부족하게 만든다. 어떤 부모도 아이의 모든 정서적 욕구를 완벽하게 충족시킬 수는 없을 것이다. 우리는 모두 최선을 다하고 있으며, 더 나아질 수 있다. 당신이 오랫동안 부정적이었다 하더라도 지금부터 수용과 긍정성을 늘리면 아이는 건강하고 행복한 사람으로 성장할 수 있다.

수용은 당신과 아이 모두에게 유익하다. 당신은 더 깊고 건강한 애착을 형성하고 아이의 동기를 이해할 것이다. 아이는 당신의 지지와 유대감을 느끼며 건강한 자존감과 자신감을 키워갈 것이다. 아이는 결점에도 불구하고 자신을 사랑하는 부모를 보면서 자신이 사랑스럽고 가치 있는 존재임을 배울 것이다.

추가로 보너스도 있다. 아이를 수용하는 과정 자체가 아이를 변화시키는 데 도움이 될 수 있다. 인정(5장)을 비롯해 앞으로 당신이 배울 많은 수용 전략들은 자연스레 행동을 변화시킬 것이다.

아이가 조건 없는 사랑과 수용을 느끼게 되면 자신을 수용할 수 있는 능력이 향상된다. 이는 다시 아이가 자신의 감정을 조절하고 "난관에서 벗어날" 수 있게 해줌으로써, 변화를 위한 노력을 기울이는 것을 더 쉽게 만들어준다. 또한 부모가 자신을 수용하는 것을 아는 아이는 한계 설정에 더 긍정적으로 반응할 확률이 높다. 설령 아이가 당신이 설정한 한계를 인정하지 않거나 다른 방법을 주장하더라도, 아이는 그 한계가 자신을 위한 것임을 이해할 수 있다.

수용으로 가는 여정은 자녀와의 관계를 구축하는 것부터 시작한다. 이후의 장들에 이러한 관계를 형성하는 데 도움이 되는 연습이 나와 있다. 부모로서 자신을 위한 자기수용 전략 또한 찾아볼 수 있을 것이다.

수용의 장애물

수용을 방해하는 요소들은 당연히 매우 많다. 특히 특정한 믿음과 감정이 방해가 될 수 있고 실제로 그런 경우가 많다.

화, 슬픔, 죄책감, 수치심, 분노 등의 감정이 수용 능력을 방해할 수 있다. 수용에는 노력이 필요하기 때문에, 감정에 치우쳐 있을 때는 수용하기가 어렵다. 감정이 고조되면 이성적 사고와 효과적 행동이 밀려날 수 있다.

강한 감정 상태에 사로잡힐 때는 그 감정을 느끼고 수용해 보라. 감정을 관찰하고, 이름을 붙이고, 인정하고, 조절함으로써 수용으로 나아가라. 공공장소에서 아이의 말 안 듣는 행동 때문에 창피함을 느낀다면 스스로를 인정하고('애가 다른 사람들 앞에서 저런 식으로 행동하면 충분히 창피할 수 있어.'), 창피함이 들게 그냥 둔 채로 감정을 느껴보라(다음 장들에서 방법을 배우게 될 것이다).

수용에 방해가 되는 감정은 흔히 왜곡된 사고에 뿌리를 두고 있다. 이런 "생각의 오류"와 믿음은 불안, 두려움, 죄책감, 혼란스러움 같은 강한 감정을 유발하는데, 부모는 이로 인해 극단으로 치달으며 경직된 권위주의자가 되는 경우가 많다. 그 결과 아이는 수용, 이해, 사랑받지 못하는 느낌을 받는다. 아이는 행동 폭발을 통해 자신에 대한 의구심이나 자신을 수용하기 힘듦을 표현하려고 할지도 모른다.

생각의 오류는 종종 부모의 양육 방식과 아이에 대한 의견에 깊이 각인된다. 흔한 한 가지 생각의 오류는 "해야만 한다"이다. '애초에 애가 먼저 그러지 말았어야지, 내가 그걸 어떻게 받아들여?', '그러면 안 된다는 걸 지가 먼저 알아야지. 이런 일은 애초에 일어나서는 안 돼!'처럼 말이다.

"해야만 한다"는 당신이 행동의 원인을 무시하거나 간과하고, 실제 현실이 아닌 당신이 바라는 바라는 것에 몰두해 있음을 시사한다. 이렇게 되면 현실적인 해결책을 찾기 위해 효과적으로 노력하기가 어렵다. "해야만 한다"를 건너뛰어라. 특정한 방식대로 "해야만 한다"는 생각을 되풀이하는 것은 "해야만 하는" 것을 현실로 만드는 데 방해가 될 뿐이다.

다음 표에서는 현실적인 문제를 해결하고, 수용하고, 재구성하는 능력을 방해하는 흔한 생각의 오류와, 이를 우회할 수 있는 해결책을 다룬다. 이 "방해가 되는 생각"과 "우회로"는 https://blog.naver.com/happy_hanga/222523899895에 있는 카드로 내려받아 필요할 때 수시로 활용할 수 있다(2장 장애물 카드 참조).

장애물(믿음)	우회로(반응)
수용할 수 없는 것을 수용하는 것은 불가능해.	살면서 "불가능"하다고 여겼던 것을 성취했을 때를 생각해 보라. 단지 불가능하다고 느껴진다고 해서 실제로 불가능한 것은 아니다.
아이의 행동을 수용하는 것은 결국 그걸 허락해준다는 거잖아.	수용은 허락의 동의어가 아님을 기억하라. 우리는 교통 체증이나 악천후 속에서 운전하는 것처럼 겪고 싶지 않은 상황을 수용할 수 있고, 그런 일은 살면서 꽤 자주 있다.
여기서는 내가 책임자인 것을 아이가 알아야 해! 애가 제멋대로 행동하게 둘 수는 없어. 내가 수용하면, 애는 그걸 이용해서 나를 조종할 거야.	자신에게 물어보라. 현실과 싸워서 바뀌는 게 있는가? 아이가 내 말을 듣고 있을까? 수용할 때 비로소 한계를 설정하고 아이가 거기에 잘 반응할 수 있게 도와줄 수 있는 효과적인 방법을 찾을 수 있다. 기억하라. 당신은 아이를 수용하는 **동시에** 자존심을 유지할 수 있다!
너무 늦었어. 이미 엎질러진 물이야.	변화는 영원히 계속된다는 것을 명심하라. 너무 늦은 때는 없다. 긍정성과 수용을 받아들임으로써 아이에게 변화가 가능함을 보여주고, 과거의 고통을 차근차근 치유할 수 있다.
그러면 안 된다는 건 지가 먼저 알아야지.	"해야만 한다"를 내려놓는다. 판단을 넘어 수용으로 나아가기 위해 마음챙김을 연습하라.
너무 화가 나서 지금 당장은 이걸 해결할 수 없어!	한 발짝 뒤로 물러나라. 수용 기술을 활용하기 전에 마음을 진정시키기 위해 상황에서 벗어나기, 이완 기술 활용하기, 주의 전환하기 등을 활용하라.

위의 믿음들 중 하나라도 당신과 관련된 게 있다면 주저하지 말고 그 믿음을 수정할 수 있는 나름의 전략을 자유롭게 생각해 보라. 핸드폰에 알림 설정을 해 놓거나 내려받은 인덱스 카드 양면을 작성하는 것이 도움

이 될 수 있다. 예를 들어 "책임자는 나야! 애가 제멋대로 행동하게 둘 수는 없어!" 같은 생각이 들면, 숨을 고르며 대신 이렇게 말할 수 있다. "그래, 내가 책임자야. 그리고 애는 문제 행동을 보이고 있어. 내가 침착함을 유지하고 한계를 강화하고 아이와의 관계를 유지하기 위해 바로 할 수 있는 게 뭘까?"

수용의 모든 영역에서 가장 중요한 것은 당신 또한 사람일 뿐임을 기억하는 것이다. 당신도 종종 실수할 때가 분명 있을 것이다. 괜찮다. 충분히 그럴 수 있다. 오히려 실수가 당신과 아이에게 유익할 수도 있다!

부모도 똑같은 사람이라는 것을 아는 것은 아이에게도 좋다. 아이는 당신도 감정을 지니고 있음을 알고, 당신이 좌절하거나 분노하고, 슬퍼하고, 감정적에 치우친 모습을 보게 될 것이다. 당신이 감정을 다룰 수 있음을 아이에게 보여주는 것이야말로 아이가 당신에게서 모델링해야 하는 것이다. 행동은 말보다 강력하다. 그리고 당신이 감정을 효과적으로 다루지 못한다면, 이 또한 부모도 완벽하지 않으며 잘못했을 때 사과할 줄 안다는 강력한 교훈이 된다.

수용은 쉽지 않다. 그리고 당신은 수용을 할 수 있다. 알다시피 수용의 유익은 어마어마하며, 이는 "말 안 듣는" 아이의 부모에게는 특히 더 그렇다. 다음에 나오는 세 장들(3, 4, 5장)은 수용으로 나아가기 위해 당신이 현실적이고 구체적으로 할 수 있는 것에 초점을 맞출 것이다. 수용은 얼핏 추상적 개념 같지만 실제로는 측정 가능하고 구체적인 과정이다. 3장에서는 수용을 촉진할 수 있는 구체적인 기술, 전략, 유용한 지침을 배울 것이다. 4장은 수용에 필수적인 마음챙김을 다룬다. 마음챙김을 배우고 실천하면 아이의 행동을 이해하고, 양육의 어려움을 정의하며, 효과적인 양육을 위해 인식을 개선할 수 있을 것이다. 5장에서는 수용의 또 다른 핵심 요소인 인정에 초점을 맞춘다. 제대로 인정을 하게 되면 부모-아이 관계가 개선되고, 아이의 자존감이 향상되며, 아이가 감정을 조절할 수 있게 된다.

3장

실용적 수용 전략

∴

이제 당신은 수용의 중요성을 읽었으니 힘이 솟으며 그전부터 항상 되고자 했던 수용적이고, 인내심 있고, 관용적인 부모가 될 준비를 마쳤다고 느낄지도 모른다.

글쎄… 당신은 확실히 잘 해나가고 있으며, 그건 엄청난 성과다. 그리고 ('그러나'가 아닌) 여전히 배워야 할 것들이 많이 있다.

비록 지금은 정말 어렵게 느껴지더라도, 당신은 가장 힘든 상황에서도 실용적이고 구체적인 전략을 활용하며 수용을 향해 나아가는 자신을 발견하게 될 것이다. 당신은 할 수 있다.

이 장에서 당신이 배울 것은 다음과 같다.

- "전적인 수용"
- 바꿀 수 없는 상황에서 수용을 실천하는 법
- 다양한 수용 기법들

전적인 수용이란 무엇일까?

현실을 수용하는 것은 엄청나게 어려운 기술이다. 우리는 자기가 마치 만능 해결사라도 되는 양 해결책을 찾으며 모든 게 나아지도록 노력하는 경향이 있다. 하지만 삶의 가장 가혹한 현실은, 바뀌지 않는 상황도 있다는 것이다. 그 상황은 특정 기간만 이어질 수도 있고 아예 기약 없이 계속될 수도 있다.

부모에게 있어서 그런 상황이란 아이의 성향이나 기질, 질병, 학습장애, 형제간 경쟁, 전혀 이상적이지 않은 집안 구조, 심지어는 학칙도 해당할 수 있다.

당신은 바꿀 수 없는 상황에서 '그렇게 됐으면…' 같은 소망과 생각에 빠지는 것을 선택할 수도 있고(그리고 계속 비참하게 지낸다. 문제에 대처하는 네 가지 방법을 기억하는가?), 완벽하고 완전하며 절대적인 수용인 *전적인 수용radical acceptance*(DBT에서 사용하는 표현이다)을 선택할 수도 있다. 이러한 종류의 수용은 엄청난 노력을 필요로 하며 흔히 처음에는 많은 고통과 슬픔을 촉발한다.

일단 슬픔의 단계(대개 짧은 편이다)를 지나고 나면 조건 없는 수용에 이를 수 있는데, 이는 굉장히 자유로운 느낌을 준다.

당신이 불타고 있는 집 안에 있다고 상상해 보라. 당신은 (아직까지는) 화염에 휩싸이지 않은 뒷방에 웅크리고 절망에 빠진 채 연기를 들이마시며 괴로워하는 것을 선택할 수도 있고, 활활 타오르는 불길을 뚫고 집 밖으로 뛰쳐나가는 것을 선택할 수도 있다. 전적인 수용은 고통스럽더라도 생명을 구할 수 있다! 차라리 짧고 굵게 고통과 슬픔의 순간을 겪는 것이 분노나 씁쓸함으로 괴로워하는 것보다 훨씬 낫다.

DBT에서 말하는 것처럼, 지옥에서 벗어나는 유일한 방법은 고통을 통과하는 것뿐이다.

당신은 수용한다고 생각했지만, 원망이나 다른 부정적 감정들이 여전히 표면 아래서 당장이라도 폭발할 것처럼 들끓을 때도 있을 것이다. 전적인 수용은 상황(혹은 문제의 그 아이)을 있는 그대로 완전하게 수용하고, 현실과 맞서 싸우기를 멈추는 것이다.

전적인 수용은 슬픔을 불러올 가능성이 매우 높으며, 그것이 정상임을 기억하라. 수용은 상황을 행복하게 여기는 것이 아니라, '비록 상황이 달랐다면 좋았겠지만 난 이 상황을 완전히 수용해'라고 말하는 것과 같다.

이제 당신이 굉장히 수용하기 어려운 것을 전적으로 수용하기('내가 아이에게 소리지르는 것을 멈출 수 없는 형편없는 부모라는 걸 인정해!', '내 아이는 그냥 큰 실수야. 얘는 평생 이런 모습일 것이기 때문에 나도 아이를 도우려는 노력을 그만두는 게 낫겠어') 전에, 다음을 깨달아야 한다.

수용은 포기하는 것이 아니다.

당신이 가능한 모든 약물치료에도 불구하고 아이가 굉장히 충동적이라는 사실을 전적으로 수용하더라도, 그 현실을 영원히 수용할 필요는 없다. 당신이 현실을 받아들였다고 해서 1년 뒤에 신약이 나왔을 때 그 약을 시도하는 것을 포기하지는 말아야 한다("난 아이를 있는 그대로 수용했는데 왜 계속 노력해야 하지?").

변화의 가능성을 결코 포기하지 마라. 전적인 수용은 현재의(그리고 미래에도 존재할 가능성이 매우 높은) 사실에 적용하는 것이다. 당신도 알다시피 변화는 끝없이 지속되기 때문에, 오늘의 현실을 수용하는 것이 곧 내일의 희망을 포기하는 것은 아니다.

수용 전략

아까 나왔던 등반 얘기를 기억하는가? 아이가 당신의 *마지막 인내심까지* 모두 *바닥나게* 만들어 버리는 일상적 양육 상황에서 수용은 에베레스트 산을 오르는 것만큼이나 달성하기 어려운 것으로 느껴질 수 있다. 당신은 그 산을 오르는 데 필요한 도구가 무엇인지 알고 있을 수도 있다. 하지만 그런 도구를 적절히 사용할 수 있도록 훈련된 상태가 아니라면 오히려 그 것들로 인해 더 압박감만 느끼게 될 것이다.

당신이 가장 어려운 시기에 정상에 오를 수 있도록 도구상자에서 꺼내 활용할 수 있는 구체적이고 실용적인 전략으로 다음과 같은 것들이 있다.

- 장점과 단점
- 수용과 연결되기
- 비슷한 점 찾기
- 마음 돌리기
- 기꺼이 하기 vs 고집 부리기
- 반대행동
- 미리 대처하기

그럼 이제 이 전략들을 자세히 알아보자.

장점과 단점

이 기술은 상황의 장점과 단점을 가늠할 수 있는 목록을 만들어 비교하고 대조하는 것으로, 간단하면서도 굉장히 효과적이다. 장점과 단점 기술은 다양한 양육 상황에서 수용과 변화를 모두 이루는 데 도움이 될 수 있다.

만약 당신이 수용에 어려움을 느낀다면 이 기술은 아주 훌륭한 출발점이다. 이 기술을 활용하여 수용과 불수용의 좋은 점과 안 좋은 점(그렇다, 안 좋은 점은 분명 있다!)을 명확히 살펴보고 분석하는 것부터 시작할 수 있다. 이는 당신의 길을 가로막는 장애물을 극복하는 데 도움이 된다. 아마 당신은 현실과 싸우는 것의 장점이 없다고 생각할지도 모른다. 하지만 당신이 현재 사용하는 전략이 가져다주는 이득이 없다면(혹은 부족하다면) 당신은 그 전략을 계속 사용하지 않을 것이다! 그런 행동들도 당신에게 무언가는 해준다. 현실을 부정하고 맞서 싸우는 것이 아이가 "해야만 하는" 행동을 하게 만들도록 고군분투하는 당신에게 한가닥 희망을 가져다줄지도 모른다. 반면에 수용을 하게 되면 당신은 아이의 한계를 바라보며 아이의 본성은 바뀌지 않음을 받아들일 것이다. 수용은 고통스러울 수 있고 그것을 피하고 싶은 것은 자연스러운 것이다.

문제는, 불수용의 이점은 대개 짧게만 지속되는 반면 수용의 장점은 오래 지속된다는 것이다. 불수용의 단기적 효과는 매우 강력하다. 나는 항상 마약과 알코올이 고통과 어려움에 대한 훌륭한 해결책이라고 말한다. 그것들을 사용하면 아주 빠르고 효과적으로 고통을 안 느끼고 곧바로 나아지는 기분이 들기 때문이다. 하지만 장기적으로 볼 때 그런 효과는 중독, 과다복용, 건강 문제, 사망과 같은 재앙적인 결과를 초래한다.

장기적인 해결책은 실행하기는 더 어려워도 궁극적으로는 더 많은 이점이 있다.

당신은 장점과 단점을 적고 평가함으로써 더 넓은 시각으로 바라보고 효과적으로 나아갈 수 있다. 순서는 다음과 같다.

방해받지 않고 조용히 있을 수 있는 시간을 정한다. 수용과 불수용의 장점과 단점을 상세히 기술하는 표를 작성한다. 장점 및 단점에 각각 장기적 효과(장기)와 단기적 효과(단기)를 표기한다.

다음은 다 채운 표의 한 예다.

수용의 장점과 단점

장점	단점
• 아이와의 관계를 개선한다 (장기) • 집안 내 긴장을 감소시킨다 (장기) • 스트레스를 줄인다 (단기/장기) • 아이의 자존감을 키워준다 (장기) • 아이가 사랑받는 느낌을 갖게 해준다 (단기/장기) • 현실감을 유지하는 데 도움이 된다 (단기/장기)	• 진짜 힘들 수 있다! (단기) • 그렇지 않은 것을 앎에도 불구하고, 마치 내가 상황을 포기, 단념, 허용하는 것처럼 느껴진다 (단기) • "훈육을 충분히 하지 않았다"는 이유로 다른 사람들로부터 비난받을 수 있다 (단기) • 슬퍼질 수 있다("아이에게 약을 먹이기 싫어", "이런 삶을 원한 건 전혀 아니었어") (단기)

불수용의 장점과 단점

장점	단점
• 내가 상황을 통제하는 느낌이 든다 ("난 내가 옳다는 걸 알아. 그리고 이런 행동은 정말 그냥 놔둘 수 없어!") (단기) • 내가 아이의 행동을 용납하지 않는다는 것을 아이에게 보여준다 (단기) • 내 원칙을 고수하는 게 좋게 느껴진다 (단기) • 수용하는 과정에서 나타나는 힘든 감정들을 안 느껴도 된다 (단기)	• 소모적이고 비효과적으로 끝없이 현실과 싸우게 된다. (단기/장기) • 집안 분위기가 안 좋아진다. (단기/장기) • 부모-아이 관계가 손상된다. (장기) • 아이가 자신에게 뭔가 문제가 있다는 느낌이 들게 한다. (단기/장기)

당신이 현실을 수용하거나 수용하지 않았을 때의 장기적 효과를 현실적으로 생각해 보라. 지금으로부터 1주, 3개월, 6개월, 1년, 5년…

이 표를 만드는 데에는 시간과 노력이(자신에 대한 정직함도) 필요하지만, 그럴 만한 가치가 있다. 당신에게 효과적인 것과 효과가 없는 것은 무엇인지, 그 이유는 무엇인지 알아냄으로써 현실을 파악하고 지금부터 더 효과적으로 행동하는 법을 터득할 수 있다.

일단 이 기술을 완전히 익혀 놓으면, 양육의 다른 영역에도 적용할 수 있다. 아이의 성격, 치료, 학교 프로그램, 당신의 양육 전략 등의 장단점을 분석할 수도 있다. 가능성은 무궁무진하다!

수용과 연결되기

흔히 부모-아이 사이의 따뜻하고 무조건적인 유대감은 갑자기 짠 하고 나타나지 않는다. 특히 어려운 아이를 키우고 있다면 더욱 그럴 것이다. 이럴 때 당신은 아이의 요구와 어려움에 너무 집중한 나머지 아이와의 관계를 놓치고 있다는 것을 깨달을 수도 있다. 아이와의 연결을 재활성화할 수 있는 시간을 가져라. 아이가 꼭 참여하지 않아도 된다!

충분한 시간을 가지고 아이의 성향을 떠올려 본다. 다음의 질문이 도움이 될 것이다.

- 아이의 어떤 면을 사랑할 것인가?
- 아이가 당신을 웃게 만들 때는 언제인가?
- 아이는 무엇에 열정을 보이는가? 무엇을 즐기는가?
- 무엇이 아이를 행복하게 하는가? 슬프게 하는가? 화나게 하는가? 좌절하게 하는가?
- 아이가 무서워하는 것은 무엇인가?
- 아이의 좋은 점과 장점은 무엇인가? 아이의 어려운 점과 이를 유발할 만한 원인은 무엇인가? (아이가 당신의 삶에 끼치는 어려움이 아니라 아이의 관점에서 바라보고 응답하라.)
- 다른 사람들(친구, 친척, 교사, 이웃, 심지어 낯선 사람까지)은 아이의 긍정적인 면에 어떤 영향을 주었는가? 다른 사람들이 아이에 대해 어떻게 말하면 좋겠는가?
- 아이에게 어떤 잠재력이 있는 것 같은가? 아이가 어느 분야에서 성공할 것 같은가?(심지가 굳고, 끈기 있고, 따지기 좋아하고, 충동적이고, 감정

적으로 예민한 아이가 소질을 잘 키워 나가면 성공적인 변호사나 사업가가 될 수 있다!)

매일같이 자주 되새겨 볼 수 있도록 목록을 만든다.

이 목록을 만들거나 검토하기에는 아이가 자는 시간이 가장 좋다. 아이가 깨어 있을 때 보기 어려운 사랑스럽고 천진난만하고 앳된 얼굴을 보라. 아이가 잠잠하고 머나먼 꿈나라에 있을 때가 아이의 좋은 점을 살펴보고 사랑을 느끼기에 가장 쉽다. 아이가 당신의 인내심을 끊임없이 시험하는 요구 사항 많고 반항적이고 규칙을 어기는 악당일 때보다는, 병원에서 집으로 갓 데려온 천사 같은 모습일 때 더 자비로운 마음을 가지기 쉬울 것이다!

그걸로 충분하지 않은가? 비록 그때 한없이 사랑스러웠던 어린 아이가 지금은 그런 느낌이 안 드는 10대가 됐어도, 가장 사랑스러웠던 순간의 아이의 사진과 영상을 넘겨보라. 당신이 아이와 다시 연결되고 아이의 모든 성향을 수용하는 데 도움이 될 것이다.

비슷한 점 찾기

아이와 깊이 연결될 수 있는 또 다른 방법은 비슷한 점을 찾는 것이다. 부모는 대개 아이와 다른 점에 중점을 두기 쉽다. 특히 키우기 어려운 아이라면 더욱 그렇다. '얘는 대체 누굴 닮은 거야? 내 쪽으로는 그런 사람들이 아무도 없는데.' 아이를 가족의 "검은 오리"로 바라보면, 당신과 아이 모두 서로를 멀게 느끼게 될 것이다.

아이가 당신을 얼마나 닮았는지에 초점을 맞추면 아이를 더 잘 이해하고 수용할 수 있다. 공통적인 경험, 성격, 취향, 신체적 특징 등을 생각해 보라(여기서는 긍정적인 부분에 초점을 맞춘다. 당신이 싫어하는 자신의 모습에 대해 아이와 비슷한 점을 찾는 것은 위험할 수 있다! 당신이 가장 싫어하고 받아들이기 어려운 특징들에 집중하는 것은 아이를 수용하는 데 방해가 될 뿐이다).

'얘도 나처럼 보조개가 있어', '나처럼 도넛보다 시나몬 번을 더 좋아해' 같은 "사소한 것들"이라도 괜찮으니 아이와 유대감을 더 느끼길 수 있도록 비슷한 점을 최소한 5개 이상 적어 보라. 아이가 당신과 정반대인 것으로만 알고 있다가, 서로 비슷한 점이 많다는 사실에 놀랄 것이다!

마음 돌리기

수용은 일회성 이벤트로 한 번 하고 마는 것이 아님을 기억하라. 수용은 과정이다. 이 여정 동안 구멍, 우회로, 정체, 예상치 못한 지연으로 어려움을 겪는 경우가 많다. 양육은 장거리 여행과 같다. 목적지를 정하고, 길을 가다 멈추게 될 때를 즐기며(혹은 감내하며), 운전을 안 하면 절대 목적지에 도착하지 못한다는 것을 기억해야 한다.

이 여정 동안 당신은 수용으로 마음을 돌리며 방금 있었던 일을 받아들이기 위해 의식적으로 노력해야 한다. "받아들이자", "어쩔 수 없는 일이야" 같은 짧은 문구와 함께 마음챙김 호흡(자연스럽게 숨을 들이마시고 내쉬면서 의도적으로 주의를 기울이기)을 하면 수용에 이르는 데 도움이 될 수 있다. 시각화가 도움이 된다면 길 위에서 갈림길에 이르렀을 때 '수용 도로' 방향으로 진입하는 모습을 그려 보라. 수용은 끝없이 이어지는 과정이기에, 당신은 여정의 여러 단계에서 반복적으로 마음을 돌리는 연습을 하게 될 것이다. 갈림길에서 길을 완전히 잘못 들어서기 전에 다시 수용의 도로로 들어설 수 있도록, 잘못된 방향으로 들어설 때 떠오르는 생각('애는 대책이 없어'), 감정, 감각(속이 꽉 막힘, 얼굴이 뜨거워짐)을 알아차려야 한다.

기꺼이 하기 vs 고집 부리기

*기꺼이 하기*는, 비록 현실이 고통스러울지라도 상황을 성공적으로 해결하는 데 필요한 것을 효과적으로 하는 것이다. *고집 부리기*는 효과적인 것을 하기의 반대다. 고집을 부리는 사람은 융통성이 없고, 현실을 감내하기 거부하고, 일어나지도 않을 일과 싸운다. 아이가 엘리베이터 앞에서 자기 차례인데 여동생이 먼저 버튼을 눌렀다면서 안 타겠다고 거부하는 것이 바로 고집 부리는 것의 실제 경우다.

청소년과 어른들은 떼쓰기보다 더 성숙한 방식을 사용하지만(혹은 그러기를 바라지만), 감정과 생각의 과정은 떼쓰기와 동일하다. 부모로서 당신이 효과도 없는(어쩌면 더 악화시키기도 하는) 양육법을 고수하고 있다면, 고집 부리기에 빠져 있는 것인지도 모른다. 예를 들면, 벌주는 것이 아이의 행동을 전혀 바꾸지 못했음에도 불구하고 '*아이에게는 이게 필요하고, 결국엔 아이도 알게 될 거야.*'라는 생각으로 여전히 아이를 매섭게 벌을 준다(어떤 사고방식인지 알겠는가? '부모님도 나를 이런 식으로 훈육하셨어. 요즘 애들은 버릇이 없어서 그렇게 행동하면 안 되는 걸 알게 해야 해!'와 같은 말이다!).

현실을 직면하면 당신은 또 다른 갈림길에 이른다. 고집 부리기에 갇혀 끔찍하게 지내는 것을 선택할 수도 있고(기억하라, 문제를 대하는 데에는 네 가지 방법이 있다), 수용 방향으로 돌려서 기꺼이 효과적으로 행동하는 것을 선택할 수도 있다.

기꺼이 하는 것의 첫 번째 단계는 당신이 고집 부리고 있을 때 이를 알아차리는 것이다. 당신의 생각과 감정을 주목하고 파악하라. '더 이상은 못하겠어', '그만하면 됐어', '"더 나은 부모 되기" 같은 건 그냥 포기할래', '이건 정말 불공평해!' 처럼 좌절과 고집 부리기 식의 말들을 하고 있을지도 모른다(고집 부리기는 대개 "그래… 하지만…"같은 식의 말로 표현된다. '그래, 우리 애는 똑똑해. 하지만 너무 이기적으로만 똑똑해.', '그래, 아이의 사회성이 좋아졌어. 하지만 여전히 집에서는 말썽을 부려', '그래, 상담사는 우리 애가 적대적 반항장애가 있다고 했어. 하지만 내 생각에 그건 과잉진단이고 애가 노력만 하면 더 잘할 수 있어.')

고집 부리기는 신체적으로 나타나기도 한다. 등 근육이 긴장되고, 초조하고, 이를 앙다물고, 주먹을 꽉 쥔다.

당신이 그런 생각, 감정, 감각을 느낀다면 '이건 고집 부리기야'라고 꼬리표를 붙여라. 당신이 고집 부리고 있는 것을 아는 것만으로도 이미 반절은 성공한 것이다. 그런 뒤에는 '상황이 달라지기를 바랐는데 그렇지 않네. 나는 이 상황을 수용하기 위해 노력할 필요가 있어.' 라고 생각하며 기꺼이 하는 방향으로 운전대를 돌려라.

당신이 고집 부리는 것을 느낀다고 해서 꼭 그렇게 행동할 필요는 없다. 다음에 나오는 연습들을 하면 좌절하거나 화가 났을 때 기꺼이 하기로 전환하는 데 도움이 될 것이다.

> ### 옅은 미소와 기꺼이 내미는 손
>
> 조용한 곳으로 간다. 숨을 깊이 쉰다. 상황을 떠올리며 *옅은 미소를 띈 채 기꺼이 내미는 손* 자세를 취한다. 팔꿈치를 옆구리에 붙이고, 마치 당신이 누군가로부터 무언가를 받는 것처럼 손을 내밀고 손바닥을 위로 한다. 마치 웃을 "준비가" 되어 있는 것처럼 완전히 웃지는 말고 옅게 미소 띤 표정을 유지해 보라. 보는 사람은 모를 정도로 입술을 아주 약간만 위로 올린다. 처음 몇 번은 굉장히 이상하고 어색한 느낌이 들겠지만 상관없다. 이것이 효과가 있음을 깨닫는 순간 그런 느낌들은 다 사라질 것이다! 두 가지 신체 동작을 함께 하면 실제로 우리의 몸이 더 기꺼이 하려는 마음으로 수용하는 느낌을 가지는 데 도움이 된다. 이것은 팔짱을 끼는 것과 정반대 효과를 나타내는, 선뜻 내켜 하는 자세다(두 자세를 따로 하거나 하나만 할 때 더 효과가 좋았다면, 기꺼이 그렇게 하라). 몸은 우리가 알지 못하는 순간에도 마음과 직접 소통한다. 바로 거기서 바디 랭귀지가 나오는 것이다.
>
> (믿기지 않는가? 나중에 아이와 힘겨루기에 빠질 때 이 연습을 시도해 보라.)

반대행동

*반대행동*은 "잘할 수 있을 때까지는 잘하는 것처럼 하라."는 격언의 전형을 보여준다. 감정을 느끼면서 동시에 그것이 말하는 것과 정반대로 행

동하는 것이다. 이 기술은 당신이 정말 원하지 않는 것을 수용하거나, 수용하기 원하는데 그렇게 안되는 상황에서 유용하다.

이는 당신의 느낌을 억누르거나 밀어내는 것이 아니다. 당신이 느끼는 감정을 느끼지 않는 것처럼 행동하는 것이다. 자신에게 물어보라. '만약 내가 아이를 수용하고 있다면 지금 무슨 행동을 하고 있을까?' 그리고 떠오르는 것을 실천하라.

아이가 정해진 규칙의 한계까지 도전하는 것을 보며 그렇게 하지 못하도록 억누르고 싶다면, 대신 뽀뽀를 해줘라. 아이가 당신을 나쁜 엄마라고 여러 번 표현하고 당신도 정말 자신이 그렇게 느껴지면, 울기보다는 웃어라. 소리 지르고 싶으면 속삭여라.

반대행동을 하는 동안 자신의 감정이 진실되게 느껴지지 않아도 괜찮다. 결국은 자신을 속이는 것이니까 말이다! 당신의 몸이 뇌에 수용의 메시지를 보내서, 도움이 안 되는 감정에 브레이크를 걸기에 충분한 정도의 혼란을 유발할 것이다. 그런 척하다 보면 감정에 변화를 유발해서 실제로 그렇게 될 것이다. 하지만 그렇게 할 때에는 아이가 당신의 진정성을 감지할 수 있음을 기억하고 완전하게 정반대로 해야 한다. 어중간한 것은 효과를 보기 어렵다(당신의 감정에도 충분한 효과가 없을 것이다).

반대행동을 실천에 옮기는 자신을 상상하면서 조용한 시간에 이 기술을 연습하다 보면, 나중에 어려운 시기에 더 실행하기 쉬울 것이다.

미리 대처하기

너무 기술들이 많아 버거운가? 그럴 필요 없다! 기술에 익숙해지고 아이에게 가장 잘 맞는 것을 찾기까지는 시간이 필요하다.

이제 마지막 기술이다. 이것은 다른 기술들을 연습할 기회를 주는 독특한 기술이다. 스트레스를 심하게 받는 상황에서 수용 전략을 연습하는 것은 거의 효과도 없고 실행하기도 힘들다. 그럼 어떻게 그것들을 연습할 수 있을까?

미리 대처하기는 당신이 스트레스 받는 상황이 아닐 때 다른 기술들을 연습할 수 있게 도와준다. 이 기술은 양육을 비롯한 모든 삶의 영역에서 강력한 도구다. 어쩌면 당신도 어느 정도 이 기술을 활용해 왔을지도 모른다. 이를테면 예전에 했던 것을 다시 한다면 어떻게 해야 하는지 생각해 보는 것이다(마치 아이와 대화를 하고 몇 시간 뒤 샤워를 하다가 완벽한 응수를 생각해 냈을 때처럼). 당신은 언젠가 똑같은 입장에 놓이게 될 가능성이 높기 때문에 대부분의 양육 상황을 *반복해서* 경험한다.

마치 지금 생생히 경험하는 것처럼 마음의 눈으로 자신을 바라보는, 일명 심상을 활용하는 것은 강력한 도구다. 심상을 활용할 때 실제 행동할 때와 동일한 뇌 영역이 활성화된다는 연구 결과가 있다(Jeannerod와 Frak 1999). 바로 이 때문에 운동선수와 배우들이 경기나 연기를 준비할 때 심상을 활용한다. 심상은 실제 수행 능력을 향상시킨다는 것이 입증되었다. 이것이 미리 대처하기의 기본 원리다.

미리 대처하기는 다음과 같이 하면 된다.

차분하고 조용한 시간에 평온히 앉아 마음속에서 자주 되풀이되는 장면을 떠올린다. 이를테면 아이가 자제력을 잃고, 당신은 답답해서 불수용적인 말을 생각하고(혹은 말하고), 효과적이지 못한 패턴에 계속 빠지고, 아이의 현실이라는 현실과 싸우고… 결국 모두가 패배자가 되는 경우가 있다(혹시 도움이 될 것 같다면 자세한 내용을 써보라).

그런 뒤에 대본을 바꿔서 당신이 더 적절한 방식으로 대응하는 모습에 몰입해서 시각화한다. 최대한 현실적으로 하라. 자녀의 반응은 물론 이런 상황에서 흔히 나타나는 생각과 감정까지도 포함시킨다(당신이 효과적으로 행동한다고 해서 아이가 호응해준다는 보장은 없기 때문이다). 당신이 가장 선호하는 전략을 활용해 자신의 반응과 감정을 상상해 보라. 이런 식으로 하면 향후 비슷한 상황이 닥쳤을 때 쉽게 헤쳐 나갈 수 있을 것이다.

전적인 수용에 이르는 전략

지금까지 살펴본 모든 수용 전략들이 전적인 수용에 다가가고 궁극적으로 이를 성취하는 데 도움이 될 수 있다. 수용으로 가는 길을 쉽게 만들어 주는 다른 기법들로 다음의 것들이 있다.

- **아이와 상호작용할 때 스스로를 관찰한다.** 스스로 이렇게 물어본다. 지금 나는 나 자신이나 아이에게서 분노, 좌절, 짜증 등을 관찰하고 있는가? 나는 현실을 수용하는가, 아니면 맞서 싸우고 있는가?
- **상황을 초래했을 법한 원인을 살펴본다.** 생활 사건, 기질(당신 혹은 아이의), 가족 역동, 학습/학교 관련 사안, 양육 기술과 같은 요소들을 조사해 본다. 당신을 화나게 만드는 상황을 유발한 요인을 파악할 수 있으면 수용하기가 더 쉽다.
- **탓하지 않는다.** 당신 자신과 다른 사람들을 비롯한 그 무엇도 탓하

지 않는다. 탓하는 것은 원망과 원한을 불러일으키고, 이는 현실을 온전히 수용하는 것을 방해할 수 있다. 모든 일에는 다 이유가 있음을 깨달아라. 원인에 대해 변명하거나 그것을 정당화할 필요도 없지만, 마냥 계속 탓하고 있을 필요도 없다.

- **의미를 부여한다.** 종교, 기도, 그 외 의미 있는 삶의 통로로 눈을 돌린다. 많은 사람들이 자신의 고통에 더 큰 의미가 있다는 믿음에 위안을 받는다. 다음과 같은 말들을 해보라. '나한테는 이게 최선이야', '이건 다 하나님의 계획이고 내가 전부 다 이해할 수는 없어', '이것은 내가 더 나은 사람이 되는 데 도움이 될 거야'

- **변화를 받아들인다**(다시 말하지만, 받아들인다고 해서 꼭 좋아할 필요는 없다.) '난 이 문제를 해결하기 싫어', '이 일은 내게 일어나지 말았어야 해' 같은 생각을 하면 할수록 더 옴짝달싹 못하게 될 것이다. 삶이 항상 변화와 함께 한다는 사실을 이해하면 더 융통성을 가지고 변화를 수용할 수 있게 될 것이다.

- **감정이 들게 놔둔다.** 기분이 상해도 괜찮다. 엘리자베스 퀴버-로스가 1969년에 제시한 애도의 5단계에 있는 부정, 분노, 타협, 우울, 그리고 맨 마지막의 수용에 이르는 모든 감정들이 다 정상적인 것들이고 나타날 만하다. 애도에 대한 "올바른" 방법은 없다(이는 정신건강 전문가들이 종종 5단계를 재구성하는 이유이기도 하다). 사랑하는 사람의 죽음을 접할 때 고인의 소지품을 정리하기 시작하는 것이 고통스럽지만 평안으로 가는 필연적인 과정이듯이, 수용을 이루기 위해서는 이상적인 현실을 상실한 것을 슬퍼할 수 있고 또 그래야만 한다.

실전 활용: 수용하기

양육에는 일상생활, 사소한 상황, 삶에 중대한 영향을 끼치는 상황에 이르기까지 수용이 필요한 시나리오가 무한히 많다. 당신은 수용을 향해 나아가는 데 도움이 되도록 자신의 성향과 처한 상황에 따라서 하나 이상의 수용 전략을 선택할 수 있다.

다음은 당신에게 익숙할 법한 상황들이다. 자세히 읽으면서 살면서 겪을 수 있는 다양한 상황에서 수용 기술을 어떻게 적용할지 배워 보자.

상황 1: 고요함 뒤의 폭풍

당신은 두 명의 천사 같은 아이들을 키우고 있다. 아이들은 둘 다 학교 선생님, 과외 교사, 상점 주인, 심술 많은 고모들에 이르기까지 모든 이들에게 사랑받는다. 당신은 (당연히) 자신의 양육 기술에 뿌듯함을 느낀다. 그렇게 인생은 흘러가고 있었다. 셋째 아이가 태어나기 전까지는…

셋째 아이는 당신의 아담하고 고요한 오아시스에 나타난 토네이도와 같았다.

셋째 아이는 다루기 힘들다. 감정적이고, 조절이 잘 안 된다. 매사에 갑자기 화를 낸다. 당신의 집은 한순간에 비명과 떼쓰기, 알파벳으로 된 진단명들과 무수히 많은 예약 일정들로 가득 찬다. 아이는 짜증을 잘 내고 성질이 급해서 집안의 모든 사람들과 모든 일들에 영향을 끼친다. 아이는 변화도 잘 안 되고 권위도 안 통한다. 한마디로, 셋째는 당신이 처음 겪어보는 유형의 아이이고, 태어난 첫날부터 가족들에게 막대한 피해를 입히고 있다.

당신은 카풀을 기다리는 동안 혀를 찼던 그런 아이('대체 애를 어떻게 키운 거야?!')가 자신의 아이라는 사실을 받아들이고 싶지 않다. 그래서 계속 아이를 고치려고 노력한다. '쟤 누나들은 그렇게 말한 적이 한 번도 없었어! 이건 절대 용납 못해! 이번 일은 그냥 넘어갈 수 없어! 정말 별종 같은 애가 온 집안을 쑥대밭으로 만들어 놓고 있어!'

당신이 잘못한 것은 무엇인가? 그리고 무엇을 더 잘할 수 있는가?

처음 겪는 고된 양육의 길을 건너면서 다음의 수용 기술들을 시도해 보라.

- **반대행동:** 아이의 행동에 화가 치밀고 짜증이 나서 울거나 소리 지르고, 싸우고, 벌주고, 그 외 더 심한 것들을 하려는 충동에 압도된 것이 느껴지면, 있는 힘을 다 끌어 모아서 반대행동을 한다. 웃거나 미소 짓고, 껴안고, 대화하고, 방을 나가는 것처럼 말이다.
- **장점과 단점:** 현실과 싸우는 것을 잠시 중단하고 아이를 있는 그대로 수용하는 것의 장점과 단점 표를 만든다(*장점의 예:* 하루 종일 스트레스를 받지 않아도 된다. 치료자는 아이가 자존감이 부족하다고 했는데 이렇게 하면 아이가 스스로를 더 좋게 느낄 수 있다. *단점의 예:* 자기 행동이 맞다고 생각할 것이다, 아이가 남들과 다르며 내 통제력에 한계가 있다는 것을 인정해야 한다, 계속 이런 식으로 사는 것이 굉장히 슬프고 속상하게 느껴질 것이고 이 상황이 변하지 않을지도 모른다.)
- **수용과 연결되기:** 당신이 이질적으로 느끼는 아이와 연결되기는 정말 어렵지만, 아이가 너무나 다르기 때문에 오히려 더 아이와의 연

결이 중요하다. 시간을 내서 아이를 복합적으로 되돌아본다(가급적이면 아이가 더 나은 모습일 때가 낫다). 어쩌면 당신이 생각했던 것만큼 그렇게 이질적이지는 않음을 알게 될지도 모른다.

- **미리 대처하기**: 필연적으로 나타나는 불수용과 좌절감에 대처할 준비를 한다. 새롭게 익힌 기술을 활용하는 모습을 상상하며, 연습하고, 연습하고, 또 연습하라.

상황 2: 안 맞는 성격

당신은 집안에서 가장 똑똑한 사람이다. 체계적이고, 운동도 잘하고, 사람 좋고, 사회성이 뛰어나고, 거의 완벽한 사람이다. 어릴 때 전교에서 알아주는 다재다능한 학생이었고 인생도 그렇게 살아왔다. 정반대인 아들을 낳기 전까지는…

이 아이는 어느 모로 봐도 당신과 닮은 구석이 없는 것 같다. 딴생각에 빠져 있고 말대꾸를 한다. 학교에서도 잘해 봤자 평균 수준이다. 방은 정리 정돈이라고는 전혀 안 되어 있다. 친구는 몇 명 있고 잘하는 운동은 없다. 항상 짜증 난 채로 지내며, 별다른 이유도 없이 분노를 표출한다.

'대체 애는 어디서 온 거지?'

당신은 아이를 무척이나 사랑하지만, 아이에게 공감하는 것이 너무 어렵다.

당신은 다양한 삶의 단계와 상호작용에서 다음의 수용 기술들을 사용할 수 있다.

- **장점과 단점**: 이 기술은 두 가지 방식으로 사용할 수 있다.
  ① 아이의 성격을 수용하는 것의 장점과 단점 목록을 만든다. 아이를 바꾸려고 하지 않을 것이기 때문에, 아이를 당신처럼 만들려고 애쓸 때 당신과 아이가 모두 겪게 될 좌절감을 피할 수 있다는 것이 장점 중 하나다. 단점 중 하나는 어느 정도 이상으로는 아이에게 공감할 수 없다는 사실을 받아들여야 한다는 것이다.
  ② 당신과 비교할 때 아이가 지닌 성격의 장점을 파악한다. 아이는 당신보다 더 느리고 여유 있는 삶을 즐길지도 모르고, 산만한 경향이 예술적 재능에 부합할 수도 있고, 당신처럼 경쟁적이지 않기 때문에 다른 형제들에게 더 친절하다(당신은 자연스레 단점에 더 익숙하겠지만 일단은 적어 보라. 적어 놓은 것들을 보다 보면 그것들을 이해하고 당신이 수용에 어려움을 겪는 것을 인정하는 데 도움이 될 것이다).
- **수용과 연결되기**: 당신은 장점과 단점을 작성하는 동안 아이가 지닌 많은 긍정적인 성향을 새로 발견하게 될 확률이 높다. 아이에게 특히 좌절감이 느껴질 때면 적어 놓은 것들을 찬찬히 살펴보라.
- **비슷한 점 찾기**: 아이도 당신처럼 음악을 좋아한다. 둘 다 요플레를 먹기 전에 껍질에 묻어 있는 것을 먼저 핥아먹는다. 웃는 모습이 똑같다. 아이도 당신처럼 치아 교정기를 끼고 있다. 둘 다 동물 보호에 관심이 많다. 그 외 비슷한 점들을 모두 찾아보라!
- **미리 대처하기**: 당신은 어쩔 수 없이 아이가 달랐으면 하는 마음이 드는 많은 상황들에 직면하게 될 것이고, 실망과 좌절을 반복적으로 느낄 것이다. 부모 상담 때 (형편없는 성적보다는) 담임 선생님이 아이를 칭찬하는 내용에 귀를 기울이는 자신의 모습을 떠올리고, 다음에

어머니를 만났을 때 왜 아이는 당신만큼 축구를 잘하지 못하는지 또 질문을 받을 때 대답을 미리 리허설해 보고, 다음번에 방 청소 문제로 부딪힐 때 깊이 숨을 들이마시고 아이에게 차분히 말하는 모습을 연습해 본다. 아이는 정확히 이런 모습일 수밖에 없음을 스스로에게 상기시켜라.

상황 3: 다양한 삶의 길

지난 몇 년간 당신은 딸이 아이비리그 기숙사에 들어가는 모습을 꿈꿔 왔다. 이를 위해 당신이 가질 수 없었던 모든 것을 아이에게 해주고, 대학교 등록금을 마련하기 위한 펀드에도 가입하고, 선행학습과 심화과정도 시작했고, 내신 성적을 향상시키기 위해 학교 숙제를 도와주고 과외도 시켰다.

하지만 그 뒤 아이는 패션 스쿨에 가겠다고 결심하며 당신을 깜짝 놀라게 했다.

당신도 이미 조짐을 알아차렸을 것이다. 아이는 항상 패션에 빠져 있었다(솔직히 잘하기도 한다). 당신은 아이의 아이비리그 졸업장을 볼 수 있다는 부푼 기대가 눈 앞에서 사라지는 것을 바라보며, 실망감에 대처하고 아이의 선택을 수용하기 위해 다양한 기술을 사용할 수 있다.

- **마음 돌리기:** 딸의 여정에는 당신이 이루지 못한 꿈을 (종종 고통스럽게) 상기시키는 중요한 사건들이 많이 있을 것이다. 그런 일이 있을 때마다(예: 친구 딸이 아이비리그 학교를 졸업함, 당신 딸이 처음으로 패션 프

로젝트에 지원했지만 떨어짐), 필요하면 몇 번이고 계속 수용하는 방향으로 마음을 돌려라. 그럴 때 위안이 될 만한 생각을 찾으라. '아이는 자기 재능을 발휘하고 있어.', '아이는 자기가 좋아하는 일을 하고 있어.', '아이는 자기 길을 개척하고 있어.'

- **미리 대처하기**: 졸업과 같은 실망스럽거나 속상한 순간은 대부분 사전에 감지할 수 있다. 당신이 딸이 이룬 업적과 성과를 격려하고 축하해 주는 모습을 상상해 보라(설령 당신이 그런 기분이 아니더라도 진정성 있게 그렇게 해보라. 반대행동의 힘을 믿어라!)

- **장점과 단점**: 이 기술은 두 방식으로 사용할 수 있다.
  ① 딸의 선택과 싸우지 않고 대신 수용하는 것의 장점과 단점 목록을 작성한다. 긴장된 관계보다 지지적이고 이해심 있는 관계를 형성하고, 처음 계획했던 것에 집착하기보다는 미래를 바라보는 능력을 지닐 수 있는 것이 장점이다.
  ② 아이비리그를 안 가고 패션 스쿨에 다니는 것의 장점과 단점 목록을 작성한다. 학교 다니는 기간이 짧고, 학비가 싸고, 재능을 살릴 수 있고, 집에서 가까운 것이 장점이 될 수 있다(아마 단점은 수없이 많이 떠올려 봤겠지만, 그래도 어쨌든 작성해 보라. 당신의 걱정이 타당한지 확인하고 모든 사실들을 펼쳐 놓고 바라보는 데 도움이 될 것이다.)

상황 4: 짜증나는 시기

당신의 1살짜리 아기가 유아용 침대에서 나오는 법을 배웠다. 3살짜리 아이는 말끝마다 "왜"냐고 물어보는 중이다. 8살짜리 아이는 동생들만 더 좋은 대우를 받고 모든 게 다 "불공평하다"고 불평한다. 9살짜리 딸은 우울한 은둔자로 변해 버렸다. 하도 눈알을 굴려서 눈동자 색깔이 기억이 안 날 정도다.

당신은 이 상황도 하나의 과정이며 언젠가는 지나갈 것을 알고 있지만… 너무 느리게 지나간다.

몇 가지 수용 기술을 활용하면 온전한 정신을 유지한 채 이 시련을 견뎌 낼 수 있다.

- **반대행동:** 좌절에 굴복하고 싶은 유혹이 닥치면, 의식적으로 본능적 반응과 정반대로 행동해 보라. "왜 하늘은 초록색이 아니에요?"라는 질문에 "넌 왜 그렇게 질문이 많니?"라고 대답하려는 충동에 저항하며, 숨을 깊이 들이마시고 재치 있게 대답하거나("하늘이 초록색이면 나뭇잎을 못 볼 수도 있잖아"), 정말 하고 싶지 않겠지만 답을 찾아보겠다고 제안한다. 10대 딸에게 그만 좀 우울해하라고 말하고 싶은 기분이 들면, 그대로 하기보다는 한 번 안아주고 쿠키를 만들어준다.

- **기꺼이 하기 vs 고집 부리기:** 1살짜리가 또 유아용 침대에서 나왔는가? 당신의 어깨가 긴장되는 모습과 얼굴 표정이 사전에 나오는 "좌절감"을 설명하는 그림과 똑같음을 깨닫는다. 잠시 옅은 미소를 지으며 기꺼이 내미는 손 자세를 취한다. 밤에 자다가 두 번째로(현실에서는 어쩌면 열일곱 번째가 될 수도 있겠지만) 다시 아이를 안으로 들여놓으면서 더 차분한 기분이 들 것이다.

- **변화를 받아들이기:** 당신이 10대 때 성질 못됐던 시기를 기억하는가?(혹시 기억이 안 난다면 당신의 어머니가 기꺼이 상기시켜 줄 것이다). 당

신의 그 시절 모습을 떠올리면 10대 청소년이 지금 지니고 있는 고뇌를 공감하고 수용하는 데 도움이 될 수 있다. 더 좋은 것은, 그간 아이의 성장 단계를 찍은 영상을 꺼내 보면서 그때 당신이 어떻게 느꼈는지를 떠올리는 것이다. 그러면 현재를 조망하고 이 시기도 언젠가는 끝날 것임을 깨닫게 될 것이다. 변화는 끊임없이 지속됨을 기억하라.

- **수용과 연결되기**: 온 신경을 다 쏟게 되는 불쾌한 행동에만 매몰되지 않고 그 이상을 본다. 아이의 긍정적인 특징들을 나열하고, 아이와의 연결을 재활성화할 수 있는 질문을 스스로에게 한다. 가급적이면 아이가 자고 있을 때나 특별히 말을 잘 들을 때 하는 것이 낫다.

상황 5: 예상치 못한 특별한 도움이 필요한 경우

아이가 학습장애나 신경학적 질환을 진단받았다. 크고 작은 많은 부분에서 당신과 아이의 삶이 달라졌고, 앞으로도 계속 달라질 것이다. 현실은 버거울 수 있지만 수용 기술의 도움을 받으며 극복할 수 있다.

- **전적인 수용**: 당신은 새로운 현실을 마주하고 있고, 예전의 현실을 되찾지 못할 것이다. 그동안의 현실을 상실한 것을 슬퍼하고 상실에 따르는 감정이 들게 놔둔다. 현실이 지금과 달랐으면 하는 마음이 들 수는 있지만, 그렇다고 거기에 갇혀 있지 말고 현재를 받아들인다. 탓하는 마음, "해야만 한다", 고집스러움을 놓아 버리고 완전한 수용으로 나아가라.

- **마음 돌리기:** 전적인 수용조차도 주기적으로 환기시키는 것이 필요하다. 아이가 당신이 그려 왔던 삶에서 벗어나 장애물에 부딪히거나 중요한 성취를 이루지 못할 때 실망이나 슬픔을 비롯한 여러 감정들을 경험하는 것은 정상적인 것이다. 힘든 시기에 도움이 될 만한 격언이나 방법을 찾아보라.

- **반대행동:** 당신은 절망에 몸부림치며 이 모든 불공평함과 싸우고 싶을지도 모른다. 하지만 힘들더라도 당신과 자신을 위해서 그러한 욕구와 정반대로 행동하며, 필요한 일을 하라. 머릿속에서는 저항하더라도 (우리 애는 괜찮고 이런 특별한 도움 따윈 전혀 필요하지 않아!) 치료 방법들을 알아보고, 아이의(필요하면 당신도) 진료와 상담 일정을 예약하고, 직장에 약간의 여유 시간을 요구하고, 아이에게 필요한 것을 최대한으로 맞추기 위해 담임 선생님, 교장 선생님, 교육 담당관 등과 상담한다.

- **의미 부여하기:** 많은 사람들은 괴로움에 빠진 사람들을 도움으로써 위안을 얻는다. 당신의 새로운 현실에 담긴 의미를 찾으려 노력해 보라. 지지 집단을 만들거나 참여하고, 조사 활동을 위한 기금을 마련하고, 그냥 간단하게 이것이 당신의 삶에서 일어나야 하는 일이라고 말하라(그렇게 하면 매우 자유로운 느낌이 들 수 있다). 비록 눈에 보이거나 이해할 수 없을지라도 이 모든 것이 원대한 계획의 일환이고 모든 일들과 모든 사람들에게는 목적이 있음을 수용한다.

축하한다! 당신은 이제 실용적인 수용 전략을 새롭게 장착했고, (바라건대) 그것들을 활용할 수 있다는 자신감을 가지게 됐다. 당신에게 가장 잘 맞는 전략을 찾기까지는 시간, 인내, 연습, 시행착오가 필요함을 기억하라. 자신을 관대하게 대하라. 수용은 쉽지 않다. 하지만 그에 따른 보상은 더할 나위 없이 크다. 당신은 노력하는 훌륭한 부모다! 이제 마음챙김 연습을 하러 다음 장으로 넘어가보자.

4장

마음챙김: 길을 밝히기

∙ ∙ ∙

마음챙김Mindfulness이라는 용어는 다양한 세대, 문화, 산업에 걸쳐 요즘 시대의 유행어처럼 사용되고 있다. 하지만 마음챙김은 유행 따라 흘러가는 그런 용어가 아니라 DBT와 이 책의 핵심 개념이다. 부모는 마음챙김을 통해 자신의 중심을 잡고, 아이의 행동을 이해하고, 아이의 장점과 어려운 점을 명확히 정의하고, 터득한 기술을 활용할 수 있다. 즉, 마음챙김은 효과적인 양육의 초석이다. 마음챙김을 실천하는 부모는 언제, 어디서, 어떻게 변화를 만들어야 하는지를 더 잘 알 수 있다.

이 장에서 당신이 배울 것은 다음과 같다.

- 마음챙김의 정의
- 마음챙김을 수용 기술로 간주하는 이유
- 마음챙김이 양육에 유익한 점
- 마음챙김 기술들
- 마음챙김을 실행하는 데 도움이 되는 지침과 격언
- 마음챙김의 장애물을 극복하는 법

마음챙김이란 무엇일까?

마음챙김은 의식적으로 알아차림, 개방성, 호기심을 갖고 사는 것을 특징으로 하는 마음 상태다. 당신은 마음챙김 상태에 있을 때 마음에 지배되지 않고 마음을 다스리며, 의식적으로 현재 순간에 주의를 기울일 수 있다. 또한 판단을 내려놓고 순간에 얽매이지 않음으로써 더 효과적으로 앞으로 나아갈 수 있다.

당신은 마음챙김을 실천하며 순간을 살아감으로써 지금의 현실과 온전히 접촉할 수 있다.

마음챙김을 램프에 비유해 보자. 당신은 캄캄한 방에 들어가 어둠 속에서 더듬거리며 다니는 것을 선택할 수도 있고(그러다가 레고 조각을 밟기 십상이다), 혹은 램프를 들고 원하는 것을 곧바로 찾을 수도 있다. 마음챙김은 램프처럼 당신의 삶을 구석구석 밝힘으로써 효과적인 것에 더 집중하게 해준다.

우리의 마음이 갈피를 못 잡을 때도 있는데, 마음챙김은 우리가 중요한 것에 집중하기 위해 마음을 다스리고, 진정시키고, 중심을 잡게 해준다. 특히 아이가 없는 사람보다는 신경 쓸 것들이 많은 부모에게 정말 중요한 기술이다!

당신은 스케줄/약속/친목/학교 숙제/걱정스러운 행동/과외 활동/안전/대학 등록금 펀드… 등 계속해서 늘어나는 목록들로 인해 마음이 가득 차*Mind-full* 있는가?(당신이 녹초가 된 것도 당연하다!), 아니면 마음챙김 *Mindful* 상태인가?

마음이 가득 차 있는가? 아니면 마음챙김인가?

어째서 마음챙김이 수용 전략일까?

마음챙김은 수용과 변화 모두에 핵심이다. 그래서 상황에 따라 수용이나 변화, 혹은 둘 다에 초점을 맞추는 데 도움이 된다. 구운 치즈 샌드위치를 상상해 보라. 처음 당신 옆에는 빵과 치즈가 놓여 있다. 당신은 그것들을 뜨거운 프라이팬에 구워 맛난 음식을 만들어 먹는다. 마음챙김은 바로 수용과 변화를 하나로 녹여 내는, 서로 다른 두 개를 하나로 만드는 열기다.

모든 수용 전략들과 마찬가지로 마음챙김 역시 변화를 유발할 수 있다. 하지만 마음챙김은 수용 중에서도 독특하다. 그것은 적극적으로 어떤 기술을 "실행하는" 것이라기보다는, 존재하는 방식이다. 다른 수용 기술들은 수용을 달성하기 위해 만들어졌지만, 마음챙김의 목표는 단순히 현재에 충실하는 것이다. 현재에 충실한 것은 수용의 핵심이다. 그것은 어떤 것도 변화시키려고 하지 않은 채 그저 현재를 사는 것이고, 당면한 순간에 열린 마음과 호기심을 가지고 존재하는 것이며, 무슨 일이 일어나든 그냥 일어나게 두는 것이다.

수용의 목표는 되는 것이다. 당신의 삶의 현실과 진실에 연결되는 것 말이다. 반면에 마음챙김의 목표는 존재하는 것이다.

마음챙김이 다음에 무엇을 해야 할지 아는 데 도움이 안 될 수도 있지만, 수용과 변화의 균형을 맞추기 위해 올바른 마음가짐을 갖는 데에는 도움이 된다. 그것은 어떠한 변화도 없는 순수한 수용이다(물론 보너스로 변화를 얻는 경우도 자주 있다!).

마음챙김 양육의 유익

당신이 '요가나 명상은 내 취향이 아니야', '마음챙김은 너무 뉴에이지 같은 느낌이 들어'라고 생각하며 이 섹션을 건너뛰기 전에 먼저 마음챙김이 왜 중요한 목표인지 설명하겠다. 마음챙김은 삶의 다양한 영역에서 수많은 이득을 가져다준다. 마음챙김은 당신, 아이(및 다른 가족 구성원), 부모-아이 관계에 모두 도움이 된다.

마음챙김 상태에서는 안팎으로 드는 모든 감정을 있는 그대로 경험한다. 이를 통해 양육이 가장 버거운(그리고 가장 보람 있는) 순간에도 현재에 충실하며 침착함을 유지할 수 있다. 당신은 신체적(신경이 안정되고 심박동 수가 느려짐), 감정적(감정 조절이 잘 되며 마음이 더 평화롭고 평온해짐), 정신적(집중력과 의사결정 능력이 향상됨) 측면 모두에서 마음챙김의 효과를 느끼게 될 것이다.

마음챙김은 또한 아이에게도 유익하다. 마음챙김을 효과적으로 실천하면, 혼자만의 분석, 해석, 판단에 갇히지 않은 채 아이의 행동을 있는 그대로 이해하고 수용하는 데 도움이 된다.

마음챙김은 개인적으로도 유익하지만 당신과 아이와의 관계도 건강하게 만들어 준다. 마음챙김을 통해서 긍정적인 상호작용을 하게 되면, 아이가 당신의 사랑과 애정을 느끼게 됨으로써 건강한 부모-아이 애착을 형성하고 아이의 자신감을 강화한다. 마음챙김을 활용해 양육을 하면 아이에 대한 이해를 높일 수 있고, 이는 다시 아이에 대한 당신의 느낌에 영향을 줌으로써 결과적으로 아이와의 관계를 개선한다.

당신은 아이가 가장 우선순위임을 직감적으로 알고 있다. 당신이 현재에 충실하면 아이도 그것을 알고 느끼게 된다. 아무리 작더라도 의식적인 노력을 통해 양육의 기쁜 순간들을 온전히 경험할 때, 비로소 아이와 정말 귀중하고 견고한 유대감을 형성할 수 있다. 당신은 어쩌면 아이와 함께 공원을 갈 때 이메일을 확인하거나 단 몇 분이라도 혼자 있는 시간을 즐기고 싶을지도 모른다. 하지만 만약 당신이 아이와 함께 있는 것에 시간과 노력을 들인다면, 그것은 다른 어떤 것과도 바꿀 수 없는 경험이 될 것이다.

수용 전략으로서 마음챙김은 우리가 변화하는 데에도 도움이 된다. 우리는 마음챙김을 통해 변화를 향해 나아가기 위한 구체적인 도전과 목표를 정의하는 데 꼭 필요한 인식을 함양할 수 있다. 마음챙김은 우리의 생각, 감정, 행동, 반응에 빛을 비춤으로써 효과적으로 대응할 수 있게 도와준다.

안 믿기는가? 한 번 직접 시도해 보라. 마음챙김은 구체적인 기술과 연습을 통해 터득할 수 있다. 물론 모든 기술이 다 그렇듯이 시간과 연습이 필요하다. 그러니 인내심을 가져라!

마음챙김에 이르기

마음챙김은 능동적이고 상시 진행 중인 과정으로, 한번 터득한 뒤 영원히 간직하는 그런 마음 상태가 아니다. 실수하거나, 생각이 표류하거나, 섣불리 판단하거나, 막막함을 느낄 때 "망쳐버릴까 봐" 걱정하지 마라. 그것들은 전부 과정의 일부다. 마음을 가다듬고 다시 적절한 마음 상태로 되돌아오게 하는 그런 행동이 바로 마음챙김이다!

너무 바빠서 못할까 봐 걱정할 필요 없다. 오랫동안 명상을 해야만 마음챙김인 것은 아니다. 실제로 당신은 모든 일상생활과 상호작용에 마음챙김을 적용할 수 있다.

여기서는 마음챙김의 여정에 도움이 될 만한 여섯 가지 주요 기술을 소개한다. 이를 통해 효과적인 양육을 하기 위해 해결해야 할 과제를 명확히 정의할 수 있다. 리네한(2015)은 이 기술들을 "무엇what"과 "어떻게how"의 두 가지 범주로 분류하였다.

"무엇" 기술

첫 번째 기술 세트는 마음챙김을 하기 위해 당신이 할 수 있는 것에 초점을 맞춘다. 이 기술은 한 번에 하나씩만 연습하고 실행할 수 있다. 각 기술들은 당신이 주의를 기울이고 현재에 충실하도록 도울 수 있다. 각 상황마다 그에 필요한 기술이 각기 다르다.

"무엇" 기술 #1: 관찰하기

관찰하기는 능동적이기보다는 수동적인 기술로(하지만 그렇다고 해서 정신적 노력을 많이 기울이지 않아도 된다는 것은 아니다!), 오로지 조용히 현재 순간에만 주의를 기울인다.

어느 때든 하나를 정해서 당신 주변에서 일어나는 일(안팎으로 벌어지는 사건, 감정, 행동)을 그저 관찰한다. 오감을 활용해 주변을 관찰하고, 내부 감각을 활용해 신체적 및 정신적 반응을 관찰한다.

쉬울 것 같은가? 한번 해보라! 당신이 얼마나 자신의 생각에 사로잡혀 있고, 상황을 분석하고, 적극적으로 생각하려는 경향에 단단히 얽매여 있는지 알면 깜짝 놀랄 것이다. 생각을 관찰하는 것은 생각하기 위해 노력하는 것이 아니라, 그저 생각이 들게 놔두고 그렇게 드는 생각을 알아차리는 것이다.

관찰하는 행위는 당신의 반응이나 환경이 아닌, 스스로의 주의를 통제하는 것이다. 그것은 마치 기차역 승강장에 앉아서 기차가 지나가는 것을 멍하니 바라보는 것과 같다. 이 기술은 생각의 기차를 관찰하고 그것이

어디로 가는지 지켜보는 것이 전부다. 설령 당신이 선로를 달리는 기차에 탑승한 것을 발견하더라도 다시 내려서 원래 관찰하던 곳으로 돌아갈 수 있다.

왜 **관찰하기**인가?

부모라면 모두 **관찰하기**의 효과를 볼 수 있다. 혹시 자신이 대책 없는 상황에 빠져 있는 것을 발견할 때가 있는가? 이를테면 다 끝난 일을 가지고 나중에 궁금해한다든지, 이유도 모른 채 특정한 감정에 빠져 있는 경우처럼 말이다. **관찰하기**는 지금 이 순간을 향해 마음을 열게 해준다. **관찰하기**는 감정과 행동의 원인(긍정적이든 부정적이든)을 밝히는 열쇠를 쥐고 있다.

관찰하기는 어두운 방에서 "불을 켜는" 것이다. 이는 현재에 초점을 맞춤으로써 호기심과 열린 마음으로 사실 관계를 파악할 수 있는 가장 기본적인 단계다. 관찰자는 관찰을 통해 값진 정보를 배운다. 당신은 관찰을 통해 자신, 아이, 양육에 대한 정보를 얻을 수 있을 것이다. 이러한 정보는 상황을 계속해서 더 분석하면 오히려 놓칠 수도 있다.

당신은 **관찰하기**를 통해 혼자만의 판단이나 가정을 알아차릴 수 있다. 즉, 생각을 사실이 아닌 그저 생각으로만 알아차릴 수 있게 될 것이다. 당신은 뒤로 물러나 관찰함으로써 자신의 생각과 감정으로부터 어느 정도 거리를 두고 떨어져서 그것들을 인식하고 조절할 수 있다. 이를 통해 도움이 안 되는 감정들에 "갇히지" 않은 채, 그런 감정들이 당신을 통제하도록 놔두지 않고 오히려 당신이 그런 감정들을 통제할 수 있다.

관찰하는 행위가 처음에는 어려울 수 있다. 당신의 마음은 내키는 대로 돌아다니는 데 익숙해져 있다! 뇌를 훈련한다고 생각하고 부드럽고 반복적으로 현재로 생각을 가져오라.

강아지를 훈련시켜 본 적이 있는가? 마음은 마치 복종 훈련을 시키려고 해도 신나게 뛰어다니는 지나치게 활발한 강아지와 같다. 처음에는 목줄을 느슨하게 해서 강아지가 뛰어다닐 공간을 마련해 주면서 부드럽게 고삐를 쥔다. 시간과 인내를 가지고 일관된 방향으로 길들인다면 마침내 강아지는 당신의 지시에 반응하는 법을 배우게 될 것이다. 당신의 마음도 그럴 것이다.

다음은 마음챙김이 부족한 흔한 양육 상황이다.

장면: 아이들이 뒷마당에서 놀고 있다.
엄마의 생각: '저것 좀 봐. 제시카가 몽키바를 정말 잘하네! 아이 체육 코치한테 말해줘야지. 그런데 제이크는 사다리를 못 올라가는 것 같네. 작업치료라도 받아야 되려나. 애가 균형 감각이 떨어져서 놀림받지 않을까 모르겠어. 아이 담임 선생님한테 얘기해야겠다. 점점 좌절하는 것 같군.

아 저런, 이젠 제시카가 제이크를 약 올리고 있잖아. 쟤는 동생한테 왜 그렇게 못되게 구는 걸까? 제이크가 완전히 누나를 때릴 기세네. 좀 있으면 애들 둘 다 울겠다. 완전 재앙이로군! 사태가 걷잡을 수 없을 정도로 커지기 전에 내가 나서는 게 낫겠어. 이렇게 또 평온한 오후가 날아가는구나.'

아이 엄마는 부모들이 으레 그러듯이 자신이 관찰하고 있다고 생각할지 모른다. 하지만 실제로 그녀는 생각하고, 평가하고, 판단하고, 심사숙

고하고 있다. 그녀는 모든 것을 읽고 있고 생각은 (그럴 만하게도) 사방 팔방으로 널려 있으며, 이 때문에 그녀는 불안해지고 충동적으로 행동하게 된다.

이 상황을 마음챙김으로 바라보면 어떻게 될까?

엄마가 주의를 기울여 **관찰하기**를 실천할 때 마음속 중얼거림은 멈추게 된다(그렇다, 끊임없이 계속되는 이 중얼거림도 멈출 수 있다). 그녀는 라운지 의자에 앉아 세세한 것들(제이크의 얼굴 표정, 제시카의 자세, 자신의 혈압 상승)을 관찰할 것이다. 이는 그녀가 생각에 빠져 있을 때는 놓쳤을 법한 것들이다.

그녀는 이러한 관찰을 통해 무슨 일이 벌어지는지 더 제대로 파악할 수 있다. 제시카가 제이크를 약 올리기 전에 제이크가 먼저 누나한테 혀를 내밀었을 수 있다. 그녀는 아이들에게 화가 나기 전에 어깨가 긴장되는 것을 느낄지도 모른다. 그녀는 생각을 생각으로, 감정을 감정으로, 신체 반응을 신체 반응으로, 판단을 해석으로 알아차릴 것이다. 그녀는 자신이 느끼는 불안과 자신이 하는 생각을 관찰할 것이다. 그녀는 이러한 관찰을 통해 아이들을 이해하고, 아이들과 관계를 형성하며, 아이들의 필요를 효과적으로 충족시킬 수 있다.

관찰하기 연습

아이들이 일상적인 활동(게임, 목욕, 숙제 등)을 하는 것을 바라보며, 마음속에 떠올랐다 사라지는 생각들을 통제하려고 하지 말고 그냥 관찰한다. 어떤 생각, 감정, 충동에도 따르지 말고 그것들을 관찰하며 현재에 머

> 무릎다. 자연스럽게 들이마시고 내쉬며 숨쉬는 것을 관찰하는 데 의식적으로 초점을 맞추며 중심을 잡는다.

"무엇" 기술 #2: 기술하기

기술하기는 **관찰하기**에 기반하되, 더 적극적인 기술이다. 이것은 관찰한 것을 말로 표현하는 것이다.

왜 기술하기인가?

만약 당신이 관찰한 것에 따라 설명하고 짐작하는 일이 자주 있다면, 당면한 사실을 기술함으로써 자발적으로 그 상황(특히 감정적 부하가 걸린)에서 벗어나 어떤 일이 벌어지는지 알아차릴 수 있다.

기술하기는 관찰을 구체적이고, 사실적이고, 비판단적인 언어로 표현하게 해준다.

이는 감정을 기술할 때 특히 유용하다. 감정에 이름을 붙임으로써 다음 두 가지를 달성할 수 있다. (1) 감정을 이해하고 인정함으로써 자기조절과 자기통제가 가능해진다. (2) 감정이 곧 자신의 전부는 아니라는 사실을 깨달음으로써 감정으로부터 거리를 두고 감정에 따라 행동할지 말지를 결정할 수 있다.

덧붙여, **기술하기** 기술은 당신과 아이에게 모두 이득이 되는 명확한 의사소통을 촉진한다.

- **당신에게 유익한 점:** 당신은 **기술하기**를 통해 각각에 이름표를 붙임

으로써 사실과 감정, 생각과 사건, 사건과 그에 대한 반응을 구분할 수 있다. 마음챙김 상태의 **기술하기**(아이가 유리를 떨어뜨렸다, 유리가 깨졌다, 심장이 벌렁거렸다)와 그렇지 않은 **기술하기**(쟤는 정말 부주의해, 또 유리를 깨뜨렸네, 집안 물건 소중한 줄을 몰라, 쟤는 왜 그렇게 내 삶을 비참하게 만들려고 하지?)를 비교해 보라.

- **아이에게 유익한 점:** 사실들을 전부 꺼내 놓음으로써 효과적이고, 남 탓하지 않고, 위협적이지 않은 방식으로 의사소통 할 수 있는 여건을 마련할 수 있고, 이를 통해 해결책을 찾으려고 시도하기 전에 이미 모든 관련 당사자들이 같은 문제 의식을 지니게 해준다.

기술하기는 자기와의 대화뿐만 아니라 다른 사람들과의 의사소통에도 유용하게 활용할 수 있다. 당신은 상호작용의 구성 요소를 파악하는 데 도움이 되도록 관찰하는 상황, 감정, 행동을 조용히 기술할 수도 있고, 다른 사람들과 의사소통을 할 때는 당면한 상황의 다양한 측면들을 드러내기 위해 사실 위주로 소리 내어 기술할 수도 있다. 후자의 방법은 문제해결을 시도하기 전에 모든 관련 당사자들이 자신들의 생각을 꺼내 놓는 데 도움이 될 것이다.

당신이 자신이나 다른 누구에게 기술하든 게임의 "규칙"은 동일하다. 오직 관찰한 것만 기술하는 것이다. 즉, 관찰할 수 없는 것은 고려하지 않는다. 관찰할 수 없는 사실에는 사람들의 생각이나 감정, 의도("얘는 분명 나를 화나게 하려고 그런 짓을 했을 거야!")뿐만 아니라 아직 일어나지 않은 사건도 포함된다. 설령 그것이 어쩔 수 없는 일이라는 것을 "안다고" 하더라도 말이다("애 표정만 보면 나랑 싸울 준비가 된 걸 알 수 있어.").

일어난 사건이나 당신이 보고 느낀 것을 설명하기 위해 기술적인 단어를 사용한다. 절대 해석은 금물이다! "얘는 오늘 아침에 나쁜 태도를 보였어" 대신 "얘가 나한테 눈을 치켜떴어"라고 말한다(혹은 생각한다). 당신이 기술한 것에서 판단을 없애면 아이의 눈에 속눈썹이 있는 것을 알게 됐다는 사실에 깜짝 놀랄지도 모른다. 그러지 않고 곧바로 "그렇게 눈 치켜뜨지 마"라고 말하면 정말 나쁜 행동으로 이어질 가능성이 높다. 사실을 객관적으로 기술하는 것은 당신이 틀린 부분을 아이가 교정할 수 있는 기회를 주는 것이다. 드러난 사실들을 보면서 당신의 생각이 판단과 해석으로 뒤덮여 있음을 발견하게 될 것이다!

마찬가지로, 생각과 느낌을 생각과 느낌으로 기술하는 것 또한 앞서 얘기한 거리를 확보하는 데 도움이 된다. 기술하는 것은 느낌과 사실을 구분하는 데 도움이 된다는 것을 기억하자.

"나는 화가 나" 대신 "나는 화를 느끼고 있어"라고 말(혹은 생각)해 보라! "느끼고 있다"는 한 단어만 추가해도 당신과 화 사이에 거리가 생긴다. 마찬가지로, "나는 나쁜 부모야" 대신 "나는 나쁜 부모라는 생각이 들어"라고 말함으로써 사실과 생각을 구분할 수 있다.

몽키바에서 놀던 제시카와 제이크를 기억하는가? 그들의 엄마가 뒷마당에서 본 모습을 (소리 내어 말하든, 말없이 생각하든, 글로 쓰든) 마음챙김으로 기술했다면, 다음과 같을 것이다.

'제시카는 온종일 몽키바에서 놀고 있다. 나는 아이가 얼마나 잘하는지 체육 코치한테 얘기해야겠다는 생각을 하고 있다. 아이는 웃고 있고 눈에서 빛이 난다!

제이크는 사다리에서 계속 미끄러진다. 아이는 다리를 충분히 뻗지 못한다. 아이의 얼굴이 벌개진다. 제시카가 제이크를 애기라고 부른다. 제이크가 눈물을 흘리면서 제시카에게 다가간다. 제시카가 짜증과 화를 내는 것이 느껴지기 시작한다.'

엄마는 이제 눈 앞에 펼쳐진 광경에 꼬리표를 붙이기보다는(*제시카는 참 뿌듯해 보인다, 제이크는 지금 화가 나 있다, 제시카는 제이크에게 못되게 굴고 있다.*), 지금 벌어지는 일들을 치우침 없이 기술하고 있다. 엄마는 이렇게 기술하는 것을 통해 여러 요인들을 식별하고 말로 표현함으로써 더 효과적으로 마음을 가라앉힐 수 있다.

현실적으로 당신이 항상 모든 것을 기술하지는 못할 것이고, 그렇게 할 수 있을 거라고 기대해서도 안 된다. 매일 여러 번, 한 번에 조금씩이라도 아이와 맞서지 않은 상황에서 이 기술을 연습해 보라. 아마 처음에는 억지로 한다는 느낌이 들 수도 있다. 계속 연습하다 보면 사실을 분석하거나 섣부른 결론에 이르지 않은 채, 단지 사실만 바라보고 그것에 주의를 기울여 기술하는 것이 점점 더 쉽고 자연스러워질 것이다.

기술하기 연습

아이의 사진(혹시 있다면 동영상이 더 좋다)을 찾아본다. 아이의 표정을 비롯해 세세한 많은 부분을 감정을 붙이지 않은 채 기술한다(예: "아이가 슬퍼 보여" 대신 "아이의 눈썹이 쳐져 있고 입꼬리는 내려가 있네"라고 말한다). 사실을(오직 사실만을) 기술함으로써 해석과 판단에서 벗어나 아이를 있는 그대로의 모습으로 보게 됨을 알아차린다.

"무엇" 기술 #3: **참여하기**

모든 일에는 다 때와 장소가 있는 법이다. **관찰하기**와 **기술하기**와 같은 덜 적극적인 기법을 활용해야 할 때와 장소가 있듯이, 더 적극적인 기법인 **참여하기**가 필요한 상황도 있다.

참여하기는 수동적인 관망자가 되기보다는 현재에 충실하게 그 순간에 참여하는 것이다. 자의식이나 '다른 사람들은 무슨 생각을 하고 있을까?' 같은 생각을 하지 않고 완전히 현재에 몰입하는 것이다. 진정한 참여가 곧 마음챙김의 목표다.

다른 "무엇" 기술들(**관찰하기**와 **기술하기**)은 당신이 **참여하기** 기술을 터득할 수 있도록 도와주는 역할을 한다.

다음에 올림픽 중계 방송을 보게 된다면 참가자들의 표정을 자세히 관찰해 보라. 참가자들의 주의력이 흔들리면 경기력도 떨어진다. 온전히 현재에 충실할 때 비로소 최고의 경기력을 발휘할 수 있다. 올림픽에 출전하는 선수들은 시합에 온전히 참여해야만 메달을 획득할 수 있다.

양육도 마찬가지다. 효과적인 부모가 되기 위해서는 그 순간의 경험과 감정에 완전히 참여해야 한다. 양육 중에서도 더 흥미가 느껴지는 부분(아이가 잘 하는 것, 졸업, 아이들의 베개 싸움)에 몰두할 때도 있겠지만, 일상생활에서의 훈육, 부정적 감정, 단조로운 순간 등도 경험할 수 있어야 한다.

올림픽 경기에서 선수가 잘 안 풀리면, 이 모든 과정을 관찰한 코치가 선수의 경기력을 향상시키기 위해 **기술하기**의 임무를 맡는다.

마찬가지로, **참여하기**가 당신이나 아이에게 효과가 없다면, 뒤로 물러나 **관찰하기**와 **기술하기**를 다시 할 필요가 있다. 길 건너는 것을 생각해 보라. 일단 멈추고, 주위를 살펴보고, 들은 뒤(관찰하고 기술한다) 안전함을 확인하고 나서 길을 건넌다(참여한다).

왜 **참여하기**인가?

양육의 궁극적인 목표는 세심하게 참여하는 것이다(덜 적극적인 참여가 필요한 순간도 있겠지만 말이다). 인정하고 싶지 않더라도 지금 끝없이 계속 될 것처럼 보이는 양육의 순간들은 금세 지나간다(자녀들을 다 키워 떠나보낸 이웃집 부부 말이 맞다).

이상한 느낌인가? 그것도 정상적인 반응이지만 그 때문에 멈추지는 마라. 어쩌면 당신은 어릴 때 부모님이 그랬던 것처럼 해변의 파라솔 아래에서 수건을 깔고 앉은 채 아이들이 모래성을 쌓는 모습을 바라보고 싶을지도 모른다('그래도 난 잘 놀지 않았나!?'). 당신이 그 순간에 참여한다는 것은, 가서 아이들에게 모래성을 잘 쌓을 수 있는 당신만의 노하우를 알려 주고, 아이들이 양동이에 모래를 가득 모으고 바닥을 파고 당신을 눕혀서 그 위로 모래를 덮을 수 있게 해 주는 것이다. 그럴 때 당신은 아이와 특별한 관계를 만들고 함께 나누는 경험을 쌓는다. '머리카락에 묻은 흙을 대체 어떻게 다 털어내지'라는 생각은 잠시 접어 두자.

참여를 통해 당신의 삶과 아이들의 삶 모두에 온전히 몰입할 수 있다. 아무리 사소한 것이라도 당신이 아이들의 순간에 참여할 때, 관찰자일 때보다 부모로서의 느낌을 더 깊이 경험하게 된다. 또한 금세 지나가 버리는 순간순간의 속성을 깨달음으로써 끝없이 반복되는 밀물과 썰물의 흐름을 받아들이며 융통성을 늘릴 수 있다.

　온전히 참여하기 위해서는, 당신이 볼 풀에 몸을 던지는 모습을 아이들을 포함한 다른 사람들이 어떻게 바라볼지 신경 쓰지 말아야 한다. 진흙 파이 만들기 대회가 끝난 뒤 옷 세탁을 어떻게 할지는 잊어라. 어제 당신이 정한 규칙에 대해 아이들이 보였던 뜨뜻미지근한 반응에 대한 기억도 잊어라. 당신이 있는 그곳에서 현재의 순간을 충분히 경험하라(물론, 무모하거나 생각이 없거나 무책임해서는 안 된다. 그래도 당신은 어른이다!)

　참여하기는 양육의 즐거운 순간에만 하는 것이 아니다. 당신이 아이를 훈육하는 데 온전히 참여한다면, 당신이 대충 적당히 지시나 훈계를 하는 것이 아니라 그 문제를 진지하게 대하고 있다는 것을 보여줄 것이다.

　제시카와 제이크의 엄마를 기억하는가? 이제 그녀는 마음속 독백을 끝냈다. 그녀는 제이크가 작은 다리로 사다리를 올라가게 도와주고, 제시카가 몽키바에서 뛰어내리는 것을 응원하며, 제시카가 동생을 괴롭힌 것을 혼내고 있다.

참여하기 연습

다른 데 정신을 빼앗기거나 다음 할 일에 대한 계획을 세우지 않고, 완전한 참여자로서 하루의 순간(대화, 사건, 식사 등)을 경험한다.

　누가 듣거나 판단하든 신경쓰지 말고, 스스로 지레짐작하거나 죄책감을 느끼지 말고, 아이에게 유치한 노래를 불러주거나 혹은 그 반대인 훈육을 시킨다.

"어떻게" 기술

무엇을 해야 하는지 알았으니 이제는 어떻게 해야 하는지 알 차례다. 두 번째 기술 세트는 마음챙김을 어떻게 하는지에 초점을 맞추고 있는데, 그 방법으로 **판단하지 않기, 한 번에 하나씩 주의를 기울이기, 효과적인 것을 하기**가 있다. 이 기술들은 따로 혹은 같이(이때 효과가 가장 좋다) 활용할 수 있다.

"어떻게" 기술 #1: 판단하지 않기

판단당하는 것을 좋아하는 사람은 아무도 없다. 어른도 마찬가지다. 당신은 판단하기 좋아하는 이웃 엄마, 당신의 양육 스타일을 대놓고 반대하는 학교 선생님, 당신이 아이를 훈육하는 모습을 볼 때마다 이를 못마땅하게 여기는 시어머니를 피하고 싶을 것이다. 그런데 왜 부모인 당신은 아이를(그리고 아이의 문제로 인해 스스로를) 판단하는가?

방어적일 필요 없다. 아이가 갓난아기 때였을 때부터 당신은 본능적으로 아이를 판단해왔다. 당신은 아이가 신생아였을 때 울음소리가 배고픔, 무서움, 피곤함 중 무엇을 의미하는지, 걸음마기에 어떤 표정을 지을 때 분노 폭발로 이어지는지, 갑작스러운 스케줄 변경이 어떻게 감정적으로 주체할 수 없는 폭발로 이어지는지 정확히 알았다. 이러한 판단들은 중요하고 유용하다. 문제는 당신이 좋은 것/나쁜 것의 꼬리표를 붙이는 것이 판단하는 데 도움이 되지 않고 해로울 때 발생한다.

당신이 아이를 판단하는 것은 너무나 당연한 일이며, 바로 그렇기 때문에 판단하지 않으면서 **관찰하기, 기술하기, 참여하기**를 실천하기가 어려운 것이다. 판단하지 않으면서 마음챙김을 실천하는 것은 사실을 평가하지 않고 그저 사실로서 알아차리는 것이다. 당신은 자동적으로 판단할 때가 많을 것이다. 아이가 때리는 건 나쁘고, 치우는 건 좋으며, 말대꾸는 끔찍하고, 말하는 내용을 경청하는 것은 흡족하다. **판단하지 않기**는 그런 꼬리표와 평가를 완전히 배제하고 오직 사실에만 초점을 맞추는 것이다.

한편, **판단하지 않기**는 당신이 모든 행동의 밝은 면만 봐야 함을 *의미하지 않는다*("아이고 저것 좀 보게, 아이가 또 말싸움을 하고 있잖아. 쟤가 어릴 때만 잘 넘기면 나중에 커서 훌륭한 변호사가 될 수 있을 거야!") 그런 판단을 왜, 어떻게 하면 완전히 중단할 수 있는지 배우고 싶다면 계속해서 책을 읽어가라.

왜 **판단하지 않기**인가?

판단은 다음 몇 가지 이유에서 효과적인 행동에 걸림돌이 된다.

1. **변화를 방해한다.** 판단이 효과적인 해결책으로 이어지는 경우는 거의 없다. 판단은 당신이 상황을 논리적이고 객관적으로 처리하는 데 방해가 된다. 선입견으로 인해 통찰력이 흐려지고 왜곡된 관점을 갖고 있으면 아주 단순한 관계도 복잡하게 만들어 버린다. 흐려진 통찰력으로 인해, 아무리 당신이 아이의 모든 표정과 기분 변화, 미묘한 변화에 익숙하더라도 이 모든 것들을 항상 정확하게 판단하지는 못하게 된다.

2. **부정적 감정을 유발한다.** 판단은 사실 관계를 파악하는 데 있어서 통찰력을 흐리는 것은 물론이고, 마음속에 있는 감정적인 부분을 자

극한다. 이는 부정적 감정과 도움이 안 되는 행동으로 이어진다.

3. **관계를 손상시킨다.** 아이들은 어른과 마찬가지로 섬세하고 직관적인 존재다. 아이들은 당신이 어떻게 판단하는지 알아차릴 것이고, 그 결과 자존감이 낮아지고('난 나빠, 엄마도 날 그렇게 생각하는 걸') 당신의 기대를 충족시킬 필요가 없다고 믿을 수 있다('어차피 알아주지도 않는데 뭐 하러 그렇게 열심히 노력을 해?'). 이런 패턴의 사고방식(자기 비판, 자신에 대한 가혹한 기준)은 어른이 될 때까지 계속 따라다닐 수도 있다.

당신이 자신에 대해 판단하고 있다는 것 또한 잊으면 안 된다. 사람으로서 우리는 자신에 대한 가장 가혹한 비판자일 때가 많다. 자신의 양육방식을 섣불리 판단하게 되면('난 엄마로서 실격이야, 애들이 내 말을 들으려고도 하지 않아') 효과적으로 양육할 수 있는 능력이 줄어든다.

당신은 지금 이 책을 읽고 있고, 그것만으로도 부모로서 당신에 대한 많은 것을 알 수 있다. 잘하고 있다고 스스로를 격려해 주어라! 하는 일 없이 빈둥대며 자신을 판단하고 있으면 기분만 나빠질 뿐이다. 그러지 말고, 변화가 가장 도움이 될 만한 부분을 파악하기 위해 사실을 관찰해 보라.

여기서 잠깐 중요한 것을 하나 다루겠다. 바로 "그래야만 한다"의 덫이다.

누구든 "그래야만 한다"라는 말을 사용해 본 사람은(나 자신을 포함해서) 판단하는 실수를 저지르게 된다. 부모들은 끊임없이 내게 와서 아이들의 단점을 얘기한다. "저한테 거짓말을 하면 안 되는 거잖아요!", "동생을 때리면 안 된다는 것쯤은 알아야죠!", "통금 시간을 어기면 안 돼죠!", "화학 시험을 더 잘 봐야 했어요!"

내 대답은 항상 그렇게 말하는 부모들의 허를 찌른다. "예, 당신의 아이는 때려야/거짓말해야/시험을 망쳐야/[여기다 공격하는 말을 넣어라] 했어요." 아이는 그것을 *해야만* 했다. 왜냐하면 아이는 그것을 하고 있기 때문이다! 당신의 의견과 판단을 아이의 행동에 투사하면, 당신은 아이가 하고 있는 일이 아닌 "해야만 하는" 일에 사로잡히게 된다.

행동에는 원인이 있기 때문에, 아이는 그 행동을 하고 있어야만 한다. 당신은(그리고 아이는) 원인이 뭔지 모를 수도 있다. 하지만 어떤 상황이든 모든 일은 일어나야만 하는 그대로 벌어진다.

만약 당신이 "그래야만 하는" 것에 집중한다면, 방정식의 중요한 부분을 놓치는 것이다. 바로 근본적인 원인과 눈 앞에 닥친 상황이다. 판단은 큰 그림을 보는 당신의 시야를 흐리게 만들고 효과적인 변화를 방해한다. 일단 판단의 터널을 빠져나와 행동과 그 원인을 잘 살펴볼 때에 비로소 문제해결에 착수할 수 있다.

한편, 아이가 당신의 기대를 충족시키지 못하면(당신의 기대가 현재 아이의 수준에 비해 너무 비현실적이어서) 당신은 아이에게 좌절감을 느끼게 될 것이다. 당신이 좌절감을 느끼면, 설령 그것을 입 밖으로 꺼내지 않더라도 아이로 하여금 수용받지 못한 느낌이 들게 함으로써 변화의 동기가 안 느껴지게 만들 것이고⋯ 아이는 계속해서 당신의 기대를 충족시키지 못할 것이다.

물론 당신은 책임감 있는 부모로서 아이가 그렇게 행동하지 않기 바랄 것이다. 정말 아이가 어떻게 행동해야 하는지 알고 싶다면, 말할 때 문장에서 "그래야만 한다"는 말을 완전히 생략해 보라. 아이에게 적절하고 기대에 부합하는 행동, 가치, 도덕 규범을 설명할 때에는 "그래야만 한다"는 말을 긍정적인 어감으로 사용해 보라. "다른 아이들에게 친절하게 하면 좋지 않니.", "다음에는 언니한테 더 상냥하게 부탁해보렴.", "누군가 너를 아프게 하면 바로 엄마 아빠한테 와서 말하려무나."

그럼 판단하지 않는 비결은 무엇일까? 일단 주의를 기울이는 것부터 시작한다.

당신의 생각에 주의를 기울여 보면, 자신이 주변의 모든 것들에 대해 (긍정적이든 부정적이든) 자동적으로 판단하고 있음을 알게 될 것이다. 감정에도 함께 주의를 기울인다면, 판단에 앞서 좌절감과 초조함이 드는 것을 느끼게 될 것이다. 이 감정들은 흔히 판단과 함께 나타난다. 스스로에게 관심을 기울이고(스스로를 판단하지 말고!), 좋거나 나쁘다는(심지어 중립적인) 꼬리표를 붙이지 않은 채 사실을 사실로 받아들이려고 노력해 보라.

판단하지 않는 것은 문제를 무시하는 것이 아니다. 오히려 그 반대다. 문제 행동에 좋거나 나쁘다는 꼬리표를 붙이지 않은 채 알아차리는 것이다.

아이가 거짓말하는 버릇이 있다고 가정해 보자. 당신은 이 상황을 다음 둘 중 한 가지 방식으로 기술할 것이다.

- **판단하는 방식:** "얘는 거짓말쟁이야! 아이 입에서 나오는 말은 믿을 수가 없어. 학교에서는 내가 어떻게든 아이를 통제할 수 있는 것처럼 계속 잔소리를 해대. 이 끔찍한 거짓말 짓거리 때문에 내 삶이 악몽이 되어 버렸어!"
- **판단하지 않는 방식:** "아이가 거짓말을 하면 난 좌절감이 느껴져. 담

임 선생님도 아이의 행동을 다루고 견디는 데 어려움을 겪고 있어. 우리는 아이의 거짓말과 문제 행동의 해결책을 찾아야 해."

모든 상황에서 긍정적인 면을 찾으려고 노력할 필요는 없다('지금껏 아이가 했던 거짓말 중에 이게 가장 창의적이었어!'). 그보다는, 적절히 대처하기 위해 실제 행동과 그 결과에 초점을 맞추는 것이 좋다. 물론 아이에게서 긍정적인 것을 찾는 것은 훌륭한 기술이고 그것을 사용할 필요도 확실히 있다. 하지만 긍정적인 판단도 결국은 판단이기 때문에, **판단하지 않기**를 연습하는 동안에는 모든 판단을 놓아 버리려고 노력해 보라. 일단 판단하지 않은 것이 자연스러워지면 그때 다시 긍정적으로 판단해도 된다.

판단하지 않기 연습

아이에 대해 기술한다. 이때 한 가지 요령이 있다. 오직 관찰 가능한 것만(신체적 특징과 다른 눈에 띄는 사실들만) 기술하는 것이다. 이는 판단하는 언어를 사용하지 않음을 뜻한다. '아니 쟤가 막 으시대고 있네', '얘는 고집이 세', '쟤는 순종적이야', '얘는 비위 맞추기를 좋아해.' 같은 표현들 중 '얘는 비위 맞추기를 좋아해'를 '얘는 내가 뭘 시키면 반응이 빨라' 혹은 '쟤는 집안일을 돕겠다는 말을 자주 해.' 같은 말들도 바꿔 볼 수 있다.

당신의 감정 상태가 느껴지는가? 아이와 약간 거리감이 느껴질 수도 있으며, 그게 바로 정확히 당신에게 필요한 상태다.

이번에는 당신이 싫어하는 사람(판단하기 좋아하는 이웃집 엄마나 시어머니)에 대해 연습해 보라. 오직 관찰 가능한 것들만 사용할 수 있다는

> 것을 명심하라! 다음은 몇 가지 예다. '그녀는 키가 크고 머리가 금발이다.', '그녀가 내 딸과 게임을 한다.', '그녀가 나에게 조언을 한다.' '우리는 아이들을 학원에 데려다주기 위해 카풀을 한다.', '시어머니가 내가 아이들을 돌보는 것을 볼 때마다 나는 시어머니가 내 양육 방식을 싫어한다고 생각하기 시작하고 그런 생각은 내 마음을 아프게 하고 좌절감이 들게 만든다.'

판단하지 않았을 때 더 감정 반응이 순화된(덜 짜증나고, 덜 혐오스럽고, 덜 긴장된) 것을 느꼈는가? 이것이 바로 **판단하지 않기**의 마법이다. 어떤 일을 겪었을 때 오직 사실에만 집중할 수 있도록 감정을 제거한다. 사실에 초점을 맞추는 것은 감정을 다스리고 관계를 효과적으로 개선하는 데에도 도움이 된다.

판단하는 생각을 알아차리는 것은 괜찮다(나는 그녀가 나보다 더 낫다고 생각한다고 생각했다). 사실상 이 또한 **판단하지 않기**를 실천하는 아주 좋은 출발점이다. 그런 판단하는 생각에 주목하고, **기술하기**에서 배웠던 것처럼 꼬리표를 붙여라. 당신이 어떤 생각에 주목하고 그것이 판단적임을 파악한다면, 설령 아무것도 하지 않더라도 어느 정도 그런 생각을 다루면서 결과적으로 더 쉽게 내버려둘 수 있다.

"어떻게" 기술 #2: 한 번에 하나씩 주의를 기울이기

이것은 전례 없이 더 빠르고 쉽게 연락이 가능한 동시에 개인적인 영역이 줄어들은 오늘날의 기술 중심 세계에서 중요한 부분이다.

한 번에 하나씩 주의를 기울이기는 멀티태스킹의 반대라고 할 수 있다. 당면한 과제나 순간에 집중하고, 속도를 늦추며, 한 번에 한 가지 일만 하는 것이다(상상해 보라!). 한 번에 하나씩 주의를 기울여 무언가를 하는 것은 산만함, 딴 생각, 중단 없이 당신의 모든 관심을 하나에만(혹은 더 복잡한 "어떤 것"의 한 부분)에 쏟는 것이다.

왜 **한 번에 하나씩 주의를 기울이기**인가?

무수히 많은 일들을 동시에 진행시켜야 하는 부모 입장에서 한 번에 하나씩 주의를 기울이는 것은 (불가능한 게 아니라면) 비생산적으로 여겨질 수 있다. 하지만 당신이 일상적 업무와 상호작용에서 이 기술을 적용해 나가다 보면, 멀티태스킹 대신에 한 번에 하나씩 주의를 기울이는 것이 더 생산적이고, 효과적이고, 현재에 충실해지는 데 실제로 더 도움이 됨을 실감하게 될 것이다.

내 말을 믿어라. 최근의 한 연구에서는 멀티태스킹의 효율성이 떨어지는 것으로 나타났다(Mittelstädt와 Miller 2017). 당신이 이것에서 저것으로 주의를 분산시키게 되면 방향 전환에 따른 추가적인 시간과 에너지가 들게 된다. 그런 추가적인 정신 에너지를 한 가지 일에 전부 쏟으면 모든 일을 더 효과적으로 진행할 수 있다.

당신이 한 번에 하나씩 주의를 기울인다면, 삶에 충실하면서도 끊임없이 발생하는 무수히 많은 (그렇다고 사소하지도 않은) 방해물들로 인해 옆길로 새는 것을 면할 수 있을 것이다. 양육에서처럼 대화와 상호작용이 선로를 자주 이탈하는 상황에서는 특히 더 그래야 한다. 어려운 상황에 봉착하면 과거와 미래에 대한 생각들에 사로잡히게 되면서 현재에 충실하기 어려워지고, 그러면서 점점 더 상황에 압도되고, 속상하고, 좌절하고, 여러 감정적 동요를 느끼게 된다.

운전을 하면서 문자를 하는 것이 불법인 이유가 있다. 우리 뇌는 두 가지 일을 동시에 하는 데 최적화되어 있지 않기 때문이다. 여러 작업에 주의를 분산하다 보면 작업을 완료하는 데 시간도 오래 걸릴뿐더러 제대로 처리할 수 있는 가능성도 낮아진다. 멀티태스킹이 오늘날 현대 사회에서 가치를 인정받고 있을지는 몰라도('한 번에 세 개를 완수할 수 있는데 굳이 그 시간에 한 가지만 할 필요가 있나?'), 궁극적으로는 한 번에 하나씩 주의를 기울이는 것이 훨씬 더 값지고 놀라울 정도로 더 효율적인 방법이다.

당연히 사소한 일에 엄청난 시간을 쏟아부어야 한다는 말은 아니다. 한 번에 하나씩 하는 것과 할 일 목록을 모두 마치는 것은 서로 배타적이지 않다. 복잡한 다단계 작업을 해 나가도 되고 한 가지 일에서 다른 일로 빠르게 넘어가도 된다. 몇 초밖에 안 되는 짧은 시간이라도 그 순간에는 오직 그 일에만 완전히 전념해야 한다는 것만 명심하면 된다.

덧붙이자면 한 번에 하나씩 주의를 기울이는 것은 아이들에게 엄청나게 유익하다. 당신이 아이와의 시간에 완전히 몰두하는 것이 아이에게 다음과 같은 강력한 메시지를 보내기 때문이다. '너는 중요해. 너는 사랑받고 있어. 너는 그럴 만한 자격이 있어.'

아이는 천성적으로 당신이 오직 자기에게만 관심과 애정을 쏟기 바란다. 당신이 다른 일들(집안일, 다른 아이, 이메일)에 신경을 쓰고 있을 때 아이는 명확히 이런 메시지를 받게 된다. '너보다 더 중요한 게 있어.'

당신은 그런 메시지를 보내고 싶지 않을 것이다. 하지만 믿기 어렵겠지만 아이는 그런 메시지로 받아들인다. 현실적으로 아이가 활동하는 시간

내내 온전히 아이에게만 집중할 수는 없겠지만, 오직 아이에게만 집중할 수 있는 가치 있는 양질의 시간을 확보할 수는 있다.

어떻게 하면 한 번에 하나씩 할 수 있을까?

당장 눈앞의 문제(설거지, TV 프로그램, 아이들끼리 말싸움, 하루 일과에 대한 대화)에 온전히 전적으로 집중한다. 마음이 이리저리 돌아다니면 부드러우면서도 단호하게 당신이 주의를 기울여야 하는 것(싱크대의 거품이나 개야 할 빨래의 따뜻함도 상관없다)으로 되돌아오게 한다.

오직 지금 이 순간에, 오직 지금 하고 있는 일을, 지금 바로 해야 함을 다시 한번 기억하라. 모든 순간은 짧고 소중하다는 사실을 기억하고 그에 걸맞게 보내라. 잠시 멈춰서 그 순간에 집중하다 보면 눈앞에 있는 것에 온전히 주의를 기울이지 않을 때 얼마나 많은 것을 놓치게 되는지 실감하게 될 것이다. 현재에 집중하고, 그에 방해가 되는 과거나 미래에 대한 생각은 그냥 흘려보내라.

다시 말하지만, 당신이 연습하는 만큼 뇌는 더 잘 "훈련된다". 개인적인 경험 한 가지를 얘기해주겠다. 며칠 동안 내 핸드폰이 고장 난 적이 있었는데, 그때 불편함과 소외감을 느끼면서도 동시에(이게 변증법이다!) 핸드폰이 계속 있던(주의도 분산시켰던) 때보다 더 현재에 충실해지는 것을 실감했다. 우리는 얼마나 자주 핸드폰에 신경을 쓰는지, 전화를 안 받아도 진동에 얼마나 정신을 뺏기고 있는지 알지 못한다('누굴까? 중요한 일인가? 바로 확인해야 되나?'). 그때 이후로 나는 잠깐씩 핸드폰을 서랍에 넣어두기 시작했고, 그것이 내 삶을 바꿔 놓았다!

한 번에 하나씩 주의를 기울이기 연습

공원, 마트, 경기장 등 어디서든 아이와 함께 시간을 보낸다. 그러다 무료함이 느껴질 때 친구와 문자를 하거나 이메일을 확인하려는 충동을 참고 아이의 반응, 습관, 표현에 주의를 기울인다. 아이가 이빨을 드러내고 웃을 때, 어려운 이름의 상표를 잘못 발음할 때, 끝내기 홈런에 열광하는 순간을 놓치지 않는다.

가장 소중한 순간은 가장 짧은 순간일 수도 있다. 아무리 흔하고 평범한 얘기라도(다른 아이들이 점심과 간식으로 뭘 먹었는지 한 명 한 명 다 얘기하더라도) 아이와의 대화에 모든 관심을 기울인다. 핸드폰을 내려놓고 냉장고에 붙어 있는 점점 늘어만 가는 할 일 목록을 무시한다. 아이의 눈을 똑바로 쳐다본다. 푸딩을 먹은 아이는 누구인지, 볼로냐 샌드위치를 땅콩버터 젤리 샌드위치와 바꿔 먹은 아이는 누구인지 잘 귀담아듣는다.

한 번에 하나씩 주의를 기울이는 것은 현재의 중요성을 일깨우고 그에 가치를 부여한다. 이는 조바심을 내면서 '그랬구나, 그럼 이제 받아쓰기 시험 결과를 말해 보렴'이라고 말하는 것보다 훨씬 더 효과적이다. 그렇게 말하는 것은 당신이 아이의 말을 안 들은 것처럼 느끼게 만든다.

한 번에 하나씩 주의를 기울이는 것이 마법처럼 시간을 늘려주지는 못한다. 하지만, 한 번에 하나씩 주의를 기울이는 것은 당신이 나아갈 수 있도록 일이나 대화를 마무리할 수 있는 힘이 확실히 있다. 안 믿기는가? 잠자리에 들 때, 숙제할 때, 축구 연습할 때, 굉장히 긴장될 때 등 반드시 멀티태스킹을 해야 한다고 믿는 상황에서 언제든 시도해 보고 그 결과를 확인해 보라.

> **한 번에 하나씩 주의를 기울이기 보너스 연습**
>
> 1주일에 한 번 10-20분씩 아이와 "마음챙김 데이트" 시간을 가진다. 어려운 아이일수록 특히 더 이런 시간을 함께 한다. 전화기를 꺼놓고 다른 가족들에게 지금 당신이 바쁘니 방해하지 말라고 얘기한 뒤 단순히 아이 한 명하고만 시간을 보내면 된다. 아이의 말을 귀 기울여 듣고, 아이와 놀고, 그냥 함께 앉아 있고… 아이와 잘 맞는 활동이면 무엇이든 상관없다. 이런 작은 시간들은 엄청난 효과를 발휘해서 관심을 바라는 아이의 욕구를 긍정적인 방식으로 충족시켜 준다(설령 아이가 자기는 엄마/아빠와의 1:1 데이트에 "별로 개의치 않는다"고 공언하더라도 말이다).

"어떻게" 기술 #3: 효과적인 것을 하기

마지막으로, 어쩌면 가장 중요한 것은 바로 효과가 있는 것을 해야 한다는 것이다. 그래야 당신이 마음챙김 양육을 성공적으로 잘해 나갈 수 있을 것이다.

효과적인 것을 하는 것은 실제로 *효과를 나타내는 것*을 하는 데 초점을 맞추는 것이다. 그것은 단기적 및 장기적 측면에서 무엇을 해야 하는지(해결책을 찾는 것이든 그저 아이의 말을 듣는 것이든) 아는 것이다. 효과는 "누워서 침 뱉기"의 반대로, 이를 위해 당신은 "옳고 그름"에 대한 판단을 접어 둔 채 오직 결과에만 집중해야 한다.

치료자로서 내가 가장 좋아하는 단어가 바로 "효과적"이다. 사람들은 모두 자신의 행동이나 느낌이 "옳은지 틀린지", 자신들이 "마땅히 해야 하는" 것을 하고 있는지 물어본다. 그럼 나는 그들에게 항상 옳고 그름이나 좋고 나쁘고가 아닌, 그게 효과적인지 물어보라고 말한다. 당신이 "틀린" 방법으로 원하는 목표를 달성할 수만 있다면 당장 가서 그렇게 하라!

(물론 도덕 및 대인관계적 차원에서 옳고 그름에 대한 개념은 여전히 있다. 당신을 짜증나게 만드는 동료의 얼굴에 주먹을 한 방 먹이면 기분이 나아질 수도 있다. 그것은 동료가 당신을 괴롭히지 못하게 하드는 데에는 효과적이지만, 잘못된 방법이다!)

효과는 성공의 열쇠다. 모든 부모와 아이에게 다 들어맞을 수 있는 단 하나의 해결책이 있었다면 당신의 아이는 처음부터 사용자 설명서를 가지고 태어났을 것이다! 이 책이나 다른 곳에서 알게 된 기법을 사용할 때마다 항상 그 효과를 평가하라. 만약 효과가 없으면 바꿔야 한다.

왜 효과적인 것을 하기인가?

양육에서 되풀이하는 불평들 중 상당수는 역효과를 낸다. '백 번도 더 말했는데 계속 그러고 있네!', '그런 식으로 행동하지 말아야 하는 건 너무 당연한 거야!', '애가 알아들을 때까지 혼내 줘야겠어!'

당신이 백 번도 넘게 말했는데 아이가 여전히 말을 안 들었다면(완벽한 세계에서는 당연히 "들어야만" 하겠지만), 백한 번째 말한다고 해서 마법처럼 들을까? 다른 사람들이 효과를 봤다고 후기를 남긴 완벽한 양육법을 따랐는데 당신만 효과가 없다면, 단지 다른 사람들이 효과를 봤다는 이유로 계속 그 방법만 고집하는 게 맞을까?

당신은 모든 기술(**판단하지 않기, 한 번에 하나씩 주의를 기울이기, 관찰하기, 기술하기, 참여하기** 등)을 다 사용할 수 있다. 하지만 그것들이 당신의 목표를 이루는 데 도움이 안 되면 다 무슨 소용인가?

효과는 원칙보다 결과를 더 중시한다. 당신이 추월 차선에서 운전하고 있는데 바로 앞 차가 기준 속도보다 더 천천히 가고 있으면 당연히 불만이 쌓인다. '저렇게 느리게 가면 안 되지! 이게 추월 차선이라는 걸 모르나? 저건 옳지 않아.' 당신은 상향등을 깜박이거나, 빵빵대거나, 경찰에 신고할 수도 있다. 당신이 옳은 건 확실하지만, 동시에 화와 짜증이 날 것이다(그리고 목적지까지 가는 데 더 시간이 많이 걸릴 수도 있다).

반대로 만약 당신이 바로 앞의 한가한 운전자에 신경 쓰지 않고 최종 목표에 초점을 맞추면 무슨 일이 생길까? 당신이 그 운전자를 지나쳐서 가던 길을 계속 가면 목적지까지 한층 더 빠르고, 안전하고, 침착하게 도착할 것이다. 그냥 지나칠 수가 없는가? 그럴 때는 단지 최종 목적지만 생각하라. 목적지에 도착한 뒤 존경스러울 정도의 인내심을 자축하라(난폭 운전은 생명을 위협하고 사고를 유발함을 명심하라).

똑같은 식으로 당신은 아이에게 신발을 잘 벗어 놓으라고 수백만 번도 더 말할 수 있다. 아이가 신발을 정리하도록 강제로 시킬 수는 있겠지만, 그러면 당신이나 아이나 모두 불만스러울 것이고, 내일이면 아이는 또 다시 신발을 아무렇게나 벗어 놓을 것이다. 반대로 당신은 잔소리와 그 결과인 불만을 우회하는 효과적인 해결책 찾기를 선택할 수도 있다. 이를 위해 더 많은 시간과 인내심이 필요할 수도 있겠지만, 당신은 단기적 목표(깔끔한 집)와 궁극적 목표(매일 잔소리를 하지 않아도 아이가 알아서 신발을 잘 벗어 놓는 것)를 모두 이루게 될 것이다.

세 번째 옵션도 있다. 전체적인 상황을 고려할 때 신발은 큰 문제가 아니라고 마음먹은 뒤(그보다는 차라리 집안에서 욕을 사용하지 않게 하는 데 관심을 기울이면서), 집안의 전체적인 긴장이 완화되기를 바라며 신발 문제를 수용하는 것이다. 신발을 가지런히 벗어 놓게 만드는 목표는 달성 못하더라도 아이와의 관계를 개선하는 데에는 효과를 볼 수 있을 것이다.

더 효과적으로 되기 위한 핵심 열쇠는 무엇일까?

당신 안의 지혜로운 마음이 주도권을 쥐도록 하라. 물론 아이 때문에 신경이 거슬리고 곤두서겠지만, 감정이 득세하게 두면 누군가는(어쩌면 둘 다) 끝내 눈물을 흘리게 될 것임을 알 것이다.

효과적으로 생각하라. 행동하기 전에 당신의 목표와 목적을 확인하고, 행동의 장단기적인 효과를 고려하며, 시종일관 그 목표에 집중하는 것이다(장점과 단점 기술을 기억하는가? 단기 및 장기적 효과를 비교하는 데 유용할 것이다). 소중한 것에서 눈을 떼지 마라! 당신이 사용하는 기술이 제대로 작동하는지, 재조정은 필요 없는지 끊임없이 평가해야 할 것이다. 어쩌면 이런 과정을 여러 차례 반복하거나 외부의 도움이 필요할 수도 있다.

효과적인 것을 하기 연습

아이와 수도 없이 싸웠던 문제를 하나 고른다. 아주 사소한 것(매일 아침마다 시리얼을 다 먹고 치우지 않음)일 수도 있고 더 무게감 있는 것일 수도 있다(원하는 것을 얻지 못하면 소리 지르고 때리고 문을 쾅 닫음).

가장 최근에 아이와 했던 상호작용을 머릿속으로 최대한 생생히 재현한다. 세부적인 것들까지 떠올리며 당시의 생각과 느낌을 경험한다. 그 뒤

3장에서 배웠던 **"미리 대처하기"** 기술을 실행한다. 즉, 상황을 해결할 수 있는(혹은 소통할 수 있는) 더 효과적인 방법을 생각하고 그것을 실행하는 것을 상상한다.

상상 속 상호작용을 검토하면서 스스로에게 다음의 질문을 한다.

- 나는 효과적이었나?
- 나는 원칙에 갇혀 있었는가, 아니면 목표에 집중했는가?
- 나는 큰 그림과 전체적인 상황을 고려했는가?
- 나는 아이와 아이의 능력을 현실적으로 고려했는가?
- 나는 욱하는 순간에도 대안적인 행동과 사고방식을 기꺼이 고려하고자 했는가?
- 내가 반응하지 말았어야 했는가?
- 나는 내가 되고자 하는 부모의 모습처럼 행동했는가?

당신은 위에 대한 (솔직한!) 응답에 기초해서 다음에는 더 효과적인 대처 전략을 수립할 수 있을 것이다.

실전 활용: 마음챙김

꼭 부모가 아니더라도 많은 사람들이 정신을 집중하고, 마음을 한데 모으고, 진정하는 데 도움이 될 만한 문구를 활용한다. '자기 전까지 딱 4시간만 더 시도해 봐야지' 같은 마음이 들더라도(그렇게 해도 아무도 당신을 비난하지 않는다!), 격해진 감정을 효과적으로 달래 줄 수 있는 문구를 찾아보라.

다음 몇 가지 말들을 추천한다.

오직 지금 이 순간, 지금 이 호흡, 지금 이 과정만 생각하라. 이 말은 현재에 충실하면서 마음챙김을 할 때 유용하다. 특히 감정에 압도되거나 지나친 걱정에 빠져 있을 때 도움이 된다.

모든 일에는 다 이유가 있다. 이 말은 "그래야만 한다"와 판단하는 생각이 들 때 도움이 된다.

효과가 있는 것을 하라. 이 말은 당신이 "옳은 것"에 갇혀 있거나, 뭘 해도 효과가 없을 때 도움이 된다.

일단 당신에게 도움이 될 만한 문구를 찾고 나면, 그것을 인덱스 카드나 접착식 메모지에 적어 놓고 자주 볼 수 있는 곳에 두어라(핸드폰에 저장해 놓고 알람을 설정해도 된다). 그 문구가 당신의 일부가 될 때까지 매일(웬만하면 조용한 시간에) 여러 차례 반복해서 말하라.

문구를 활용하는 것 말고도 일과 중에 마음을 가다듬을 수 있는 방법은 많이 있다.

- 호흡에 집중한다. 손을 아랫배에 갖다 대고 숨을 들이쉬고 내쉬면서 그 움직임에 집중한다.
- 의자에 앉아 등을 곧게 펴고 양손을 무릎 위에 올려놓는다(눈앞에 보이는 것들 때문에 신경이 쓰이면 눈을 감아도 된다). 숨 쉬는 것을 알아차리면서 하나씩 진행한다. 들이마시고 *(하나)*, 내쉬고 *(둘)*, 들이마시고 *(셋)*, 내쉬고 *(넷)*… 하다가 주의가 흐트러져도 괜찮다. 그러면 처음

부터 새로 시작하면 된다.

- 주변에서 들리는 소리에 주의를 기울인다(다리미에서 김 나오는 소리, 밖에서 새들이 우는 소리, 차들이 지나가는 소리 등).

- 주의를 기울여 간식을 먹는다. 차나 커피를 끓이거나 개별 포장된 초콜릿을 고른 뒤 먹기까지의 경험에 완전히 몰입한다. 주전자가 끓는 소리, 초콜릿 껍질을 뜯으면서 나는 호일 소리, 차나 커피 향, 혀와 목에 닿을 때의 질감과 맛을 느낀다.

- 아이들이 학교에서 집으로 돌아오는 시간이 되기 전, 아침에 한 판 하러 아이 방으로 들어가기 전, 호르몬의 작용으로 제정신이 아닌 10대와 마주 앉아 마음의 대화를 나누기 전에 잠시 마음을 가다듬을 시간을 가진다. 그 순간에 몰입하기 위해 숨 쉬는 것을 하나씩 세어 나간다. 들이마시고 *(하나)*, 내쉬고 *(둘)*, 들이마시고 *(셋)*, 내쉬고 *(넷)*… 일단 호흡을 조절한 뒤에는 추가로 마음을 진정시키기 위한 문구를 되뇐다.

- 감정에 사로잡혀 있는가? 스스로 타임아웃time out [5]을 해보라. 방에서 나가(비상시 화장실 휴식!) 당신의 감정을 관찰하고(스스로를 판단하지 않고), 숨을 고르게 쉬면서 감정이 올라가고 내려갈 때 주의를 기울인다(DBT에서는 이것을 "서핑 기술"이라고 부른다. 감정의 파도가 높아지고 낮아지는 것에 맞춰 서핑을 하는 것이다).

- 부적절한 타이밍에 중요한 고민이 떠오르면, 거기에 주의를 기울이지도 말고 억지로 밀어내지도 마라. 나중에 따로 정한 시간에 생각

---

5 아이가 바람직하지 못한 행동을 했을 때 이를 중지시킨 뒤 조용한 곳에서 자신의 행동을 생각해 보도록 하는 훈육 기법.

하겠다고 스스로에게 말한 뒤 당분간 신경쓰지 않는다(혹시 잊어버릴까 봐 걱정되면 적어 둔다). 그 문제를 생각할 수 있는 시간을 따로 잡아 놓으면 그 중요성을 포기하지 않으면서도 현재에 충실하는 데 도움이 될 것이다.

- 아이들과 함께 마음챙김을 연습한다. 아이들과 함께 색칠하고, 비누방울을 불고, 산책을 하며 낙엽이 발에 밟히는 소리에 귀를 기울인다. 그런 순간들을 함께 즐겨라! 보너스로 아이들에게 마음챙김 기술을 모델링할 수 있는 기회도 얻게 될 것이다.

연습을 하기 전과 완전히 수행한 뒤 마음챙김을 평가하라(내가 현재에 충실한 정도를 10점 만점으로 치면 몇 점이나 될까?). 차이가 있는가?

이런 연습을 굳이 감정이 고조될 때만 할 필요는 없다. 마음챙김은 양육이 어렵다고 느껴지는 순간에 확실히 효과가 좋기는 하지만, 평범한 때에도 이런 미니 명상을 하면 마음의 중심을 잡고 현재에 충실하는 데 도움이 될 수 있다. 규칙적인 마음챙김 연습이 뇌와 몸에 굉장히 다양한 긍정적 효과를 나타낸다는 연구 결과들이 많이 있다(Taren 등 2015; Kabat-Zinn 등 1998). 단 몇 분이라도 시간을 내서 해보라. 효과는 오래 갈 것이다!

일상 속의 마음챙김이 어떤 모습인지 볼 준비가 됐는가?

다음(혹은 이와 비슷한)은 당신에게 익숙할 법한 장면이다. (장면 1)

때는 일요일 아침, 아이들이 잠옷을 입고 누워서 만화책을 보고 있다. 엄마는 특별 간식으로 팬케이크를 만들면서 핸드폰 단톡방에서 발레 수업 카풀 일정을 조정하고 있다. 엄마는 아이들(스펜서(11살), 소피아(8

살), 제이크(5살)에게 초코칩을 넣는 게 좋은지 물어보러 거실로 가던 중 스펜서가 소피아를 거칠게 미는 광경을 목격한다.

엄마: 스펜서! 무슨 짓이니?
스펜서: 소피아가 먼저 때렸어요! 계속 혼자 리모콘을 갖고 여자애들 보는 프로만 틀어 놓고 있잖아요!
소피아: 거짓말이에요, 오빠는 진짜 거짓말쟁이야! 엄마, 오빠가 나한테 너무 못되게 굴어요!
엄마: 스펜서, 그런 행동은 절대 용납할 수 없어. 여동생을 그렇게 때리는 11살짜리 오빠가 어디 있니? 철 좀 들어라! 너가 깡패야?
스펜서: 그치만 엄마…
엄마: 그치만은 뭐가 그치만이야! 지금 당장 소피아한테 사과해, 아니면 오늘은 텔레비전 못 볼 줄 알아. 네 행동에 실망했다.
스펜서: 사과 안 할 거예요! 소피가가 거짓말하는 거예요! 혼나야 할 사람은 제가 아니라 쟤라고요!
엄마: 스펜서야, 네가 소피아 때리는 걸 내가 봤거든! 사과 안 하면 네가 좋아하는 것들 못하게 될 줄 알아.
스펜서: *(공격적으로)* 좋아요. 미안해. 이제 됐죠? *(다들 자기만 미워한다고, 자기는 집 나가서 혼자 살고 싶다고 소리를 지르며 쿵쿵대면서 자기 방으로 들어간 뒤 문을 꽝 닫는다)*
소피아: *(히죽거리면서 채널을 자기가 좋아하는 "걸즈" 프로그램으로 돌린다)* 엄마, 팬케이크에 시럽 뿌려 먹어도 돼요?

위 상황은 어디에서부터 잘못됐을까? 하나씩 짚어 보자…

1. 엄마는 (그럴 만하게도) 정신 없는 일요일 일정과 SNS 단체 대화방 알람 때문에 주의가 흐트러지고 스트레스를 받고 있는 상태다(이번주에도 꼼짝없이 운전하고 싶지는 않다!). 그녀는 온전히 현재에 충실하지 못하고 있다.

   놓치고 있는 마음챙김 기술: 한 번에 하나씩 주의를 기울이기, 참여하기

   결과: 스펜서는 (그럴 만하게도) 엄마가 상황에 온전히 집중하지 않고 중요한 세부 사항들을 놓치고 있다고 느낀다.

2. 엄마는 이미 일이 벌어지고 있는 와중에 거실로 나왔기 때문에, 소피아가 스펜서를 놀리고 때린 사실을 알지 못한다. 엄마는 곧바로 상황을 판단한 뒤 평소처럼 스펜서가 먼저 시작했다고 성급한 결론을 내린다.

   놓치고 있는 마음챙김 기술: 관찰하기, 판단하지 않기

   결과: 엄마는 관찰하지 않고 (모든 사실을 고려하지 않은 채) 곧바로 해석해 버림으로써 추측을 사실로 간주하는 실수를 범한다. 스펜서는 엄마가 자신을 이해하지도, 자신의 말을 귀담아듣지도 않는다고 느끼고 여동생에게 원망감이 든다. 스펜서는 엄마가 무슨 일이든 항상 자기한테 문제가 있다고 생각한다고 느끼기 때문에 더 나은 행동을 하려는 동기를 잃어버린다.

3. 엄마는 스펜서가 그동안 했던 행동에 기초해 스펜서에게 화를 내며 곧바로 훈계 모드로 들어간다.

놓치고 있는 마음챙김 기술: 관찰하기

결과: 스펜서는 자동적으로 방어적으로 된다(만약 엄마가 자신의 감정과 반응을 관찰했다면 자신이 스펜서를 공격하려는 충동을 알아차렸을 것이다. 그랬다면 반응하기 전에 한 발짝 뒤로 물러나 자신의 감정 상태를 가늠할 수 있었을 것이고, 이런 결과는 피할 수 있었을 것이다).

4. 엄마는 스펜서의 행동을 용납할 수 없고, 깡패 같고, 나이에 안 맞는 것으로 이름 붙인다("얘는 철 좀 들어야 해").

놓치고 있는 마음챙김 기술: 판단하지 않기

결과: 스펜서는 판단당한다고 느끼며, 엄마가 자신을 미성숙하고, 항상 잘못된 행동을 하고, 깡패 같은 아이로 여긴다고 생각한다.

5. 엄마는 스펜서에게 사과하라고 윽박지르고 이를 통해 원하는 결과(사과)를 얻지만, 실질적이고 장기적인 효과는 없다.

놓치고 있는 마음챙김 기술: 효과적인 것을 하기

결과: 스펜서는 건성으로 사과하며, "미안해"라는 단어가 진정성보다 더 중요하다는 것을 배운다. 그는 동생을 밀친 행동에 대한 어떤 실질적 결과나 건설적 변화도 접하지 못한 채 (정당한) 억울함만 느끼며 현장을 떠난다.

간단히 말해서, 이 상호작용에서 얻은 것이라고는 오직 상처받은 감정, 스트레스, 죄책감뿐이다. 벌을 면한 채 의기양양함을 느끼는 소피아는 자기가 또 그런 행동을 해도 어차피 자기 대신 오빠만 혼나게 된다는 것을 배운다.

이러한 결과는 마음챙김을 통해 상당히 달라질 수 있다.

장면 2: 마음챙김 기술을 활용할 때…

처음 장면을 떠올려 보자. 엄마가 거실로 나오면서 스펜서가 소피아를 밀치는 모습을 목격한다.

엄마: *(심호흡을 하고, 오븐을 끄고, 휴대폰을 내려놓고, 중립적인 말투로 말한다)* 애들아, 지금 무슨 일이니? 너희들이 손을 쓰는 게 보이네. [엄마는 자신이 기분이 안 좋다는 것을 알고 (**관찰하기**) 계속 진행하기에 앞서 잠시 마음을 가다듬는다 (**한 번에 하나씩 주의를 기울이기**). 그 상황에 집중할 수 있도록 방해가 될 만한 것들을 정리한 뒤 사실 **기술하기**를 실행한다.]

스펜서: 제가 리모콘을 돌려달라고 했더니 소피아가 절 때렸어요! 쟤 혼자 계속 리모콘 갖고 여자애들 나오는 프로만 본다고요!

소피아: 거짓말이에요. 오빠는 거짓말쟁이야! 엄마, 오빠가 괴롭혀요! 오빠가 날 아프게 했어요! *(스펜서에게 혀를 내민다)*

엄마: 좋아, 모두 심호흡을 하고 진정해. 이 문제를 제대로 처리하려면 어떻게 된 건지 정확하게 들어봐야 할 것 같구나. [엄마는 아이들과 자신을 진정시키기 위해 잠시 시간을 가진다. (**한 번에 하나씩 주의를 기울이기**) 그리고 세부적인 사항을 파악하기 위해 아이들 모두로부터 얘기를 듣는다.]

스펜서: 무슨 프로를 볼지 같이 합의했는데 쟤가 바로 지루하다면서 제가 갖고 있던 리모콘을 훔쳐서 채널을 돌렸어요.

소피아: 오빠가 나보고 싸가지 없다고 했잖아!

스펜서: 어 맞아, 너 싸가지 없어.

엄마: 스펜서야, 일단 사실을 확인해 보자. 욕은 안 돼. 그 다음에 무슨 일이 있었지?

*[엄마는 대화가 주제를 벗어나 싸움으로 이어지는 것을 피하기 위해 본론으로 돌아온다. 그녀는 **판단하지 않고 기술하기**의 본을 보이면서 가르친다.]*

스펜서: 그 다음에 쟤가 절 때렸어요! 진짜 아팠다고요. 그래서 민 거예요. 그때 엄마가 딱 온 거고요.

엄마: 그럼 이제 소피아 말을 들어보자.

[엄마는 세부 사항들을 수집하면서 계속 판단하지 않고 중립을 유지하고, 관찰하며 현재에 충실하고, 그 순간에 한 가지에만 주의를 기울인다.]

소피아: 오빠가 기분 나쁘게 했어요! 전 딴 거 보고 싶었다고요! 그래서 때렸을 거예요. 하지만 오빠는 절 밀었다고요!

엄마: 너희는 둘 다 서로를 아프게 했어. 우리집에서는 기분이 나쁘다고 해서 손을 쓰지는 않아. 너희 둘 다 만족할 만한 해결책을 찾아보자. 너희 둘이 원하는 게 서로 다른데 이걸 어떻게 해결할 수 있을까?

*[엄마는 **참여하기**를 하고, 효과적인 해결책을 찾기 위해 명확하게 **기술하기**를 한다.]*

스펜서: 볼 거를 우리가 같이 골랐으니까 그걸 다시 봐야 해요.

소피아: 하지만 그건 너무 지루해요. 제가 팬케이크 먹고 난 다음에 원하는 걸 보게 해준다고 약속하면 지금 바로 먹으러 갈게요.

엄마: 그거 정말 좋은 생각이네. 문제를 성숙하게 해결한 너희들이

4장 마음챙김: 길을 밝히기 139

자랑스럽구나. 나가기 전에 너희 둘 다 보고 싶은 걸 볼 수 있는 시간은 충분히 있어. 자, 초코칩 넣어서 먹고 싶은 사람?

스펜서와 소피아는 서로에게 사과하지 않을지도 모른다. 하지만 그들은 서로 잘 지내고, 문제를 해결하고, 타협하는 값진 교훈을 얻었다. 그리고 한 번도 평정심을 잃지 않은 엄마는 특히 자신에게 더 뿌듯함을 느낀다. 이런 게 바로 윈-윈이다!

마음챙김의 장애물

마음챙김은 오해하기 쉽다. 많은 사람들처럼 당신도 마음챙김을 효과적으로 실천하는 데 방해가 되는 뿌리깊은 믿음을 가지고 있을 수 있다. 다음 표는 마음챙김에 방해가 되는 흔한 믿음과 그에 대한 대안적 사고방식을 보여준다. 이러한 "장애물"과 "우회로"는 다음 링크에서 내려받아서 수시로 찾아볼 수 있다. (https://blog.naver.com/happy_han-ga/222523899895 '4장 방해물 카드'를 참조할 것)

장애물(믿음)	우회로(해결책)
마음챙김은 관절에서 뚝뚝 소리나게 요가하는 사람들에게나 어울리지, 난 아니야!	마음챙김은 모든 사람들을 위한 것이다. 특히 부모에게는 더 필요하다. 가부좌를 틀고 앉아서 "옴" 같은 소리를 내는 것과는 매우 다르다.

난 앉아서 명상이나 하면서 허비할 시간이 없어.	하루에 단 몇 분이라도 마음챙김을 해 보려고 노력해 보라. 한 번에 전부 할 필요도 없다. 마음챙김은 일상생활 속에서 실천할 수 있다.
난 멀티태스킹을 해야 돼. 그래야 할 일을 다 마칠 수 있다고! 난 부모라서 시간이 별로 없어.	며칠 동안 의식적으로 멀티태스킹을 안 하면서 업무 효율성과 정확성을 비교해 보라. 여러 연구들은 멀티태스킹으로 실제로 시간을 절약하지 못한다는 것을 밝혀냈다!
판단하지 않는 건 너무 어려워. 난 평생 판단하면서 살아왔고, 사람 보는 눈도 있어. 대부분 내 판단이 맞다고!	이러한 경향은 정말 극복하기 어려울 수 있다! 당신의 판단을 바꾸려고 하지 말고 거기에 이름을 붙이고 알아차리는 것부터 시작해 보라.
마음챙김을 하려고만 하면 꼭 마음이 여기저기 떠돌아다녀. 난 소질이 없나 봐.	마음이 떠돌아다니는 것은 전적으로 자연스러운 것이고 실제로 마음챙김 과정의 일부이다! 떠돌아다니는 마음을 붙잡고 부드럽게 방향을 바꿔라. 시간이 지나면 뇌가 점차 훈련될 수 있을 것이다.

이 장을 읽은 뒤 마음챙김이란 무엇인지, 마음챙김의 "무엇"과 "어떻게" 기술은 무엇인지, 무엇보다 가장 중요한 것으로 그것들을 실전에 어떻게 활용하는지 더 잘 이해했기 바란다. 설령 당신이 마음챙김에 회의적이더라도 한 번 시도는 해보자. 무한한 효과를 경험하게 될 것이다. 마음챙김을 실천함으로써 당신은 더 생산적이고, 효과적이고, 주의 깊고, 수용적이고, 자제력을 지니게 될 것이다. 반면에 스트레스 받고, 반응적이고, 전투적이고, 긴장되고, 고지식하고, 불행하고, 불만족스러운 경향은 줄어들 것이다. 마음챙김은 삶의 모든 영역에서 관계 개선을 위한 확실한 방법이기도 한데, 이는 양육에서 특히 그렇다! 다음 장에서는 또 다른 중요한 양육 기술인 "인정"을 살펴볼 것이다.

5장

인정: 관계 부스터

인정validation.

이 용어는 뜨거운 논쟁거리 중 하나다. 어떤 이는 지나친 인정이 "참여의 열매"를 맺지 못하게 파괴한다고 주장할 것이고, 또 어떤 이는 인정이 건강한 감정을 유지하는 데 가장 중요한 요소라고 자신 있게 말할지도 모른다. 어떤 극단적 관점도 변증법에 반대되는 것이다. 적절히 정의하고 실행하기만 한다면, 인정이야말로 건강하고 행복한 관계를 만들고 자신감 있고 균형 있는 아이로 키우는 데 결정적이고 핵심적인 역할을 한다. 특히 감정 조절에 어려움을 겪는 아이라면 더욱 그렇다. 하지만 흔히 항간에 "인정"이라고 알려져 있는 많은 것들이 실제로는 해로운 작용을 한다.

그럼 어떻게 효과적으로 인정할 수 있을까? 당신이 제대로 인정하고 있는지 아닌지 어떻게 알 수 있을까?

이 장에서 당신은 다음의 질문에 대한 답을 얻게 될 것이다.

- 무엇이 인정이고, 무엇이 인정이 아닌가?
- 불인정은 무엇인가?
- 인정은 왜 중요한가?
- 언제, 어떻게, 무엇을 효과적으로 인정해야 하는가?
- 인정의 방해물을 극복할 수 있는 방법은 무엇인가?

인정이란 무엇인가?

인정은 기본적으로 당신이 아이를 이해하고, 아이의 감정, 생각, 행동을 파악하고 공감하고 싶어 한다는 것을 전달한다.
　양육에서 인정이란…

… 아이의 관점을 이해하려고 노력하는 것이다.
　이 개념을 검증해 보자. 노래 한 곡을 떠올리며 박자를 맞춘다. 친구, 배우자, 또는 아이에게 박자만 듣고 어떤 노래인지 알아맞춰 보게 한다. 아마 상대방은 어떤 곡인지 못 맞출 것이다. 당신한테는 너무 분명한데 말이다! 이렇듯 당신에게는 너무나 명확하고 논리적인 개념이나 관점이라도, 아이는 그와 똑같은 수준으로 확실하게 알지 못할 수 있음을 인식한다(마찬가지로, 아이의 관점 역시 아이한테는 그럴 듯하다… 비록 당신은 납득할 수 없겠지만!).

… 아이의 행동과 감정을 유발할 만한 원인이 있음을 받아들이는 것이다.
　당신에게는 터무니없게 보일지라도 아이의 행동의 이면에 있는 일말의 진실을 찾는다. 얼마나 황당해 보이든 상관없이 아이의 행동을 유발할 만한 원인을 전부 적은 뒤, 가장 가능성이 높은 것에 주목한다. 일말의 진실조차 찾을 수 없다면, 그게 무엇인지 모르더라도 존재한다는 사실만이라도 받아들인다.

… 과거와 현재의 상황을 바탕으로 아이의 생각, 행동, 느낌을 이해하는

것이다.

아이의 두려움, 경험, 성격, 그 외 사정들을 고려한다. 즉, 아이의 시각에서 바라보거나 당신이 비슷한 경험을 했을 때를 떠올려 보는 것이다. 스스로에게 물어보라, '나는 그 나이 때 이만한 일을(오랫동안 숙제에 집중하기, 엄마가 통화하는 동안 식사 자리에 가만히 앉아 있기, …)할 수 있었나?', '나는 아이/청소년 때 무엇에 민감했나?', '부모님이 내 감정에 공감하신 모습을 봤을 때 나는 어떤 느낌이었는가?'

… 큰 그림에 집중하는 것이다.

눈앞에 닥친 상황의 이면까지도 파악한다. 보이지 않는 것을 알 수는 없는 노릇이다(**관찰하기** 기술을 기억하라). 오늘 아이가 기분이 나쁜 이유는 친구나 선생님과 안 좋은 일이 있었거나, 혼자만의 비밀에 빠져 있거나, 당신이 약속을 어긴 채 아이가 좋아하는 간식을 싸주지 않았거나… 혹은 그냥 아무 이유도 없을 수 있다.

인정에 회의적인 사람이라면 특히 알고 있어야 할 중요한 것이 있다. 바로 아이를 인정한다고 해서 아이의 모든 행동, 감정, 조치에 동의하거나 허용하는 것은 아니라는 것이다. 당신은 동의하거나 허용하지 않고도 아이를 인정할 수 있다.

불인정이란 무엇인가?

아무리 최고의 선의와, 자상함과, 현대적 감각을 가진 부모일지라도, 의도하든 의도하지 않든 아이를 불인정할 수 있다.

불인정은 단어, 행동, 표정, 바디 랭귀지 등을 통해 언어 및 신체적으로 표현될 수 있다.

불인정하는 말은 다음과 같다.

- "그래, 하지만…"
- "그건 별거 아니야."
- "이런 일로 그렇게 화내면/불안하면/좌절하면/겁먹으면 안 돼."
- "기운 내, 다 잘될 거야."
- "나이에 좀 맞게 행동하면 안 되겠니?"
- "네 누나는 한 번도 이런 식으로 행동하지 않았어."
- "나라면 아빠한테 절대 그렇게 말하지 않았을 거다."
- "그런 말도 안 되는 소리를 듣고도 내가 가만히 있는 걸 다행으로 알아라."
- "어디 가서 진지하게 상담이라도 좀 받아야 할 것 같다. 이건 정상이 아니야."

불인정하는 행동은 다음과 같다.

- 아이가 빨리 말하도록 다그치거나 중간에 끊는다.
- 아이의 말을 안 믿는다.
- 아이의 주의를 눈앞의 문제에서 다른 곳으로 돌리려고 한다.
- 눈을 부릅뜨고, 화난 표정으로, 안절부절 못한다(설령 아이가 안 본다

고 생각하더라도 말이다!). 바디 랭귀지는 말보다 더 많은 것을 보여준다!

불인정은 인정에 반대되는 효과를 나타냄으로써 해롭게 작용할 수 있으며, 아이는 오해받는 기분과 속상함으로 인해 해결책에 가까이 가지 못한다. 감정 조절에 어려움이 있는 아이는 특히 더 그렇다. 당신은 아이보다 더 정서적으로 안정되어 있을 것이기 때문에 그런 행동을 *하지 않을* 것이고, 그래서 당신은 아이에 공감하기 어렵다. 현실적으로 볼 때 아이가 감정 조절을 못하는 행동은 "정상"이 아니다.

하지만 불인정이 정말 중요할 때도 있다(변증법이란 이런 것이다. 무엇이든 올바른 방향으로 활용된다면 효과적일 수 있다). 아이에게 해주는 교정적 피드백이 아이의 생각과 감정을 불인정할 수도 있는데, 이것이 아이의 성장과 변화에 꼭 필요한 경우가 자주 있다.

꼭 필요한 불인정은 다음과 같다.

- "내가 너에게 화났다고 느낄지도 모르겠지만, 그렇지 않다는 것을 알았으면 좋겠다."
- "내가 너에게 신경을 안 쓴다고 생각하는 이유는 알겠지만, 그건 전혀 사실이 아니야!"
- "안 돼, 네 형이 너만 할 때도 그렇게 해 주지 않았어."
- "너희 반에 있는 애들이 모두 너보다 늦게 자는 것 같겠지만, 다른 부모님들께 확인해 보니까 다른 애들도 다 너와 비슷한 시간에 자."

왜 인정이 중요한가?

DBT를 개발한 마샤 리네한은 아이의 감정 조절 능력은 감정을 인정받았는지 여부에 의해 좌우된다고 주장한다(Linehan 1993). 감정 문제로 힘들어하는 아이에게는(DMDD나 ADHD 등의 진단 여부와 무관하게) 정서적 건강을 위해 인정이 필수적이다.

인정해 주지 않는 환경 속에서 극한의 감정을 경험하는 아이는 자신이 감정을 표현하는 것이 합당하지 않으며, 자기 감정을 항상 알아서 "처리해야만" 한다고 배운다. 그 결과 아이는 감정이 끓어올라 폭발할 때까지 계속해서 억누르게 된다. 반면에 감정을 인정받는 아이는 감정을 파악하고 이해하고 감내하는 법을 배운다. 이를 통해 아이는 (결과적으로) 감정을 건강한 방식으로 조절하고, 일단 감정을 통제한 뒤 효과적으로 문제를 해결하는 방법을 배울 수 있다.

당신이 무언가에 대해 강한 감정을 느꼈는데 다른 사람이 당신의 감정을 깎아내렸던 때를 생각해 보라. 어릴 때 여행이나 새 장난감에 들떠 있는데 다른 형제나 친구가 그것을 "유치한" 것으로 간주했을 때, 직장에서 건의 사항을 얘기했는데 상사가 묵살했을 때, 친구 말에 엄청 화가 나서 그 얘기를 배우자에게 했는데 대수롭지 않다는 반응을 보였을 때 말이다.

그런 경험을 통해 상대방에게 따뜻하고 포근한 감정이 느껴졌는가? 당신의 (아주 현실적인) 걱정이나 감정에 대해 의심하게 되었는가? 당신의 감정을 헤쳐 나가는 데 도움이 되었는가? 해결책을 찾으려는 의욕이 충만해지거나 동기부여가 되었는가?

아마도 당신은 그런 상호작용을 통해 오해받고, 상처받고, 다른 사람들과 멀어지고, 동기부여가 안 되는 느낌이 들었을 것이다.

그래서 인정이 필요한 것이다.

이제 우리가 인정을 해야 하는 설득력 있는 이유를 살펴보겠다.

의사소통과 감정 조절을 향상시킨다

인정은 당신이 아이를 이해하고 아이의 감정이 그럴 만하다는 것을 알고 있음을(당신이 동의하지 않더라도) 전달한다. 인정받은 아이는 자신의 감정을 틀리거나, 어리석거나, 지나친 것으로 여기지 않는다. 그보다는 감정을 이해하고 안정감을 느낌으로써 자존감을 강화하고 자신의 감정을 친숙하게 여긴다. 아이가 일단 감정에 이름을 붙이면(당신이 도와줄 수도 있다), 더 쉽게 감정을 조절할 수 있다. 이해받았다고 느낀 아이는 굳이 더 이상 감정(분노, 슬픔, 좌절 등)을 표현해야 할 필요를 느끼지 않는다.

감정의 핵심 기능 중 하나는 자신의 느낌을 다른 사람에게 전달하는 것이다. 일단 당신이 아이의 감정을 효과적으로 인정하고 나면 아이의 감정은 누그러질 것이다. 인정은 어려운 시기에 명료하게 감정을 전달하고 피드백을 제공할 수 있는 능력을 향상시키기는, 아이나 어른이나 할 것 없이 삶의 어려움을 헤쳐 나가는 데 꼭 필요한 기술이다.

한 연구에서는 대학생들에게 끔찍한 내용의 영상을 보여주고 그 반응을 기술하게 했다(Mendolia와 Kleck, 1993). 한 집단에게는 느껴지는 감정을 아무런 제약 없이 표현하도록 했고, 다른 집단에게는 오직 사실만을 얘기하게 했다. 영상을 설명할 때 "감정 집단"은 "사실 집단"보다 더 강한 감정(과 생리 작용)을 느꼈다.

두 집단은 48시간 뒤에 다시 영상을 봤다. 이때에는 두 집단 모두 사실과 감정을 자유롭게 표현할 수 있었다. 두 번째로 영상을 보고 설명할 때 "감정 집단"은 "사실 집단"보다 훨씬 덜 감정적이었다. 감정을 표현한 행위 자체가 괴로운 이미지들을 다루는 데 도움이 된 것이다.

감정을 알아차리고 이름을 붙이다 보면 처음에는 감정이 더 강하게 느껴진다. 하지만 시간이 지나면 감정을 말로 표현하고 전달하는 것이 효과적인 자기조절에 더 도움이 된다.

갈등을 누그러뜨린다

갈등이 고조되는 상황에서 인정을 통해 쌍방이 서로에게 갖고 있는 긍정적 감정은 늘리고 화나고 강렬한 감정은 줄임으로써 관계를 개선할 수 있다. 아이가 당신으로부터 이해받는다는 것을 알게 되면, "엄마(아빠)는 날 이해 못해!"라는 말만 반복하지 않고 더 나아질 수 있을 것이다. 아이는 이해받는 느낌을 통해 강렬한 감정을 식히고 문제를 더 차분히 해결할 수 있다.

인정은 감정이 고조되기 전에 먼저 풀어주는 작용도 한다. 다음 상황을 떠올려 보자. 당신은 아이가 가장 좋아하는 초밥을 사오기 위해 오후 5:30에 나갈 거라고 말한다. 아이는 정해진 시간이 지나서까지 친구들과 놀다가 당신이 이미 자리에 앉아 식사를 하고 있을 때 집에 들어온다. 아이는 곧바로 당신이 초밥을 사주겠다는 약속을 어겼다며 항의한다. 만약 당신이 아이가 제 시간에 들어와야 하는데 지금은 너무 늦은 시간이고 내일은 초밥을 먹을 수도 있다는 얘기를 곧바로 꺼냈다면 아이는 더 화가 나서 말싸움으로 번졌을 것이다. 하지만 당신이 아이의 실망을 인정한다면 감정의 돛은 바람을 받지 못할 것이고, 아이는 당신의 설명과 해결책을 더 쉽게 받아들일 것이다.

인정은 양쪽 입장에서 모두 사실을 받아들이고 검증함으로써 서로가 일종의 "기준선"에 이르도록 한다. 이해 당사자들은 이를 통해 문제해결 단계 이전에 미리 한 배를 탈 수 있다.

동기를 부여한다

인정은 우리가 목표를 향해 나아가도록 동기를 부여한다. 우리가 긍정적 마음가짐과 이해받는 느낌을 지니고 있으면 그만큼 포기할 확률이 낮아진다. 의지에 대한 한 연구는(Baumeister 등 1998) 긍정적인 느낌이 끈기에 미치는 영향을 확인했다. 두 집단을 똑같이 초콜릿 향이 나는 먹음직스러운 간식에 노출시켰다. 이후 한 집단에는 맛있는 초콜릿을 제공하고 다른 집단에는 무를 제공했다. 그런 뒤에 두 집단에게 동일하게 끈기를 시험하는 퍼즐을 풀게 했다. 실망스럽게 무를 먹게 된 집단은 퍼즐을 더 빨리 더 쉽게 포기했다. 반면 초콜릿에 대한 욕구가 충족된 집단은 무를 먹은 집단보다 두 배 더 많은 노력을 쏟아부었다.

더 나은 마음가짐을 만든다

마지막으로, 인정은 우리가 이해받고 지지받는다고 느끼게 함으로써 더 긍정적인 마음가짐을 가지도록 한다. 인정과 같은 기분 좋은 메시지는 우리의 의지와 끈기를 강화함으로써 더 열심히 더 오랫동안 노력하게 만든다. 초콜릿과 무를 비교한 연구에서 달달한 것을 먹은 집단은 긍정적 느낌에 동기부여가 되고 탄력을 받은 상태로 시험에 참여했고, 그 결과 무를 먹은 집단에 비해 더 오랫동안 끈기를 많이 발휘했다.

당신의 "말 안 듣는" 아이는 힘겨운 싸움을 벌이고 있다. 일상적인 어려움과 감정에 대처하는 것을 힘들어하며, 스스로를 억제하는 데 많은 에너지를 소비한다. 인정받은 아이는 긍정적 마음가짐을 가지고 계속해서 기운을 낼 수 있게 된다.

인정은 수용 전략의 일종이다. 인정의 목적은 당신이 상황을 바꾸기보다는 이해하도록 돕는 것이며, 분위기를 진정시키고 공감대를 형성함으로써 당신과 아이 모두 효과적인 문제 해결을 향해 나아갈 수 있게 해 준다.

모든 아이들에게 다 인정이 중요하지만, 강하게 반응하는 아이에게는 특히 더 그렇다. 감정 조절에 어려움이 있는 아이들이 인정을 못 받으면, 이미 강렬한 상태인 감정이 더 격해짐으로써 더 충동적이고 조건 반사적으로 반응하게 된다. 아이는 상대가 반응을 보일 때까지 계속 그런 모습을 보이고, 그런 반응은 아이의 조절장애를 더 악화시키는 경우도 자주 있다. 이런 아이들은 선천적으로 감수성이 예민해서 당신의 감정을 거의 본능적으로 알아차린다. 당신이 자신의 감정을 알아차리기도 전에 그럴 때도 있다! 아이는 당신의 모든 표정, 제스처, 말투를 불인정으로 해석하고 경험한다.

실전 활용: 인정하기

그럼 이제 실전으로 들어가서, 제대로 인정하는 기술을 살펴보자.

인정을 표현하는 데에는 두 가지 주된 방식이 있다. 하나는 언어적 인정이고, 다른 하나는 기능적(행동적) 인정이다.

언어적 인정은 말로 인정하는 것이다. 다음의 예를 보자.

- "정말 기분 나쁘겠다!"
- "진짜 실망스럽다."
- "이것 때문에 기분이 안 좋은 걸 이해해. 비슷한 상황에서 나도 기분이 나빴거든."
- "선생님이 그렇게 소리 지르셔서 정말 당황했겠다!"

기능적 인정은 행동적 인정으로도 불리며, 특정한 조치나 행동을 통해 인정하는 것이다. 이는 언어적 인정보다 더 강력할 때가 많다. 다음을 보자.

- 울고 있는 아이에게 휴지를 건네준다.
- 팔로 아이의 어깨를 감싼다.
- 빨갛게 상기된 채 땀을 흘리고 있는 아이에게 차가운 물을 따라 준다.
- 담임 선생님에게 전화해서 불공평한 상황을 알린다.
- 다른 아이에게 동생을 괴롭히지 말라고 말한다.
- 아이가 중요한 시험 준비하는 것을 도와준다.

- 왕따에 대처할 수 있는 해결책을 모색한다.

위와 같은 행동적 인정은 당신이 아이와 아이의 감정을 이해함을 말보다 더 큰 소리로 보여준다. 당신이 불타는 건물 창문에 매달려 있는 사람을 우연히 봤다고 가정해 보자. 당신은 그를 언어적으로 인정해 줄 수도 있겠지만("정말 뜨겁고 무서울 것 같아요!"), 그보다는 빨리 소방서에 전화하거나 매달려 있는 사람에게 탈출구를 알려주는 것이 당신의 공감 능력을 더 명확하고 효과적으로 전달하는 방법일 것이다!

무엇을 인정할 것인가

당신이 아이의 감정, 생각, 행동에 공감하거나 동의하지 않으면서 이를 인정하는 것은 정말 극도로 어려울 수 있다. 중요한 것은 *타당한 부분을* 인정하는 것이다. 생각은 타당하지 않더라도 감정은 매우 타당할 수 있다. 어떤 상황에서 감정의 강도가 정당화되지는 못하더라도, 이전의 경험을 고려할 때 그런 감정을 느끼는 것을 이해할 수는 있다.

이런 경우를 생각해 보자. 10대 자녀가 시험을 망쳤다며 집에 와서 울고 있다. 당신은 아이가 시험 공부를 제대로 안 했다는 것을 알고 있으며, 인정을 포기한 채 아이가 공부는 안 하고 딴짓만 한 것을 상기시키고 싶은 유혹에 빠진다(걱정 마라. 아이도 시험을 망친 것이 본인 잘못이라는 것을 알기 때문에 굳이 당신이 되새겨줄 필요는 없다). 이럴 때 인정은 다음과 같이 한다.

타당한 부분인 아이의 화와 실망감을 인정한다. "성적 때문에 정말 기분이 안 좋은 것 같구나."

타당하지 않은 부분인 아이가 공부를 하지 않았다는 사실은 인정하지 않는다. 이렇게 말하지 마라, "너가 시험을 망친 것도 이해가 돼. 그 시험은 정말 어려웠을 거야."

모든 상호작용에서 일말의 진실을 찾아 그것을 인정해 보라. 이 기술을 더 잘 이해하기 위해 불인정하는 반응과 인정하는 반응을 몇 개 살펴보는 것이 도움이 될 것이다.

아이가 이렇게 말한다, "패터슨 선생님은 정말 최악이에요!"

불인정하는 반응: "네 말이 맞아, 그 선생님은 최악이야!" (다른 불인정 반응: "얘야, 선생님은 그런 분이 아니셔.")

인정하는 반응: "패터슨 선생님 수업이 정말 마음에 안 드나보네… 작년에 제이콥슨 선생님 수업은 재미있게 듣지 않았니?"

아이가 이렇게 말한다, "동생은 사달라는 건 다 사주면서 난 하나도 안 사주잖아요!"

불인정하는 반응: "아냐, 네가 원하는 건 다 해주고 있어. 지난주에 동생한테는 안 사준 사탕을 너한테만 사준 거 기억하지? 공평한 게 꼭 동등한 건 아니란다."

인정하는 반응: "네가 불만이 있다는 걸 알아. 공평하지 않다고 생각하는 이유도 이해하고."

아이가 이렇게 말한다, "종 울리고 1분 늦게 들어왔다고 선생님이 저한테 소리 질렀어요. 그게 잘못은 아니잖아요! 진짜 창피했어요! 선생님이 절

낙제시키려고 해요!"

불인정하는 반응: "그렇게 당황할 일은 아니야. 그런 일은 언제든 생길 수 있어. 내가 장담하는데 내일 반 아이들 중에 그 일을 기억하는 애들은 한 명도 없을 거야. 선생님이 너한테 소리 지르셨을리도 없고. 네가 너무 예민하다고 생각하지 않니? 앞으로는 제시간에 맞춰서 등교하도록 노력해 보렴."

인정하는 반응: "정말 당황스러웠겠다. 학교 다닐 때 종이 울린 뒤에 몰래 들어가려고 했을 때 기분이 기억나는구나!"

아이가 이렇게 말한다. "정말 시험 공부를 열심히 했는데 88점밖에 못 받았어요! 다른 애들은 전부 저보다 높은 점수를 받았어요."

불인정하는 반응: "88점도 잘한 거야. 신경쓰지 마! 1년 내내 열심히 했으니까 전체 내신 등급에는 별로 영향 없을 거야. 다른 애들도 평소보다 못 봤을 거고."

인정하는 반응: "그렇게 공부를 열심히 했는데 정말 속상하겠다!"

아이가 이렇게 말한다. "동생이 또 방을 전부 어지럽혀 놨어요! 저런 지저분하고 게으른 애랑은 도저히 같은 방을 쓸 수 없어요! 전 왜 다른 애들처럼 제 방이 없고 동생이랑 같이 써야 돼요?"

불인정하는 반응: "진정하렴, 별일도 아닌 걸 갖고 그러니. 우리집은 네 방을 따로 가질 만한 여유 공간이 없어. 그리고 동생 욕하지 마라. 바닥에 그냥 물건 몇 개 놔뒀을 뿐인데 뭐. 너가 정말 지저분하고 게으른 사람을 못 봤구나!"

인정하는 반응: "동생이랑 같이 방을 쓰는 건 진짜 힘들 수 있지. 동생이 자기 물건을 잘 정리 정돈하도록 얘기해 볼게."

아이가 이렇게 말한다, "엄마(아빠)는 날 미워해요!"

불인정하는 반응: "어떻게 내가 널 미워할 수가 있니! 정말 말도 안 되는 말을 하는구나!"

인정하는 반응: "나는 너를 정말 사랑하는데 미워하는 것처럼 느껴졌다니 미안하다."

아이가 이렇게 말한다, "난 엄마(아빠)가 싫어요!"

인정하는 반응: "넌 나를 싫어하지 않아. 그냥 네가 화가 나서 그런 말을 하는 거야."

불인정하는 반응: "이것 때문에 정말 화가 많이 났구나. 좀 더 마음이 진정된 뒤에 다시 얘기해 보자꾸나."

인정하면 *안될* 때

변증법을 기억하라. 인정을 지나치게 하는 것도 효과가 없기 때문에 균형을 잘 맞춰야 한다! 아이가 너무 자제력을 잃고 극도로 격한 감정을 느끼거나 지금의 마음가짐에 갇혀 있다면, 인정의 효과를 보기 위해 먼저 마음을 진정시킬 수 있는 시간이 필요하다. 또한 아이가 공격적이거나 부적절한 행동을 적극적으로 하고 있을 때에는 오히려 인정이 그런 행동을 강화하는 역할을 할 수도 있다. 그런 상황에서는 소거(7장에서 다룰 것이다)

가 더 효과적일 수 있다. 지나치게 자극이 많거나 시끄러운 환경 역시 인정이 효과를 발휘하지 못할 수 있다. 또한 당신이 다른 사람(가족, 친구, 어쩌면 낯선 사람까지도) 앞에서 아이를 인정하는 것을 아이가 창피하게 여길지도 생각해 봐야 한다. 그런 경우라면 좀 더 조용한 곳으로 자리를 옮기거나 나중에 얘기하는 것이 낫다. 그리고 마지막으로, 당신이 사용하는 기술이 효과가 없는 것 같다면 점수를 더 잃기 전에 그만둬라! 당신은 언제든 다시 대화를 이어갈 수 있다.

인정하는 방법

인정은 모든 관계에서 유용하다. 아이들(감정적으로 예민한 아이든 감정 조절에 어려움이 있는 아이든 가릴 것 없이), 배우자, 시누이, 직장 상사 등에게 모두 이 기술을 사용할 수 있다.

아이가 인정받았다고 느끼게 하는 효과적인 6단계 전략이 있다. 인정할 때마다 매번 이 6단계를 다 신경 쓸 필요는 없다. 6단계를 전부 혹은 순서대로 사용해야 할 필요도 없다. 버거움을 안 느끼기 위해 한 번에 한 단계씩 연습해 보라.

6단계는 다음과 같다.

1. **현재에 충실한다.** 아이와 눈을 맞춘 상태로 아이의 이야기나 불평에 관심을 보인다. 대표적인 예로는 호응하듯 고개를 끄덕이고, 얼굴 표정에 신경 쓰고, 적절한 간격으로 "아 그렇구나" 혹은 "알겠어" 같은 호응을 하는 것이다. 집중해서 적극적으로 경청하고, 집중을 방

해할 만한 것들을 미리 정리한다. 핸드폰을 다른 곳에 두고, 다른 아이에게는 잠시 기다리라고 말하고, 대화 중인 아이에게는 당신이 계속 저녁을 준비하고 있지만 그래도 아이의 말에 귀 기울여 듣고 있다고 얘기한다.

2. **판단하지 않고 반영한다.** 아이의 말에서 사실을 반복하고("그러니까 다른 애들은 전부 오후 4시 30분에 영화 보러 가기로 했다고?") 경청해 보라. 만약 당신이 잘못 알아들은 것이 있으면 아이가 교정해 줄 것이다. 당신이 하는 말에 판단하는 느낌, 부자연스러운 말투, 빈정댐이 담겨 있지 않은지 살펴보라. 문장의 앞부분을 부정하는 "하지만"이라는 단어를 피하라("너가 기분 나쁜 건 알겠어, 하지만 그런 행동은 좋지 않아" 혹은 "너가 가기 싫은 건 이해해, 하지만 지금 버스가 오고 있잖아"). "하지만"을 "그리고"나 "동시에" 같은 말들로 대체해 보라.

3. **아이의 마음을 읽는다.** 정말 읽는 것은 아니다! 아이의 감정을 표현할 수 있는 단어를 사용한다("너가 기분 나쁜 거 알아"). 아이가 실제로 느끼는 감정에 대한 단서를 파악하고 이에 근거하여 추측한다("지금은 저녁 준비를 끝내야 해서 바로 쇼핑몰에 데려다줄 수가 없어. 실망했지!"). 다시 말하지만, 아이의 반응에 귀를 기울여라. 당신의 추측이 틀릴 수도 있고, 그래도 괜찮다. 열린 마음으로 교정을 받아들여라. 당신이 아이를 "이해한다"는 것을 보여주면, 아이의 치솟은 감정에서 연료를 없앰으로써 차분하게 해결책을 모색할 수 있는 기반이 마련된다. 이는 아이가 감정에 이름을 붙이고 이해하는 데에도 도움이 된다.

4. **과거에 근거하여 아이를 이해함을 전달한다.** 과거의 사건, 경험, 상

황에 근거하여 아이의 행동/생각/감정이 일리가 있음을 전달한다 ("지난번에 거기서 일이 있고 나서 네가 왜 돌아가기 싫어하는지 이해할 수 있게 됐어!"). 아이가 속상해 하는 경험을 얼버무리지 마라. 당신은 그렇게 하는 것이 아이가 그 일을 "극복하는 데" 도움이 될 거라고 생각할지 모르지만, 실제로 아이는 자신의 반응이 타당하다는 것을 느낄 때 더 잘 극복할 수 있다. 당신은 또한 경험을 긍정적으로 색칠하는 것이 아이가 성장하는 데 도움이 된다고 생각할 수 있겠지만("여기 봐, 몽키바에서 떨어져서 다친 상처가 다 나았네!"), 실제로는 그것을 인정하는 것이 더 효과적이다("떨어지는 건 정말 아프고 무서운 경험이야. 이번에 할 때는 밑에서 다리를 잡아줄까?").

5. **현재를 기반으로 아이를 인정한다.** 현재 벌어진 사건과 그에 대한 대부분 사람들의 반응 방식에 비춰 볼 때 아이의 행동/생각/감정이 일리가 있음을 전달한다. 이것은 인정의 "핵심"으로, 아이의 반응을 정상화하고 아이가 이해받는 느낌이 들게끔 한다. 만약 아이가 여행이나 나들이 갈 때 조바심을 보이면, "좀 차분해지면 안 되겠니? 3분 내에 출발하니까 가만히 좀 있어!"라고 말하지 마라. 다음과 같이 말하면 모든 사람들이 더 편안하고 효과도 있을 것이다. "너가 정말 초조한 거 알아. 몇 분도 참기 힘들 수 있어! 우리가 더 빨리 출발할 수 있게 여기 와서 간식 싸는 것 좀 도와주렴."

6. **진심으로 대한다.** 아이는 바보가 아니다. 아이는 당신이 진지할 때를 알고 있다. 그러니 아이를 인정하기 전에 먼저 아이의 입장이 되고자 노력하라. 아이를 가르치려 들면 안 된다! 당신의 말투와 바디랭귀지를 살펴라. 만약 당신이 부자연스럽고 마치 대본을 읽는 듯한

모습을 보이면, 아이는 금세 알아차릴 것이다. 최대한 진심에서 우러나야 한다. 걱정 마라. 처음에는 딱딱하고 어색할 수 있겠지만, 계속해서 연습하다 보면 인정이 또 하나의 천성이 될 것이다.

처음 인정하기 시작할 때는 **미리 대처하기**가 도움이 될 것이다. 거울 앞에서 리허설을 하거나(진짜 그렇게 한다!) 미리 말할 내용을 적어 보라(모든 연습 하나하나가 당신이 진심으로 인정하는 데 도움이 된다).

인정하기의 각 단계들을 사용해 나가면서 어떤 게 가장 어렵게 느껴지는지 스스로 점검한다. 잘 안 된 대화를 검토하면서 다시 적어보고, 그에 대한 평가를 통해 기술을 잘 사용할 수 있는 방법을 살펴본다. "성과"는 당장 나타나는 것이 아님을 깨닫는다. 대화를 계속 이어가거나 당신의 이유(혹은 관점)를 설명하기에 앞서, 아이가 이해받았다고 느끼는지 확인하는 시간을 가져라. 문제해결이나 설명으로 너무 빨리 넘어가면 인정을 불인정할 수 있다.

인정한다고 해서 꼭 아이의 행동이나 감정에 동의하거나 허용해야만 하는 것은 아니다. 인정은 아이의 동기를 이해하는 것이다.

어떻게 해야 할지 잘 모르겠다면(이건 흔한 일이다. 특히 자신을 표현하는 데 어려움을 겪어 온 아이를 대할 때는 더욱 그렇다), 아이에게 직접 물어보라!

- "지금 내가 어떻게 하는 게 너에게 가장 도움이 될까? 조언을 바라니, 아니면 그냥 네 얘기를 들어줬으면 좋겠니?"
- "네가 이 일로 왜 그렇게 기분이 안 좋은지 알고 싶어. 내가 정말 이해할 수 있게 계속 얘기를 해보자."

- "무슨 일이 있었고 네가 뭐 때문에 힘든지 내가 잘 이해했나 모르겠네. 여기 물 가져왔다. 우리 다시 얘기해 볼까?"

모든 것을 제대로 했음에도 불구하고 여전히 아이의 감정 상태에 별다른 영향을 주지 못할 때도 있다. 나도 개인적으로 그런 경험이 있다. 아들이 처음으로 가족과 떨어져 캠핑을 했을 때였다. 아이는 당연히 불안하고 초조했고, 나는 아이를 돕기 위해 할 수 있는 모든 인정 기법을 동원했다. 하지만 아이는 똑같은 상황에서 똑같이 불안하고 초조해 하는 친구를 만난 뒤에야 비로소 진정으로 인정받은 느낌을 받았다. 아들의 친구는 나와 다른 방식으로 인정해 줄 수 있었다. 친구는 아들과 같은 나이였고, 나이 든 사회복지사 아빠와 달랐기 때문이었다!

이제 흔히 볼 수 있는 시나리오에서 당신의 인정 기술을 시험해 보자. 때는 정신없는 아침 시간이 끝나갈 무렵이다. 아이들은 아침을 먹고 있고 가방은 다 쌌으며 엄마는 시간 맞춰 문 앞에 나갈 수 있도록 애쓰는 중이다. 통학 버스는 10분 안에 집 앞에 도착할 예정이다.

그때 9살 사만다가 폭탄 선언을 한다(아이들은 항상 기가 막히게 타이밍을 잘 맞춘다.)

사만다: *(찌푸린 얼굴로)* 오늘 학교 안 갈 거예요.

엄마: 얘야, 10분 뒤면 버스 도착해. 오늘도 분명 멋진 하루가 될 거야. 오늘 미술 수업도 있잖아! 얼른 마저 밥 먹어.
[엄마는 당연히 서두르고 사만다의 입장에서 들으려고 하기보다는 아이의 주의를 돌리려고만 한다.]

사만다: *(눈물을 글썽이며)* 미술 수업 관심 없어요. 집에서도 다 그릴 수 있어요. 애들이 다 날 싫어해요. 학교 가기 싫어요! 안 갈 거예요!

엄마: 사만다야, 그게 무슨 말도 안 되는 소리니. 너 친구들 많잖아! 엠마도 있고, 샬롯도 있고, 리암도 있네? 너 걔네들이랑 맨날 같이 놀잖아.
[엄마는 사만다의 감정을 무시하고 아이의 말을 논리적으로 반박하려고 한다.]

사만다: 아니에요! 다들 나한테 못되게 군다고요! 걔네들이 날 놀려요! 절대 다시 학교에 안 갈 거예요!

엄마: *(점심 도시락을 싸면서)* 제이크, 그릇 치우고 가서 신발 신어라. 사만다야, 내가 볼 땐 너가 좀 과민반응 하는 것 같아. 일단 학교 갔다 와서 다시 얘기하자. 너가 힘든 건 알지만 지금은 그거 신경 쓸 시간이 없어. 엄마 이러다가 출근 늦겠다.
[엄마는 사만다의 반응을 불인정한다. 당면한 문제에 초점을 맞추기보다는 점심 도시락을 싸고 다른 아이를 챙기느라 주의가 분산되며, 이로 인해 사만다는 이해받지 못하고, 경청되지 않고, 무시당하는 느낌을 받는다.]

사만다: *(뚱하게)* 엄마는 나한테 관심도 없잖아요, 맨날 일에만 신경 쓰고. 오늘도 진짜 끔찍한 하루가 될 거예요. 왜 날 이해하지 못하는 거예요?

엄마: *(조바심을 애써 억누르며)* 엄마는 널 잘 이해하고 있어. 다만 지금은 이 문제를 다루기에는 좋지 않은 때라는 걸 네가 좀 이해

해 줬으면 좋겠다. 여기 쿠키 챙기고, 가방 매고, 버스 왔다! 사랑해!

[엄마는 사만다의 생각, 감정, 주장을 다루거나 인정하지 않은 채 계속 반박하기만 한다. 아무 상관 없는 쿠키로 사만다가 지금의 감정을 느끼거나 표현하지 않게 하면서 기분 전환을 시도한다.]

사만다: *(울면서 집 밖으로 뛰쳐나간다)*

엄마: *(울상을 짓는다)*

엄마는 어떻게 하면 아이가 제 시간에 학교에 가게 하면서 (엄마 또한 제 시간에 출근하면서) 이 문제를 적절히 다룰 수 있을까? 굳이 초능력까지는 필요 없다. 그저 약간의 인정 기술만 있으면 된다.

사만다: *(찌푸린 얼굴로)* 오늘 학교 안 갈 거예요.

엄마: *(사만다를 바라보며)* 무슨 일 있니?

[인정 1단계. 엄마는 사만다에게 온전한 관심을 기울이며 아이의 관점에서 보려고 한다.]

사만다: *(눈물을 글썽이며)* 다들 날 싫어해요. 다른 아이들이 너무 못되게 굴어요! 학교 가기 싫어요! 안 갈 거예요!

엄마: *(사만다의 어깨를 감싸며)* 아이고, 우리 사만다. 걔네들이 어제 정말 널 심하게 놀렸던 건 엄마도 알아. 그래서 오늘 학교 안 가고 집에 있고 싶은 것도 알고. 자초지종은 다 모르지만 네가 엄청 속상할 것 같아.

[인정 2단계와 3단계. 엄마는 판단하지 않고 반영하며, 사만다의 감정에 이름을 붙이고, 아이의 경험을 근거로 자신이 아이의 감정을 이해할 수 있다고 얘기한다.]

사만다: *(울면서)* 걔네는 진짜 못됐어요! 진짜 나빠요! 다시는 안 볼 거예요!

[사만다의 감정이 잠깐 동안 강렬해지는데, 이는 예상했던 반응이다.]

엄마: 알아, 걔네가 여름 캠프에서도 진짜 못되게 군 것도 알고. 엄마도 기분이 되게 안 좋았거든. 오늘 아침에 담임 선생님이랑 이 문제를 가지고 전화로 상담하기로 했고, 바로 해결할 거야. 아 그리고, 너한테 잘 대해 주는 애들도 있는 걸 알았으면 좋겠다. 어제 엠마하고 리암이랑 놀았다고 하지 않았니? 넌 진짜 멋진 아이라서 아이들이 좋아할 만한 부분이 훨씬 많아. 너한테 못되게 굴었던 여자애들도 너가 왜 그렇게 멋진지 알 수 있게 담임 선생님이 도와주실 거야.

[인정 4단계와 5단계. 엄마는 과거와 현재를 근거로 사만다에게 공감하고, 자신이 그냥 말만 하지 않고 이 문제를 진지하게 다루고 있음을 보여준다.]

사만다: *(훌쩍이며)* 그래도 학교는 가기 싫어요.

엄마: 이해해, 우리 딸. 지금 당장은 버스에 타기 싫겠지. 그런데 학교는 꼭 가야 하는 곳이기도 해. 학교 갔다가 집에 오면 다시 얘기하자. 자 마음 가다듬고, 가방 싸는 거 엄마가 도와줄게. 샬롯이랑 같이 먹을 간식 더 가져가도 돼.

[인정 5단계와 6단계. 엄마는 계속해서 자신이 사만다를 진심으로 이해하고 있음을 보여준다. 또한 아이가 일정에 따라 진행하도록 도와주면서도 아이의 감정이 정상적인 것임을 보여준다.]

사만다: 샬롯이랑 같이 앉을 수 있을 것 같아요.

엄마: 우리 딸 장하다! 엄마는 항상 널 응원하고 있어! 한번 해보자! 좋은 하루 보내고, 엄마가 담임 선생님하고 상담할 거라는 거 기억하고, 혹시 무슨 일 있으면 선생님한테 말씀드려도 돼.

[인정 6 단계. 엄마는 말과 행동으로 다시 한번 사만다를 인정해준다.]

사만다: 알았어요.

사만다는 여전히 불안하고 초조하고 울먹이고 있지만, 그래도 하루를 시작할 준비는 되어 있다. 엄마 역시 스스로 뿌듯함을 느낀다.

인정의 장애물

아이를 효과적으로 인정하는 길은 불인정으로 이끄는 다양한 장애물들로 가로막혀 있는 경우가 많다. 가장 흔한 장애물과 그 우회로(해결책)가 아래 표에 나와 있다. https://blog.naver.com/happy_han-ga/222523899895 에서 '5장 장애물 카드'를 내려받을 수도 있다.

장애물(마음속에서 하는 말)	우회로(해결책)
이건 옳지 않아! 애가 이런 식으로 반응하면 안 되지!	"그래야만 한다"보다는, 어떻게 행동해야 효과를 볼 수 있을지에 집중한다.
도저히 인정할 수가 없어. 어떻게 하는지 방법을 모르겠어. 너무 어색해.	5장에 나온 인정 기술을 연습하라! 처음에는 어색할 수 있지만 시간을 가지고 연습해 나가다 보면 점차 편안해질 것이다.
이 행동이 애초에 인정받을 만한 것인지, 아니면 내가 타당하지 않은 행동을 인정하는 것인지 어떻게 하면 알 수 있지?	다음의 숙제를 한다. 아이의 발달 과정, 사회 규범, 기타 관련 정보를 읽고 조사한다. 아이의 성격, 진단, 어려움 등을 최대한 파악한다.
이 모든 과정들이 다 귀찮아! 우리 애는 왜 평범하지 않은 거야?	효과적으로 인정하기 위한 마음가짐을 갖기 위해 자기관리와 마음챙김 기술을 연습한다.
에휴, 우리 애한테는 전혀 안 먹힐 거야. 애한테 인정이 필요하다고? 그거만 하면 돼? 인정이 필요한 건 애가 가진 문제들 중에서 제일 사소한 거라고!	열린 마음으로 인정 기술을 연습하고 정기적으로 그 효과를 평가한다.
애가 완전히 비뚤어진 관점을 갖고 있는데 어떻게 인정을 해주라는 거야?	마음챙김과 변증법적 기술을 연습하며 일말의 진실을 찾는다.
내가 애한테 "무서웠겠구나"라고 얘기하면, 그것 때문에 애가 갑자기 무서워할 것 같아! 애가 굳이 그런 생각을 하게 하고 싶지 않아.	오직 타당한 부분만 인정한다. 인정을 제대로 하면 힘든 감정을 유발하지 않으면서 아이가 자신의 감정을 처리하는 데 도움을 줄 수 있을 것이다.
애가 내 말대로 했으면 괜히 저렇게 요란하게 하지 않고도 문제를 엄청 쉽게 해결할 수 있었을 거야!	아이가 괴로워하고 있을 때는 문제를 해결하기 좋은 시점이 아니다. 인정은 아이가 마음을 가다듬고 효과적인 해결책에 집중하도록 도와준다. (때로는 인정만 해줘도 문제가 되는 감정을 조절할 수 있다!)

난 아빠한테 저런 식으로 얘기한 적 없는데! 쟤는 그냥 심술 부리고 있을 뿐이야.	판단을 줄이고 생각을 재구조화하기 위해 마음챙김 기술을 연습한다.
도저히 못하겠어! 저렇게 화를 돋구는데 애가 어떻게 느끼는지 생각하라고?	아이를 인정하려고 하기 전에, 당신이 가지고 있는 문제적 사고 방식을 조절하고, 자신을 진정시키며, 차분히 대응할 수 있는 여유를 가진다. 이를 통해 먼저 당신 자신의 감정을 인정한다.
내가 인정하려고 하면 애가 자제를 못해. 인정은 우리 애한테는 효과가 없어! 그게 마치 자기가 원하는 대로 다 할 수 있게 허락해 주는 건 줄 알아.	"인정하지 말아야 할 때"를 보라. 아이가 인정을 제대로 받아들이기 위해 먼저 마음을 진정시킬 시간이 필요할 수 있다.
내가 인정해 주면 상황이 더 안 좋아지기만 할 거야!	일단 해보라. 마법이 펼쳐지는 것을 볼 수도 있다!

    감정 조절에 어려움을 겪는 아이를 양육하는 것은 힘든 일이다. 부모 역시 인정이 필요하다! 당신이 어려움을 헤쳐 나가고 기술을 향상시키는 것에 대해 스스로 잘했다고 격려해 주어라. 아이가 당신의 기대에 벗어나는 행동을 할 때 좌절감과 분노를 느끼는 것은 정상적인 반응이다. 아이가 다른 아이들과 여러 일들에 실망감을 느끼는 것 역시 정상이다. 아이의 행동이 부끄럽게 느껴지는 것도 정상이다. 다른 아이들은 그냥 하는 것을 당신의 아이만 어려워하는 것을 보면서 슬픈 감정이 느껴지는 것도 정상이다.

    이 장에서 당신은 인정이 아이에게 가져다 주는 이점과, 인정을 활용하는 방법을 배웠다. 따로 시간을 내어 당신 스스로를 인정하는 연습을 하면, 현재에 더 충실하고 아이를 효과적으로 인정하는 데 도움이 될 것이다. 당신이 힘겨워하는 것들에 대해 인정의 6단계를 적용하고, 장기적인 목표 달성에 방해가 되는 자아비판과 불인정을 피해라.

당신은 이 장을 끝으로 수용 전략들을 모두 배웠다. 이제 변화에 초점을 맞춘 장들이 펼쳐질 것이다. 다음 장에서는 아이의 행동을 조성하는 데 도움이 되는 기술을 다룰 것이다. 먼저 강화부터 시작해 보자.

6장

아이의 행동을 조성하는 강화 전략

∙ ∙ ∙

잘했다고 스스로를 칭찬해 주어라! 이제 당신은 마음챙김과 인정의 핵심 기술을 포함한 수용의 모든 것을 배웠다. 새로 익힌 양육 기술에 대한 자신감이 가득하기를 바란다. 수용이 핵심이다. 아이를 사랑으로 적셔라. 아이가 당신에게 수용받는 것을 느끼면 집안의 분위기가 달라진다.

사실이다. 당신이 인정할 때마다 아이는 처음 몇 차례는 미심쩍은 눈초리로 당신을 바라볼 것이다. 하지만 정말 기적적이게도 당신의 인정을 통해 아이가 떼썼을 법한 수많은 상황들이 해결될 것이다. 당신은 화가 치밀어 오를 때조차도 아이에게 공감하고 이해하는 것이 더 쉬워지는 것을 느끼게 될 것이다. 어쩌면 아이가 당신의 마음챙김 격언을 그대로 따를지도 모른다.

화이팅!

하지만 어느 순간 벽에 부딪히기도 할 것이다.

당신이 아무리 수용과 사랑을 가득 담아 아이를 대한다 해도, 아들은 여전히 이단아처럼 행동해서 다시 이 책을 펼쳐보게 될 것이다. 딸은 틈만 나면 입을 닫아 버릴지도 모른다. 집은 여전히 분노, 떼쓰기, 태생적 통제 불가능함의 온상이다.

기운 내라, 수용은 효과가 있다!

비록 수용이 양육에 꼭 필요한 기술이고 독보적 위치에 있는 것은 맞지만, 무조건적이고 무제한적인 수용이 곧 양육의 전부인 것은 결코 아니다. 오직 수용만 하고 전적으로 긍정적으로만 접근하는 것은 효과적이지도 않고 건강하지도 않다.

모든 부모는 아이들이 사랑받고, 수용되고, 인정받고, 이해받고, 보살핌 받고, 소중히 여겨지는 기분을 느끼기 *바란다*. 그러면서도 다른 한편으로는 아이들이 행동거지를 바르게 하고 순종하기 바란다.

바로 그래서 *변화 전략*이 필요하다.

아이가 어떤 행동이 문제가 되는지 배우고 그것을 새롭고 효과적인 행동으로 대체할 수 있으려면 수용**과** 변화 사이의 건강한 균형이 필수다. 이 장과 다음 두 장에서는 변화에 초점을 맞춘다. 이를 통해 당신은 아이의 행동을 효과적으로 조성할 수 있는 실용적이고 현실적인 전략을 갖추게 될 것이다.

이 장에서 당신이 배울 것은 다음과 같다.

- 아이의 좋은 행동을 늘리기 위한 변화 전략
- 효과적인 강화 기법
- 긍정적 강화와 부정적 강화의 차이 (스포일러: 당신이 생각하는 그런 게 아니다!)
- 강화를 실행하는 방법과 시기
- 강화의 장애물을 극복하는 법

변화 전략은 성공의 열쇠다. 이를 통해 아이의 좋은 행동을 늘리고 문제 행동을 줄일 수 있다. 앞장에서 배웠다시피, 변화는 수용을 기반으로 작동한다. 당신이 배우게 될 행동 조성 기법들은 효과를 극대화하는 역할을 완수할 것이다.

변화 전략은 아이들에게 가르치기 위한 것이 아니라, 아이를 양육하면서 실천해야 하는 기술이다. 당신의 양육 방식의 변화는 궁극적으로 아이의 행동 변화로 이어질 것이다.

강화란 무엇인가?

우리의 뇌는 말랑말랑하다.

아니, 초등학교 실습 시간에 활용했던 뇌 모형처럼 말랑거린다는 의미는 아니다. 과학자들은 사람 뇌의 유연성을 "신경가소성neural plasticity"이라고 부른다. 플라스틱plastic에 열을 가해서 다른 모양으로 만들 수 있는 것처럼, 우리 뇌도 삶의 경험을 통해 변형되고 변화한다.

우리는 이러한 융통성을 통해 새로운 행동을 배우고 적용할 수 있다. 아이가 원하는 것을 얻기 위해 소리를 지르는 것처럼 당신이 싫어하는 행동을 배우면, 최대한 빨리 아이가 그런 행동을 "잊기" 바랄 것이다. 문제는 잊는 것이 그리 간단하지 않다는 것이다. 특히 행동이 습관이 되어 버리면 더욱 그렇다. 아이의 뇌는 자동적 반응을 발달시킨다. '저걸 가지고 싶어'라는 생각은 '내가 소리를 지르면 엄마가 나한테 저걸 사줄 거야'라는 생각으로 변환된다. 그리고 아이가 소리 지르면서 원하는 것을 얻을 때마다 '원한다 → 소리 지른다 → 가진다'의 연결은 더 탄탄해질 것이다.

걱정 마라. 그렇다고 아이가 영원히 그러지는 않을 것이다! 위의 연결을 얼마든지 다른 행동으로 대체할 수 있다. 우리가 뇌 속의 경로를 없앨 수는 없지만 새로운 경로를 만들 수는 있다.

아이의 뇌 속에 생겨난 경로는 숲속에 나 있는 산길과 같다. 어떤 길은 평탄하고, 어떤 길은 울퉁불퉁한 채 지도에도 안 나와 있다. 평탄하고 걷기 쉬운 길을 가고 싶은 것은 지극히 당연하다. 가면 갈수록 길은 더 평탄하고 걷기 쉬워진다. 거칠고 인적이 드문 길을 탐방하는 것은 어려운 일이지만, 계속해서 길을 가다 보면 언젠가는 평탄해질 것이다.

강화는 바로 그런 역할을 한다. 아이의 뇌에 새로운 길이 나도록 이끄는 것이다. 처음에는 지형이 거칠고 험하겠지만 아이가 새로운 행동을 배우고 강화하면서 길이 고르게 되고, 어느새 그 길이 기본 경로로 설정될 것이다. 오래되고 쉬운 길(오래된 습관)이 완전히 사라지지는 않겠지만, 더 이상 그 길로 다니지 않게 되면서 수풀이 무성해지고 바닥은 울퉁불퉁해질 것이다.

아이가 다시 예전 행동으로 돌아갈 수도 있는데, 이는 특히 아이의 뇌가 더 오래되고 평탄한 과거의 경로에 익숙한 초반에 더 그렇다. 하지만 시간이 흐르면서 새로운 행동(예의 바르게 물어보기)이 오래된 행동(소리 지르기)을 대체해 나가면서 습관적이고 기본적인 경로가 될 것이다.

당신이 도입하고, 장려하고, 늘리고 싶은 행동을 강화한다는 것은, 그 순간 아이의 뇌 안에 행동을 조절하는 새로운 회로를 설치함을 의미한다. 그게 바로 바람직하지 않은 행동(떼쓰기, 싸우기, 때리기 등) 대신 바람직한 행동(도움 요청하기, 예의 바르게 물어보기, 밥 남기지 않기, 숙제하기 등)을 강화해야 하는 이유다.

강화를 잘만 하면, 강화제(보상이라고도 부른다)를 통해 아이가 당신이 바라는 대로 특정한 행동을 하거나 하지 않게 만들 수 있다.

강화의 유형

행동심리학자인 B.F. 스키너는 강화의 유형으로 긍정적*positive* 강화와 부정적*negative* 강화를 얘기하면서, 행동을 조성하고 효과적인 양육을 하는 데 둘 다 필수적인 것으로 설명했다(1953).

자, 여기서 긍정적/부정적이라는 용어가 헷갈릴 수 있다. 일상 언어에서 "긍정적"은 대개 "좋음"을 의미하고 "부정적"은 대개 "나쁨"을 의미한다. "긍정적 경험이었어", "넌 항상 즐겁고 긍정적이야!", "쟤가 지금 부정적인 분위기를 풍기고 있어"처럼 말이다.

하지만 행동학적 용어로서 긍정적과 부정적은 다른 의미를 지닌다.

긍정적 = 무언가를 더하는 것
부정적 = 무언가를 없애거나 피하는 것

강화를 통해 아이의 행동을 조성할 때에는 아이의 반응에 영향을 주도록 특정한 행동에 인센티브나 억제 수단을 적용해야 한다. 인센티브는 아이가 원하는 보상이나 칭찬을 제공해 주는 것이 될 수도 있고(긍정적 강화), 밖에 나가 놀지 못하는 것처럼 아이가 싫어하는 것이 될 수도 있다(부정적 강화).

자 그럼 이러한 맥락을 염두에 두고 긍정적 강화와 부정적 강화를 조금 더 깊이 다뤄보자.

긍정적 강화

긍정적 강화는 긍정적 결과를 덧붙임으로써 바람직한 행동을 보상해 준다. 예를 들어, 아이가 숙제를 빨리 끝내면 영상을 볼 수 있는 시간을 늘려주는 것이다. 일반적으로 긍정적 강화는 가장 점잖은 행동 조성 기법에 속한다. 부정적 감정과 부모-아이 관계에 무리가 갈 위험성이 아주 적기 때문이다. 실제로 긍정적 강화를 통해 부모-아이 관계에 대한 긍정적 느낌과 상호 이해를 넓힐 가능성도 높다. 그러니 더 긍정적이고 싶지 않은 사람이 누가 있겠는가?

아이가 어떤 행동으로 긍정적 강화를 받으면 다시 그 행동을 하게 된다. 마치 당신이 비행기 마일리지를 적립하기 위해 신용카드를 자주 사용하는 것처럼 말이다. 당신은 꿈에 그리는 휴가 때 사용할 마일리지를 모으기 위해 항상 그 신용카드로 결제하게 될 것이다.

강화는 아이와의 긍정적 상호작용(친절한 말, 미소, 하이파이브)만큼이나 쉬울 수 있다. 긍정적 강화를 제대로 실행하면 아이 스스로 그런 행동을 반복하려는 욕구를 갖게 된다.

아이의 좋은 행동은 간과하기 쉽다(특히 다음 위기가 닥치기 전에 그 순간을 즐기려고 노력하고 있을 때 더 그렇다). 하지만, 아무리 드물고 뜸하게 나타나더라도 아주 작은 좋은 부분에도 주의를 기울여 강화하는 것이 중요하다. 더러운 옷을 바닥이 아닌 빨래 바구니에 넣는 것 같은 간단한 행동을 강화하면 아이는 그 뒤 같은 행동을 반복할 가능성이 높다.

부정적 강화

"부정적"이라는 단어는 종종 의미를 헷갈리게 한다. 부정적 강화가 마치 부정적 결과를 통해 행동을 강화하는 것이라고 생각할지도 모르겠지만, 그렇지 않다(그렇게 하는 것은 "긍정적 벌"로서, 7장에서 배우게 될 것이다).

부정적 강화는 아이가 피하고 싶은 것(강화제)을 도입함으로써 아이의 행동을 증가시키는 방법이다. 아이는 불편하고 불쾌한 강화제를 *피하거나 벗어나기 위해* 특정한 행동을 할 것이다. 당신이 운전석에 앉아서 안전벨트를 안 하고 있으면 귀에 거슬리는 경고음이 울리게 되고, 그런 경고음(강화제)을 안 들으려고 안전벨트를 매는(행동) 것과 같다. 나중에는 경고음이 안 울려도 아예 처음부터 그 소리를 안 듣기 위해 안전벨트를 매게 될 것이다.

양육에서도 마찬가지다. 아이에게 방을 청소하라고 잔소리하는 것도 부정적 강화에 속한다. 아이는 잔소리를 안 들으려고 방을 청소할 것이다.

긍정적 강화와 마찬가지로 부정적 강화 역시 아이가 특정한 행동을 반복할 가능성을 높인다(그래야 자신이 싫어하는 것으로부터 벗어나 편안함을 느낄 수 있을 테니까 말이다). 그래서 다음번에 당신이 방을 청소하라고 잔소리를 하기 시작하면, 아이는 잔소리를 피하기 위해 더 빨리 청소할 것이다.

긍정적 강화와 다르게 부정적 강화는 필연적으로 벌칙을 수반한다. 흔한 예는 다음과 같다. "방 청소를 다 해야 나가서 놀 수 있다" 방 청소를 마칠 때까지는 놀 수 없기 때문에, 아이가 빨리 청소할 수록 더 많이 놀 수 있다.

하나씩 나눠서 살펴보자.

- 당신은 아이가 방을 청소하기 바라고, 그래서 행동(방 청소)을 늘리기 위해 강화(노는 시간을 늦춤)를 사용한다.
- 당신은 어떤 보상도 추가하지 않기 때문에(노는 시간은 평소에도 보장되던 것이다), 이것은 긍정적 강화가 아니다.
- 아이는 노는 시간이 줄어들지 않도록 무언가(방 청소)를 해야 한다. 행동학적 용어에서 "부정적"은 회피를 의미함을 기억하라.

부정적 강화는 매우 강력하다. 불편함을 느끼고 싶은 사람은 없기 때문이다. 간혹 부정적 강화가 알코올 중독과 같은 파괴적인 행동으로 이어지기도 한다. 사람들은 "고통을 없애기 위해" 새로운 행동에 몰두하고, 그게 효과가 있으면 같은 행동을 반복할 것이다.

양육에 있어서 부정적 강화는 긍정적 강화처럼 중요한 기술이다. 긍정적 강화는 미래의 행동을 변화시키고 강화하는 데 초점을 맞추는 반면, 부정적 강화는 특히 갑작스럽게 행동을 변화시키는 데 효과적이다(그리고 양육에서는 매우 많은 순간들이 아무런 준비 없이 갑자기 이루어진다!). 아이가 자신이 원하는 것을 잃게 될 처지에 놓이면(즉, 자신이 원하지 않는 것으로부터 벗어날 수만 있다면), 당신이 원하는 행동을 할 가능성이 더 높아질 것이다.

"부정적"이라는 단어에 속지 말아야 함을 기억하자. 다음 표에 나와 있듯이 부정적 강화는 긍정적으로 표현할 수도 있다.

부정적 강화문의 예

부정적으로 표현하기 (권장하지 않음)	긍정적으로 표현하기 (권장함)
식사를 다 마치기 전에는 식탁에서 일어나지 말거라.	식사를 다 마치면 일어나도 된다.
방 청소하기 전까지는 아무 데도 못 가!	방 청소를 다 하면 친구랑 놀러 나갈 수 있어.
그렇게 칭얼거리면 네 말을 들어줄 수가 없어.	좋은 태도로 부탁하면 도와줄게.
예의 바르게 말하지 않으면 네 말 안 들어줄 거야.	네가 공손한 말투로 부탁하면 네 말에 귀를 기울일 준비가 되어 있단다.
숙제 다 할 때까지 꼼짝 말고 있어.	숙제를 다 하면 나가서 놀 수 있어.
셋까지 셀 거다. 그때까지 자러 가지 않으면 안 재워줄 거야.	셋까지 셀 동안 잠자리에 들면 재워줄 수 있어. 하나…

똑같은 메시지라도 더 부드럽지 않은가?

강화를 사용하는 방법

부정적이든 긍정적이든 강화는 (1) 즉각적이고, (2) 현실적이며, (3) 가치와 의미가 있고, (4) 안전하고 건강하며, (5) 맥락에 맞을 때 가장 효과적이다.

위의 다섯 가지 카테고리에 따라 하나하나 설명과 예시를 살펴보도록 하자.

즉각적: 즉각적인 반응은 행동과 강화제 사이의 연결을 견고히 하기 때문에 흔히 가장 효과가 좋다.

효과적: "네가 수학을 이렇게 열심히 하니까 정말 좋다! 그렇게 하는 게 쉽지 않다는 건 잘 알고 있어."

비효과적: "진즉 말하고 싶었는데, 숙제 정말 잘했어!" (이것은 즉각적으로 강화하는 것보다 훨씬 덜 효과적이지만, 그래도 강화를 아예 안 하는 것보다는 낫다.)

현실적: 강화제는 반드시 당신이 줄 수 있거나 줄 예정인 것이어야 한다 (부정적 강화의 경우에는 당신이 보류할 수 있는 것이어야 한다). 덧붙여, 아이가 현실적으로 달성 가능한 조건을 내걸어야 한다.

효과적: "네가 버스를 놓치면 내가 못 데려다주니까 다른 방법을 찾아봐야 할 거다."

비효과적: "오늘 제 시간에 학교에 도착하지 못하면 주말 여행에 안 데려갈 거야."

가치 있고 의미 있게: 아이에게 의미가 가장 큰 것을 알아본다. 물질적 보상보다는 양질의 시간이, 물건보다는 활동이 더 의미가 클 수 있다(아이가 쉽게 혼자서도 구입할 수 있는 게 아니면 더 좋다).

효과적: 외향적인 아이에게 통금 시간을 늦춰준다.

비효과적: 여름방학 때 아르바이트를 해서 돈을 많이 모은 아이에게

적은 금액의 돈으로 보상한다.

안전하고 건강하게: 건강과 안전에 관한 강화제는 가족 규범에 따라야 한다.

효과적: 학교 가기 전날 밤 15분 정도 같이 특별한 게임을 한다.

비효과적: 아이가 잠을 충분히 못 자면 제대로 활동하기 어려움에도 불구하고 학교 가기 전날 밤 늦게 잠자리에 들게 놔둔다.

맥락에 맞게: 언제, 어디서, 얼마나 강화할지 염두에 둬야 한다. (지나친 강화는 금물이다!)

효과적: 공공 장소에서는 등을 두드려주거나 주먹 인사를 하고, 집안에서는 안아준다.

비효과적: 10대 초반인 아이에게 친구들 앞에서 껴안거나 낯뜨거운 칭찬을 한다(이것은 아이에게 굴욕감을 안겨주는 확실한 방법이다).

그리고, 어떤 강화를 사용하든 항상 그 효과를 모니터링한다. 스스로 주의를 기울여야 함을 기억하라!

언제 강화를 사용하는가?

긍정적 강화는 확실히 미리 계획할 수 있지만, 자발적 강화의 가치를 무시해서는 안 된다. 아이가 좋은 행동을 하는 모습을 최대한 자주 포착하고, 그런 행동을 계속할 수 있도록 적절한 칭찬, 보상, 격려를 해주기 위해 노력하라(그 자리에서 마땅히 좋은 강화제가 생각나지 않는가? 그럼 이렇게 말하라, "방금 행동에 대해 아주 멋진 보상을 해 주고 싶구나! 같이 아이디어를 내 보고 나중에 상의해 보자.").

물론 모든 상황에서 계획을 세울 필요는 없고 그럴 수도 없다. 한 가지 기억할 것은, 지침대로만 잘 따른다면 즉석으로 활용하기에는 부정적 강화가 가장 효과적인 전략이라는 점이다. 아이가 뭘 할지 몰라도 필요할 때 활용할 수 있는 효과적인 강화제를 준비할 수 있다.

당신이 이런 약간의 준비만 하면 감정이 격해진 상황에서도 집중하고 안정을 유지하는 데 도움이 될 수 있다. 어쩌면 당신은 감정적인 마음 상태에서 양육하는 것은 거의 효과가 없음을 알아차렸을지도 모른다. 화나고 초조할 때 강화를 시도하는 것은 별로 생산적이지 않을 것이다("네가 여동생하고 장난감을 나눠 쓰지 않으면 내가 압수해서 다시는 못 가지고 놀게 할 거야"). 하지만 당신이 미리 준비된 강화제를 가지고 있다면 효과를 더 볼 수 있을 것이다("여동생한테 장난감을 빌려주지 않으면 저녁 때 못 가지고 놀 거야").

어떤 유형의 강화 "스케줄"이 그 상황에서 가장 효과적일지도 고려해야 한다. 강화는 연속적이거나 간헐적으로 사용할 수 있다.

연속적 강화는 예측 가능하고, 미리 준비돼 있으며, 틀이 갖춰져 있다. 주로 매일 양치하기 같은 자주 하는 행동을 장려하기 위해 사용하는데, 새로운 행동을 만들고 조성하는 데 특히 중요하다. 더 자주 하기 바라는 행동을 늘릴 때 가장 효과를 볼 수 있다.

연속적 강화가 작동하는 방식은 다음과 같다. 특정한 행동을 할 때마다 바람직한 결과가 같이 나타나게 한다(양치를 할 때마다 차트에 붙일 스티커를 하나씩 얻는다). 바라는 행동이 습관으로 자리잡을 때까지 보상을 일관되게 유지해야 한다. 강화를 비일관적으로 하거나 중단해 버리면 아이 또한 지지부진하거나 포기해 버릴 것이다.

일단 바람직한 행동이 자리를 잡으면 강화제의 빈도를 줄여 나갈 수 있고(*1주일에 스티커를 하나씩 주고 스티커 6개마다 더 큰 보상을 준다*), 궁극적으로는 간헐적 강화로 넘어가게 된다.

*간헐적 강화*는 예측 불가능한 빈도로 나타난다. 도박처럼 말이다. 당신은 어떨 땐 따고 어떨 땐 잃겠지만, 그 "어떨 때" 정도의 빈도만으로도 충분히 '이번에는 잭팟을 터뜨릴 수 있을 거야'라고 생각하며 도박을 계속할 수 있다.

행동에 대한 보상이 가끔 혹은 우발적으로 주어지는 이러한 유형의 강화를 통해 아이는 피드백이나 보상을 얻기 위해 계속 노력할 것이다. 이러한 강화는 좋든 나쁘든 어떤 행동을 완전히 없애기 어렵게 만들기 때문에 주의해서 사용해야 한다. 아이의 행동에 대해 무작위적으로 특별한 선물을 주는 것은 아이가 그 행동을 반복하게 할 동기를 부여할 것이다. 아이가 성질 낼 때 가끔씩 요구를 들어주게 되면 아이는 다음번에도 떼쓸 것이고(아마도 더 길거나 시끄럽게), 그 다음에도, 또 그 다음에도 계속해서 떼쓰도록 동기부여될 것이다.

간헐적 강화는 행동을 유지하는 데 효과적이다. 일단 아이가 새로운 행동을 완전히 체득해서 이제 보상을 줄여 나갈 준비가 되었다면, 칭찬과 보상을 가끔씩 해줌으로써 아이가 행동을 지속하게 장려해 보라.

당신이 간헐적 강화를 할 수 있는 기회는 무수히 많이 있다. 아이가 조용히 숙제하고 있을 때, 적절한 말투로 부탁할 때, 형제가 짜증나게 하는데도 감정 폭발을 하지 않고 도움을 요청할 때 등 말이다. 아이가 먼저 장난감이나 다른 보상을 요청할 때 기회가 생기기도 한다. 아이에게 이렇게 얘기할 수 있다. "네가 요즘 화날 때 진정하려고 정말 열심히 노력했으니까 기쁜 마음으로 야구장에 데려다줄 수 있겠다."

양치질 차트를 기억하는가? 일단 아이가 불평 없이 양치질을 하면 이제 차트는 필요 없을 것이고(양치질은 이미 평탄한 길이 됐기 때문이다!), 그 이후에는 가끔씩 깜짝 양치질 스티커나 군것질거리를 주면서 놀라게 해주면 된다. 이를 통해 아이는 양치질을 하면 보상을 얻는다는 것을 종종 떠올릴 것이다.

긍정적 강화 전략

지금까지 당신은 강화를 언제 어떻게 해야 하는지 배웠다. 이제는 긍정적 강화를 양육에 적용하는 데 초점을 맞출 때다. 이것은 강력한 도구이기에 그 기능을 효과적으로 활용해야 한다. 가장 간단한 강화 전략 중 하나는 칭찬이다.

칭찬

아이를 칭찬하는 것은 건강한 관계를 만들고 자존감을 향상시키는 아주 훌륭한 방법이며(그래서 이것은 수용 기법이다), 아주 유용한 강화제이기도 하다(그래서 이것은 변화 기법이기도 하다). 칭찬은 사용하기 쉽고 돈이 안 들며, 잘만 사용하면 모든 사람들이 의미 있고 좋게 받아들일 수 있는 보상이다.

칭찬은 예술이다. 다음에서 칭찬하는 법을 살펴보자.

- **구체적으로.** "잘했어"나 "넌 정말 훌륭하구나" 같은 말 대신 "바로 말을 들어줘서 고마워", "제 자리에 잘 갖다 놨구나" 같이 말하는 것이 좋다. 당신이 강화하려는 행동에 초점을 맞춰 칭찬하는 것이 중요하다.
- **진심을 담아서.** 아이는 억지로 하는 가짜 칭찬을 기가 막히게 가려내는 능력을 갖고 있기 때문에 그런 식의 칭찬은 효과가 없다(만약 진심으로 칭찬하는 것이 처음에 어색하게 느껴지면 반대행동을 할 때처럼 익숙해질 때까지 반복하라. 단, 이 경우에도 진심이 느껴지게 전달해야 한다!).
- **과장은 금물.** 지나치면 진정성이 떨어진다.
- **다양한 표현으로.** "좋아", "훌륭해", "잘했어" 같은 말들은 사용하지 않는다. 대신 "기가 막힌", "창의적인", "굉장한", "정말 마음에 들어!" 같은 말들을 사용한다. 만약 아이가 흔한 칭찬에 반응하지 않으면 질문을 통해 관심을 드러내라. "이거 어떻게 했는지 알려줄 수 있겠니?"
- **널리 알린다.** 아이가 창피하지 않은 방식으로 한다. 가족 상황에 맞춰서 칭찬할 때에는 부모가 둘 다 있을 때 하거나, 부득이한 경우 나중에 배우자가 집에 왔을 때 아이에 대한 칭찬을 공유한다. 아이가 부정적으로 반응하지만 않는다면 조부모, 선생님, 친구들과 공유하는 것이 효과적일 수도 있다! (아이가 창피해할 수도 있지만 속으로는 좋아할 것이다.)

- **애정을 담아.** 칭찬하면서 포옹, 뽀뽀, 등 두드리기, 하이파이브, 그 외 애정이 담긴 제스처를 같이 함으로써 유대감을 높인다.

칭찬하기 힘든가? **미리 대처하기** 기술을 떠올리며 곧바로 사용할 수 있는 칭찬을 준비해 보라. 어색함을 극복할 때까지 거울 앞에서 연습해도 된다(걱정 마라, 아무도 안 본다). 하면 할수록 자연스럽게 느껴질 것이다.

다음과 같은 칭찬을 시도해 본다.

- "인내심이 정말 대단하구나! 배가 많이 고팠을 텐데 저녁이 아직 준비가 안 되어 있어도 불평 없이 잘 기다리고 있네."
- "언니가 놀리는데 대꾸를 안 하고 그냥 나오는 걸 봤어. 그러려면 자제력이 많이 필요한데, 진짜 놀랍다! 자, 하이파이브!"
- "예전에는 차를 못 태워준다고 하면 욕하고 소리를 질렀는데, 이번에는 방으로 들어가 음악을 들으면서 식히다니 대단하다! 나중에 네 아빠한테도 꼭 얘기해야겠다."
- "너희 둘 다 최고로 멋진 도시를 만들고 있구나, 서로 협력도 잘하고! 사진 찍어서 할머니한테도 보내 드려야겠다."

칭찬이 중요하긴 해도 그것만으로는 부족할 때가 많다. 또 다른 효과적인 강화 전략으로 행동 차트나 계약이 있다.

행동 차트와 계약

행동 차트와 계약은 모든 연령대의 아이들에게 사용할 수 있는 흔한 행동 조성 전략이다(단, 아이의 연령 발달 수준에 적절해야 한다).

아마 "스티커 차트", "보상 차트", "임시 계약" 같은 이름으로 더 많이 들어 봤을 수도 있다. 간단히 말해 행동 차트는 부모와 아이 간의 협약으로, '네가 이런 행동을 하면 이런 보상을 얻을 수 있다'는 것이다(강아지 훈련시키는 것처럼 들리겠지만 그것과는 많이 다르다. 비록 효과는 비슷하지만 말이다.)

행동 차트와 임시 계약의 목표는 특정한 행동에 초점을 맞춰 그 빈도를 늘리는 것이다. 목표는 간단한 행동(이불 잘 덮고 자기)일 수도 있고, 더 중요한 행동(화날 때 진정하기)일 수도 있다. 부모와 아이는 구체적인 조건과 함께, 정해진 보상을 얻기 위해 해야 할 행동을 명확히 협의한다. 그런 뒤에 진행 상황을 추적하고 확인하기 쉽게 작성한다(깔끔하게 차트나 계약 형태로 만든다. 어떻게 하는지는 곧 단계별로 배우게 될 것이다).

모든 행동에는 반대행동이 있음을 명심하자(험담하기 vs 존중하며 말하기, 싸우기 vs 사이 좋게 지내기, 입을 벌리며 먹기 vs 식사 매너 잘 지키기 등). 한 가지 행동을 강화하는 것은 반대되는 행동을 억제하는 것과 같다. 다시 말하면, 한 가지 행동을 늘리는 동시에 다른 행동을 줄이는 것이다(숲속 길을 기억하는가? 자주 다니는 길은 점점 더 평탄해진다).

그래서 특히 행동 차트와 계약을 활용한 강화 전략이 필요한 것이다. 이 전략은 새로운 행동을 만드는 것만큼이나 바람직하지 않은 행동을 줄이는 데 효과적이다. 아이가 "때리지 않은" 것을 보상해 주면, 아이는 때리는 행동을 대체할 만한 다른 행동과 대처 기술도 같이 실천하게 된다(아이가 대체 행동을 알아서 자연스럽게 익힐 수도 있고 당신이 몇몇 대안 행동을 제시해 줄 수도 있다).

바람직한 행동을 지속적으로 강화하는 것은 아이가 장기적으로 지속해야 할 행동을 만들고 강화하는 데 도움이 된다(벌도 유용하기는 하지만 새로운 행동을 자연스럽게 만들어 내는 기능이 내장되어 있지는 않다).

효과적인 차트는 "좋은 행동"을 할 때마다 스티커를 붙여 주는 그런 간단한 것이 아니라, 생각, 계획, 실천으로 이어지는 복합적인 과정이다. 어쩌면 당신은 하루아침에 아이를 말 잘 듣고 순종적으로 만드는 마법의 지팡이를 바라거나, 아이가 벽을 치거나 부모 물건을 망가뜨리고, 형제들에게 욕을 퍼붓지만 않기를 바랄 수도 있다. 처음에는 행동 차트가 마법의 효과를 발휘하는 것처럼 보일 수도 있다. 차트의 효과는 정말 빨리 나타나지만, 제대로 못하면 새로운 행동은 그만큼 빨리 사라지게 된다. 행동을 조성하는 것은 시간과 인내가 필요한 과정이다(제대로 하기까지 시행착오를 반복하면서 말이다).

행동 차트는 초등학교 고학년 이상부터는 너무 유치할 수 있다. 이럴 때는 동일한 원리를 행동 계약에 적용해서 조건과 보상을 명확히 기술하면 된다. 실제로 차트를 사용하지는 않지만 동일한 지침을 따른다.

다음은 행동 차트를 유용하고 효과적으로 활용할 수 있는 4단계 과정을 보여준다.

1단계: 계획

계획 수립 단계는 정말 중요하다. 성공적인 계획을 수립하기 위해서는 신중히 고려해야 한다. 아직 이 단계에서는 아이를 참여시키지 않는다. 계획 수립은 몇 가지 세부 과정으로 이루어진다.

첫째, 목표를 설정한다. "숙제 잘하기", "방 청소하기" 같은 일반적인 목표를 설정한다.

우선순위를 정한다. 선택과 집중을 한다. 지금 이 순간에 가장 중요한 이슈를 파악해서 그것을 최우선적으로 다룬다(나중에 필요할 수 있으니 현재 당면한 문제 목록도 만들어 놓는다).

예: '당장 지금 가장 중요한 문제는 숙제야. 방이 지저분해도 (당분간은) 두고 봐야겠다.'

변화시키고 싶은 행동을 관찰하고 기술한다. 마음챙김을 행한다. 그 행동이 언제 어떤 식으로 나타나는지, 행동의 빈도와 강도(이것들은 매우 중요하다), 당신의 반응, 당신의 반응에 대한 아이의 반응에 주의를 기울인다. 실제 진행 상황을 기록해 놓는 것이 좋다(디지털 방식으로 해도 되고 옛날 방식으로 공책에 적어도 된다). 이렇게 하면 목표를 정확히 정의하고 나중에 차트의 효과를 평가하는 데 도움이 될 수 있다.

아까 예에서 숙제의 경우에는, 1-2주 정도 집에서 숙제할 시간에 일어나는 일들을 기록한다. 숙제하라고 했을 때 아이가 어떻게 반응하는지, 만약 떼를 쓰면 뭐라고 하면서 그러는지, 그리고 결국 숙제를 끝까지 다 하게 되는 과정과 기한을 기술한다. 매주 아이가 얼마나 자주 숙제를 안 하겠다고 하는지 주목하고 그때마다 아이의 행동과 반응의 강도를 측정한다.

예) 월요일: 숙제하려고 자리에 앉기까지 20분 걸림. 방으로 갈 때까지 계속 핑계를 댐. 숙제하라고 3번이나 재촉해야 했고, 아이는 화를 낸 뒤 마음을 가라앉히고 숙제하러 감. 강도: 7/10.

행동을 세분화한다. 이제 당신은 목표 행동을 명확히 파악하고 정의했다.

이 정보를 활용해서 행동을 관리하기 쉽게 더 작은 단위로 나눌 수 있다. 행동 조성 전략은 단계가 작을수록 효과가 크기 때문에 이 단계가 무척 중요하다. 지나치게 크고 모호한 목표는 시작부터 실패할 운명이지만, 작은 단위로 나누면 얼마든지 달성할 수 있다. 행동을 작게 나누면 더 큰 목표를 향해 계속 나아갈 수 있는 가능성이 높아진다. 아이 스스로 자신이 발전하고 있고 그에 대한 보상을 받고 있는 것을 알면 그만큼 좌절하고 포기할 가능성도 낮아진다.

복잡한 과제를 단번에 배우기는 어렵기 때문에 고급 연산이나 양자물리학을 배우기 전에 기초 연산부터 배우는 것이다! 효과를 극대화하기 위해서는 작은 것부터 시작해야 한다. 다음 단계로 넘어가기 전에 각각의 작은 행동들을 연습하고 강화한다. 이렇게 하면 더 새롭거나 심화된 수준의 행동으로 넘어가기 전에 처음 행동이 확실히 자리잡게 할 수 있다. 한번 기본적인 행동이 자리를 잡으면 강화를 서서히 줄여 가면서 새로 조성할 행동을 강화하기에도 유용하다. 위의 예의 경우 아이가 숙제를 하기 전에 그냥 앉아 있기만 해도 보상해 주는 것을 잊지 말아야 한다.

예) "숙제하기" 같은 어려운 과제를 더 작은 시간 단위나 할당량으로 나눌 수 있다. 이를테면 제 시간에 숙제하기 위해 앉아 있기, 수학 숙제 완료하기, 10분 동안 숙제에 집중하기 등이 있다(행동이 강화될수록 시간을 더 늘린다).

예) "방 청소하기" 같은 더 큰 일을 여러 과정으로 나눌 수 있다. 이를테면 바구니에 빨랫감 넣기, 침대 정리하기, 겉옷 걸어 놓기, 매일 밤 잠들기 전에 바닥 청소하기 등이 있다.

예) 말을 잘 안 듣는 것처럼 전반적으로 나타나는 문제는 여러 부분으로 나눌 수 있다. 이를테면 통금 시간 전까지 귀가하기, 상스러운 단어 안 쓰기, 저녁 식사 자리에서 핸드폰 안 하기 등이 있다.

행동을 나눌 때에는 변화시키고자 하는 것(목표 행동)을 명확히 정의해야 한다. 또 구체적이어야 한다. "매일 행동거지 바르게 하기"와 같은 추상적인 것은 피한다. 그 대신 "행동거지"의 구성 요건을 정의해 보라. 행동을 정의하고 언제 어떻게 그런 행동을 해야 하는지(혹은 하지 말아야 하는지) 명확히 기술한다. 행동은 신체적일 수도 있고(때리기, 기물 파손, 물건 던지기, 침 뱉기, 머리카락 잡아당기기, 문 쾅 닫기), 언어적일 수도 있으며(욕하기, 소리 지르기, 험담하기, 놀리기), 부적절하거나(거짓말하기, 물건 훔치기) 기본적인 순응과 관련된 것들일 수도 있다(제 시간에 집에 들어오기, 방 청소하기, 숙제하기, 집안일 마치기, 식탁에서 식사하기, 제 시간에 자러 가기, 양치하기, 공부하기).

예) 목표 행동: 한 번 말할 때 바로 숙제하러 책상 앞에 앉기

2단계: 제작

변화시키고자 하는 것을 명확히 알고 있으니, 이제 본격적으로 차트(더 고학년 아이들에게는 계약)를 만들어 보자.

아이를 참여시킨다. 혼자 차트를 만든 뒤에 들이밀면 안 된다. 아이의 나이에 맞게 차트에 있는 조건과 보상을 함께 상의하는 것이 좋다(어린 아이의 경우에는 당신 혼자 조건을 만든다). 당신이 아이의 의견을 반영하면 아이는 좋아할 것이다. 그렇다고 해서 아이가 원하는 것은 무엇이든 동의해야 한다는 말은 아니다! 당신은 한계를 설정하고 아이가 하는 어떤 제안도 거부할 수 있는 권한이 있다.

수용과 변화의 균형을 유지한다. 지금 변화 기법을 활용하고 있다고 해서 수용을 잊어버려서는 안 된다! 아이와 계약이나 차트를 상의할 때 **인정하기** 기술을 활용해 보라. 이렇게 말이다. "화가 났을 때 소리를 안 지르는 게 얼마나 힘든지 알아", "쉽지 않은데도 수학 숙제를 열심히 하는 것에 대한 상을 주고 싶구나", "학교에서 집으로 돌아오면 정말 배고프고 피곤하지, 힘들겠다!"

알맞은 난이도를 설정한다. 너무 쉬우면 무의미하고 너무 어려우면 동기를 잃게 된다. 아이가 100% 항상 스티커를 받는다면 그건 너무 쉽다는 뜻이다. 아이가 스티커, 포인트, 돈 등을 딸 수 있는 확률은 50%만 넘으면 된다(균형을 유지해야 함을 명심하라!) 당신이 계획 수립 단계에서 관찰하고 기술한 정보를 효과적인 조건을 설정하는 데 활용해 보라.

적절한 보상을 제공한다. 아이에게 인센티브로 줄 적합한 보상을 찾는 것이 관건이다. 사탕, 장난감, 전자제품 등은 대개 확실히 효과가 있지만, 다양한 이유들(건강, 예산, 낭비, 넘쳐나는 물건들)로 인해 최선의 선택은 아닐 수 있다.

보상을 협의할 준비를 하라! 당신이 기꺼이 해줄 수 있는 보상 목록 초안을 준비해 놨다가 아이에게 보여주며 의견과 생각을 물어본다. 그러면 아이는 대략 당신이 해줄 수 있는 보상의 유형과 크기를 가늠할 수 있을 것이다(그럼 아이가 강아지를 말할 것을 대비해서 미리 새 동물 인형을 사주겠다고 해도 실망하지 않을 것이다). 한 가지 보상이 아닌, 아이가 스티커나 토큰을 통해 현금화할 수 있는 다양한 보상을 포함한 "상품 목록"을 제시하는 것도 도움이 된다.

다음의 제안을 시도해 보라.

- 부모와 시간 보내기(게임하기, 자전거 타기, 나가서 커피나 아이스크림 먹기, 함께 장 보기)
- 친구와 시간 보내기(특별한 외부 활동이나 친구 집에서 자고 오기, 멀리 사는 친구네 놀러가기, 부모가 태워주는 차를 타고 밤에 친구와 나갔다 오기)
- 아이가 원하는 대로 저녁 메뉴 정하기
- 취침이나 통금 시간 늦추기
- 특별 간식이나 과자
- 당일치기 여행
- 상품이나 수집품
- 스티커, 티켓, 코인, 토큰 등(그 자체로 보상일 수도 있고 더 큰 보상을 위한 "적립금"으로 활용할 수도 있다)
- 학교에서 올 때 통학 버스 대신 차로 태워 주기
- 스크린타임[6]
- 돈
- 스포츠 경기나 공연 티켓
- 자동차 사용[7]

보상을 선택할 때는 다음 요소들을 고려해야 한다(이 장의 앞부분에서 다뤘던 강화의 지침도 참고할 것).

- **적합성:** 보상은 행동에 적합해야 한다. 쉽고 사소한 행동에는 딱 그 정도의 보상이, 크고 어려운 행동에는 그에 맞는 큰 보상이 주어져야 한다.

---

[6] 스마트폰, 컴퓨터, TV, 비디오 게임 등을 사용하는 시간
[7] 미국은 주마다 차이가 있지만 만 14-17세부터 운전면허를 취득할 수 있다.

- **균형:** 지나치지 말 것. 과도한 보상(예: 한 달 동안 차트를 완성한 보상으로 디즈니랜드를 가는 것)은 의도하지 않게 아이에게 특권 의식을 심어 줄 수 있다.
- **융통성:** 필요하다면 보상과 그 획득 조건을 변경할 수 있다. 몇 번 보상을 받거나 유행이 달라지면 보상으로서의 매력이 사라질 수 있다.
- **현재의 특혜:** 새로운 보상을 해주는 것이 일반적으로 최선이지만, 아이들은 아무런 노력 없이 온갖 것들을 가질 때도 많다. 아이가 평상시에 누리는 특혜를 생각하고 그 빈도를 재검토한 뒤, 그 중 일부를 노력해야만 얻을 수 있는 것으로 변경할 수 있다. 예를 들어, 그동안 아이가 식습관과 상관없이 항상 디저트를 먹을 수 있었다면, 이제부터는 식사 때 자기 몫만큼 다 먹어야 디저트를 먹을 수 있게 변경하는 것이다(아이가 아무 조건 없이 그런 보상을 받는 데 익숙해져 있다면 초반에 어느 정도의 반발을 예상할 수 있다! 아이의 마음가짐을 변화시키는 데에는 어느 정도 시간이 필요하기 마련이다).

혹시 과도한 보상으로 아이를 망칠까 봐 걱정될 수도 있다. 여러 연구들은 아이의 동기부여를 위해 지나치게 외적 보상을 사용하는 것은 아이가 해야 할 일을 하는 데 필요한 자연적인 동기를 낮출 수 있음을 밝혀냈다(Kohn 1993; Pink 2009).

과도한 보상의 부정적 효과는 확실히 걱정할 만하지만, 무엇보다 중요한 것은 건강한 균형이다. 보상을 효과적이고 적절히 사용하면, 그것은 아이들이 장기적으로 행동을 변화시키는 데 도움이 되고 또 그럴 수 있다. 이 장의 마지막에 있는 **강화의 장애물**에서 이 개념을 더 자세히 다룰 것이다.

차트를 만든다. 보상의 조건을 다 정했으면 이제 차트를 만들 차례다. 아이의 연령과 성격에 따라 손이나 디지털 기기를 활용해 차트를 그리거나 꾸미게 한다. 아이가 차트 만들기에 직접 참여하면 동기부여가 더 잘 될 것이고, 이는 협력적이고 유대감 있는 활동을 할 수 있는 아주 좋은 기회다.

차트는 당신이 만들기에 따라서 단순할 수도 있고 복잡할 수도 있다. 판지에 손으로 쓰거나, 컴퓨터로 만들거나, 컬러 포스터로 할 수도 있다. 나는 달력처럼 맨 위에 매주의 날짜가 나오고 아이가 해야 할 행동의 횟수를 적기 충분할 정도의 칸이 있게 만드는 것을 권장한다(아이가 목표 행동을 몇 번이나 하는 것이 좋을지에 대해서는 계획 수립 때 얻은 정보를 활용할 수 있다). 이렇게 하면 아이의 "성공률"을 모니터링할 수 있도록 한 눈에 쉽게 진행 상황을 추적할 수 있다. 계속 읽다 보면 완성된 차트와 계약 샘플을 볼 수 있다. 기본 차트와 계약 서식은 다음에서 내려받을 수 있다. https://blog.naver.com/happy_han-ga/222523899895.

명확히 한다. 조건을 명확히 정의한 뒤 차트나 계약서(혹은 별지)에 쓴다. 말로 전달할 거라면 조건들을 명시적으로 얘기해야 한다. 하지만 말로 하더라도 문서화함으로써 추후 논란의 여지를 없애는 것이 최선이다. 아이에게 기대하는 바를 정확하게 설명한다. 다음을 보자.

무엇: 제시간에 자기

언제: 학교 가기 전날에는 저녁 8시, 주말에는 밤 9시 30분

어떻게: 한 번 말할 때 바로 하기(아무 말도 안 했는데 자러 가면 보너스 스티커 한 개를 추가로 획득)

보상: 스티커 10개에 작은 보상, 40개에 큰 보상

조건이 이렇게 명명백백하게 되어 있으면 당신과 아이는 굳이 힘겨루기 할 필요 없이 같은 배를 탄 것과 같다. 내용을 아이와 검토한 뒤 아이가 잘 이해했는지 확인하기 위해 당신에게 설명해 보도록 하는 것이 중요하다.

아이가 어리거나 아이 때문에 많이 힘든 상황이라면 차트를 꾸미거나 문제 행동을 하는 아이의 사진을 붙여 볼 수도 있다. 상품 사진이나 "넌 해낼 수 있어!", "너를 믿는다!" 같은 문구를 덧붙임으로써 동기부여를 증진할 수 있다.

목표 행동을 대체할 만한 다른 행동이나 해결책을 제시한다. 아이가 다른 "경로"를 선택하는 것을 돕기 위해 좌절감이나 문제를 다룰 수 있는 대안적 방법을 제시한다. 해결책이 있으면 아이의 힘을 북돋아주고, 더 나은 "길"을 선택하며, 성공하는 데 도움이 된다. 다음은 몇 가지 예다. "여동생이 널 놀리면 그 자리에서 때리지 말고 나한테 와서 얘기해.", "뭔가 주먹으로 치고 싶으면 침대나 샌드백을 활용하렴.", "화가 나면 나가서 농구를 몇 판 하고 와."

대안적 행동은 또한 아이가 진정하는 데 도움을 주기도 한다. 아이 방에 차트를 두고 아이가 직접 스티커를 붙이게 해보자. 강화제를 획득할 때마다 아이는 자동적으로 감정이 자극되는 상황으로부터 거리를 두려고 할 것이고, 이는 마음을 가다듬을 수 있는 여지를 마련해 준다.

3단계: 실행

이제 준비를 모두 마쳤으니 실행에 옮길 때가 왔다.

널리 알린다. 아이가 창피해할 만한 상황이 아니면 눈에 잘 띄는 곳에 차트를 걸어 놓는다. 아이만 괜찮으면 할머니나 다른 중요한 사람들과 차트를 공유한다.

관심을 보인다. 시간이 지나면서 차트의 존재감이 사라지지 않도록 말로 계속 칭찬해 준다! 아이가 스티커를 얻거나, 상품을 받거나, 새로운 행동을 하는 것을 목격할 때 등, 가능할 때마다 칭찬해 준다. 평소 칭찬을 별로 안 좋아하는 아이도 보상과 함께 칭찬을 들으면 받아들이는 경우도 있다.

아이가 책임지게 한다. 아이가 만족감을 느끼고 차트를 진부하게 느끼지 않도록 스스로 성취도를 표기하게 한다. 아이는 진행 상황을 표기하면서 뿌듯함과 성취감을 느끼기 때문에 확인하는 것 자체가 강화제다.

더 큰 아이에게도 행동을 스스로 추적하게 할 수 있다(거짓말만 안 한다면). 이러한 자율 시스템 방식의 계약은 아이에 대한 당신의 신뢰를 보여주며 아이가 자신의 행동에 대한 책임감을 느끼게 해준다.

4단계: 평가 및 조정

차트나 계약과 관련된 모든 일을 마무리한 뒤에는 그게 잘 작동하고 있는지 확인할 필요가 있다.

효과를 지속적으로 점검하고 관찰한다. 아이와(배우자와도) 대화를 나누고, 정기적으로 차트의 효과를 검토하고, 필요하면 세부사항을 조정한다. 아이의 행동을 처음 계획을 수립했을 당시와 비교한다. 항상 주의를 기울여라! 이것은 한 번 세팅하고 잊어버리는 것이 아니라, 계속 진행하는 과정이다.

조건을 수정한다. 최종 목표를 어떻게 작은 목표들로 나눴는지 기억하는가? 가장 작은 목표를 달성하고 그 행동이 견고해진 뒤에는 조건을 수정해서 더 장기적인 목표를 염두에 두고 작업을 시작할 수 있다.

앞으로 나아간다. 당신이 장기적 목표를 달성하고 난 뒤에는(대단하다!), 보상해 주는 간격을 넓힘으로써 보상을 점차 줄이면서 더 뜸한 간격으로 더 큰 보상을 제공한다(그래야 아이가 큰 틀에서 불공정하다고 불만을 제기하지 않는다). 보상을 완전히 중단하고 난 뒤에도 행동을 견고히 유지하기 위해 간헐적으로 보상해 주는 것을 잊지 말아야 한다!

실전 활용: 강화

다음 시나리오를 통해 강화 기술을 어떻게 활용하는지 살펴보자.

시나리오 1: 호전적인 아이

7살 줄리안과 함께 지내는 것은 고단하다. 형제들에게는 특히 더 그렇다. 이유를 막론하고 줄리안이 한번 화가 나면(거의 하루 종일 화가 나 있는 것 같지만) 형제들에게 공격적인 행동으로 화풀이를 한다. 밀고, 때리고, 머리카락을 잡아당기고, 할퀴고… 상대방이 울 때까지 계속 놀려 댄다. 줄리안이 집에 오면 그 순간부터 엄마는 취침 시간까지 카운트다운을 한다.

(익숙한 얘기 같은가?)

엄마는 어찌할 바를 모르던 중 줄리안과 함께 차트를 만들기로 한다. 엄마는 빈 달력 페이지를 인쇄한 뒤 줄리안이 좋아하는 스타워즈 스티커를 한 장 산다. 엄마는 아이를 앉혀 놓고 이것이 "싸움 금지 차트"라고 알려준다. 엄마는 간단하게 규칙을 적는다. '줄리안이 안 싸우는 날마다 스티커를 하나씩 받는다.' 이번주에 아이가 스티커를 매일 받으면, 그토록 고대하던 스타워즈 R2-D2 피규어 신상품을 주말에 가질 수 있다.

엄마는 차트를 냉장고 앞에 붙여 놓고, 특히 줄리안이 자신만만하게 첫 번째 스티커를 붙이자 온 가족이 환호한다. 그날 밤 가족들은 행복하게 잠이 든다.

처음 이틀은 괜찮았다.

3일째 됐을 때 줄리안은 남동생이 자신의 허락도 없이 광선검을 만졌다는 이유로 세게 때린다. 줄리안은 스티커를 받지 못한다. 그리고 그 주의 나머지 날들도 언제 그랬냐는 듯이 다시 싸움이 시작된다.

대체 어디서부터 잘못된 것일까? 엄마의 잘못을 살펴보자.

1. 엄마 혼자 차트 작성의 모든 과정을 떠맡고, 줄리안은 전혀 참여하지 않았다.
2. 엄마는 줄리안이 달성하기에는 너무 비현실적이고 거대한 목표를 설정했다. 매일 싸우다가 갑자기 하루 종일 안 싸우는 것은 줄리안에게 너무 어려운 일일 수 있다.
3. "싸움 금지"라는 행동은 모호하며 그 안에 너무 많은 행동들(신체적, 언어적 싸움 모두)을 포함하고 있다.
4. 엄마는 모 아니면 도 식으로 접근했다. 줄리안은 보상을 받기 위해 매일 스티커를 모아야 했다. 한 번이라도 기회를 놓치면 계속 노력할 이유가 없어지는 것이다.
5. 장기적 목표가 정해지지 않았다. 줄리안은 단기간에는 (자신이) 가치

있게 여기는 상을 받게 되겠지만, 일단 고대하던 R2-D2를 받고 나면 동기가 떨어지게 된다. 당장 다음주에 안 싸워서 고대하던 것을 얻고 나면 그 다음에는 어떻게 하나? 매주 새로운 피규어를 사는 것은 희소성을 급속히 없앨 것이고, 그렇다고 매주 새로운 차트를 만드는 것도 버거운 일이다. 그래서 장기 차트를 만드는 것이 아이가 오래 지속되는 행동을 굳히고 뇌 속에서 그 길을 평탄하게 닦아 나가는 데 도움이 된다.

엄마가 잘한 것은 인정해 주고 긍정적 강화를 해주자. 엄마는 가치 있는 보상을 준비했고, 규칙을 적었으며, 하루를 마치면서 곧바로 줄리안에게 보상을 해줬다. 잘했다!

그럼 더 효과를 내려면 어떻게 해야 할까?

엄마는 아빠와 줄리안을 "가족 회의"에 초대한다. 엄마는 가족들에게 줄리안이 매일 싸우는 것이 문제이며, 집이 더 평온하고 모든 사람들에게 안전한 곳이 되기 바란다고 말한다. 엄마는 줄리안에게 차트를 하나 만들어 보고 싶다고 말하며, 학교에서 긴 시간을 보낸 뒤 계속 자기절제를 하는 것은 굉장히 힘든 일이라고 언급한다. "너에게 이게 얼마나 어려운 일인지 알아, 그래서 네가 열심히 노력하는 만큼 보상을 해 주고 싶어!"

이와 함께 엄마와 줄리안은 하루 중 가장 안 좋은 시간대를 파악한다 (학교에서 돌아온 직후와 주말 아침). 그들은 일단 그 시간대에 집중하기로 결정한다. 엄마는 줄리안이 정말로 R2-D2를 갖고 싶어 하는 것을 알고 있다고 말하며, 보상으로 그것을 갖고 싶은지 물어본다. 줄리안은 적극 동의한다.

엄마는 줄리안과 아빠의 의견을 반영해서 컴퓨터로 차트를 만들고(줄리안이 레이아웃과 양식을 조언한다), 조건을 명확히 명시한다.

사람: 줄리안

행동: 신체적 싸움(때리기, 침 뱉기, 머리카락 잡아당기기, 밀기) 금지

시기: 평일 오후 3:30 부터 5:30 까지, 주말 아침 8:30 부터 10:30 까지

상품: 2시간마다 스티커 하나씩 지급. 줄리안은 스티커 3개를 모을 때마다 작은 상품을 받을 수 있음(도넛, 슬러시, 엄마나 아빠와 게임하기, 스크린타임 15분 연장). 스티커 15개를 모으면 큰 상품(R2-D2 피규어, 아이스크림 매장 방문, 새로운 게임 앱 설치)을 받을 수 있음.

다음에는? 큰 상품까지 다 받고 나면 똑같이 처음부터 다시 시작함. 단, 스티커를 지급받는 시간 간격이 2시간에서 3시간으로 늘어남. 상품 후보: 스타워즈 레고 세트나 다스베이더 마스크를 생각 중(상품 목록은 추후 엄마와 줄리안이 함께 작성하기로 함)

그들은 이 내용을 출력해서 냉장고에 스티커와 함께 붙여 놓은 뒤 각자 할 일을 한다.

이 차트를 보면 줄리안이 성공할 가능성이 높아 보인다. 이유가 뭘까?

1. 줄리안이 함께 참여했다. 이를 통해 자신이 중요한 사람이라는 생각이 들며, 자신의 의견이 경청됨을 느꼈다.
2. 단기 및 장기 목표가 모두 설정되었다. 또한 시작 단계에서부터 각 목표를 더 작고 관리가 가능한 세부 목표로 나누었다.

3. 조건이 구체적이고 현실적이다.

4. 줄리안이 노력해야 하는 난이도를 고려할 때 상품이 적절하다.

5. 하루 잘 못하더라도 다음날 만회할 수 있다.

줄리안의 차트

일	월	화	수	목	금	토
오전 8:30 - 10:30 ☐	오후 3:30 - 5:30 ☐	오후 3:30 - 5:30 ☐	오후 3:30 - 5:30 ☐	오후 3:30 - 5:30 ☐	오후 3:30 - 5:30 ☐	오전 8:30 - 10:30 ☐
오전 8:30 - 10:30 ☐	오후 3:30 - 5:30 ☐	오후 3:30 - 5:30 ☐	오후 3:30 - 5:30 ☐	오후 3:30 - 5:30 ☐	오후 3:30 - 5:30 ☐	오전 8:30 - 10:30 ☐
오전 8:30 - 10:30 ☐	오후 3:30 - 5:30 ☐	오후 3:30 - 5:30 ☐	오후 3:30 - 5:30 ☐	오후 3:30 - 5:30 ☐	오후 3:30 - 5:30 ☐	오전 8:30 - 10:30 ☐
오전 8:30 - 10:30 ☐	오후 3:30 - 5:30 ☐	오후 3:30 - 5:30 ☐	오후 3:30 - 5:30 ☐	오후 3:30 - 5:30 ☐	오후 3:30 - 5:30 ☐	오전 8:30 - 10:30 ☐

스티커를 얻는 방법: 2시간 동안 싸우지 않음

작은 상품
(스티커 3개)
도넛
슬러시
엄마나 아빠와 게임하기
스크린타임 15분 추가

큰 상품
(스티커 15개)
R2-D2 피규어
아이스크림 매장 방문
새로운 게임 앱 설치

난 할 수 있어! 줄리안 파이팅!

줄리안이 제대로 못할까? 물론이다. 그것은 지극히 정상이다! (만약 줄리안이 항상 목표를 달성한다면 이는 곧 목표가 너무 쉬움을 의미한다.) 그럼에도 이 차트는 줄리안을 비롯한 온 가족에게 더 평온하고 행복한 가정을 안겨줄 가능성이 높다.

현실적으로 볼 때, 엄마가 모든 것을 "제대로" 했어도 잘 안 될 때가 자주 있을 것이다. 그래도 괜찮다, 판단은 금물이다! 엄마는 그럴 때마다 원점으로 돌아가 뭐가 잘못됐는지 생각하면 된다. 기대치가 너무 높았나? 아이에게 감정을 조절할 수 있는 기술이 없나? 아이에게 더 즉각적인 보상이 필요한가? 완전히 다른 전략을 시도해야 하나? 변증법을 기억하라. 모든 사람에게 다 효과적인 방법은 없다.

이렇게 평가하고 조정하는 단계는 엄마와 줄리안이 제 궤도를 유지하도록 도와줌으로써 성공에 결정적인 역할을 한다(보너스 포인트로 엄마의 융통성을 보여줄 수도 있다!).

시나리오 2: 제멋대로 지껄이는 10대

13살 소녀 엘리는 키우는 게 수월한 적이 한 번도 없었지만(이것도 좋게 표현한 것이다), 청소년기로 접어들면서는 완전히 다른 사람이 되어 버렸다. 엘리는 기회가 될 때마다 부모에게 함부로 말하며 극도로 폭발적이고 무례한 모습을 보이고 있다. 엘리가 사용하는 공격적이고 부적절한 말들은 대부분 엄마를 향해 가시를 드러내는 편이며, 엄마가 해준 음식이 마음에 안 들면 특히 더 그렇다(그러면서 자주 편식을 한다).

평범한 벌은 효과는커녕 오히려 상황을 더 안 좋게 만들기만 했다.

엄마는 하는 수 없이 저녁 시간에는 엘리가 식탁 앞에 앉지 못하게 했지만, 이는 오히려 엘리가 몇 시간 동안 장광설을 늘어놓고 모두가 잠든 시간에 음식을 찾아 냉장고를 뒤지는 행동으로 이어졌다.

엄마는 긍정적 강화를 사용하기로 마음먹고 엘리에게 인센티브를 제시한다. 엘리가 엄마한테 공손하게 말하는 날은 2달러의 용돈을 추가로 받을 수 있다고 말이다.

엘리는 일주일에 최대 14달러를 추가로 받을 수 있다는 사실에 들떴다! 아이는 곧바로 정중하게 말하는 데 바싹 주의를 기울이며 빠르게 현금을 챙겼다. 비록 용돈을 못 받는 날이 꽤 자주 있었지만(엄마가 돈가스를 만들 때 소리를 지르면서 "헐 나 이거 x나 싫어하는 거 몰라? 엄마 완전 바보 같아. 이거 진짜 #%^#$ 같은 맛이야!" 같은 말들을 내뱉을 때), 적어도 일주일에 며칠씩은 계속 돈을 받을 수 있었다.

어느새 엄마는 주머니가 빠르게 고갈되고 여전히 딸은 수시로 자신에게 폭언을 퍼붓고 있다.

뭐가 잘못됐을까?

1. 엄마는 구체적인 계획에 초점을 맞추지 않았고, 목표를 작은 단계들로 나누지도 않았다.
2. 엄마는 계획 단계에서 엘리를 참여시키지 않았다.
3. 목표가 너무 모호하다 보니 엘리가 별다른 노력 없이 보상을 얻을 수 있었다. 심지어는 별다른 노력조차도 안 들여도 보상을 받았다.

어떻게 하면 엘리가 사용하는 말을 효과적으로 순화시킬 수 있을까?

엄마는 조용한 때를 기다렸다가 엘리를 앉혀 놓고 얘기를 나눈다. 일단 **인정**부터 한다. "엘리야, 학교 끝나고 집에 오면 정말 신경 쓸 게 많아서 저녁 식사가 마음에 안 든다는 걸 알아. 이해해! 긴 하루를 보내고 와서 피곤하고 배고픈데 막상 저녁 때 싫어하는 음식이 나오면 실망스럽고 짜증 날 거야. 너가 하는 말은 집안 분위기 전체에 영향을 미치고 있고, 엄마한테 진짜 상처가 될 때도 많아. 난 네가 표현을 더 적절하게 할 수 있도록 도와주고 싶어. 우리 모두에게 도움이 될 수 있는 계획을 같이 세워보면 어떨까?"

그들은 엘리가 싫어하는 메뉴가 나온 날을 목표로 삼기로 한다. 엄마는 모욕과 욕설 대신 엘리가 사용할 수 있는 대안적인 몇 가지 표현들을 제시하고, 엘리에게도 똑같이 몇 가지 얘기해 달라고 요청한다. 또한 엘리가 원하는 보상 목록을 만들어서 달라고 요청하면서, 최종 결정은 엄마가 할 것임을 확실히 한다.

엘리가 제안한 것들 중에는 현실성이 없는 것들도 있고(스카이다이빙, 보라색으로 머리 염색하기), 약간만 수정하면 되는 것도 있다(일주일 저녁 메뉴 선택하기). 그들은 함께 새 침대 시트, 새 가방(정해진 금액 이내에서), 학교 하루 빠지기, 멀리 사는 친구 만나러 가기 등과 같은 장기적 보상 목록도 정했다. 단기적 보상 목록으로는 아이스크림 매장에서 스무디 사 먹기, 하루 저녁 식사 메뉴 정하기, 입욕제 한 세트, 5달러 보너스 등이 있다.

엄마와 엘리는 다음과 같은 조건이 명시된 계약을 작성한다.

- 저녁이 마음에 안 들 때는 차분한 말투와 공손한 언어를 사용해서 의사를 표현한다. 욕설, 고함, 비난은 안 된다. 혹시라도 위의 사항을

잊어버렸을 때 엄마나 아빠로부터 한 번 주의를 받는 것까지는 허용된다.
- 알아서 저녁을 챙겨 먹을 수도 있다(시리얼, 요거트, 와플, 샌드위치 등).
- 엘리가 공손하게 말해서 4포인트를 획득하면 작은 보상 목록에서 하나를 선택할 수 있다.
- 18포인트를 획득하면 큰 보상을 받을 수 있다.

나의 약속

이름: 엘리

날짜: 2022년 1월 4일

바꾸려는 행동: 저녁이 마음에 안 들 때 안 좋은 말 하는 것(욕설, 소리 지르기, 비난하기)

보상받기 위한 조건: 저녁이 마음에 안 들면 차분한 말투와 공손한 언어로 의사표현을 한다. 혹시 잊어버리더라도 엄마나 아빠의 주의를 통해 한 번의 기회를 더 가질 수 있다. 원하는 경우 저녁 대신 시리얼, 요거트, 와플, 샌드위치 등을 먹을 수 있다.

보상 목록

보상: 스무디	4포인트	보상: 새 침대 시트	18포인트
보상: 식사선택	4포인트	보상: 새 가방	18포인트
보상: 입욕제	4포인트	보상: 학교 하루 안 가기	18포인트
보상: 용돈 5달러	4포인트	보상: 줄리 만나러 가기	18포인트

본인 서명: 엘리

부모님 서명: 엄마

엘리네 집 저녁 시간은 순식간에 훨씬 더 행복해진다.

엘리가 작은 보상을 두 번 받은 뒤 엄마는 집안 분위기가 얼마나 좋아졌는지 실감 난다는 말을 엘리에게 하고, 더 큰 보상을 더 빨리 얻을 수 있는 기회를 제시한다. 바로 숙제하다가 짜증 날 때 공손하게 말하면 추가 포인트를 획득하는 것이다(목표 영역 확장하기).

이 시스템은 다음과 같은 이유에서 엘리에게 더 효과적이다.

1. 엄마는 엘리의 의견과 감정을 중시 여기고 있음을 보여주고, 함께 협력해서 계약을 작성한다(그리고 엘리는 엄마가 생각치 못했던 보상에 대한 아이디어를 제시한다).
2. 목표 행동이 매우 구체적이고, 단기 및 장기적인 목표가 명확히 정의되어 있다.
3. 엘리는 합당한 자격이 있을 때에만 보상을 받는다.
4. 엄마는 지속적으로 계획을 평가하고 엘리가 준비가 됐을 때 새로운 행동을 도입한다.

강화의 장애물

행동 변화로 가는 길이 다양한 요인들로 가로막히면 효과가 줄어들 수 있다. 강화를 효과적이지 못하거나 아예 활용하지 못하게 하는 흔한 장애물들을 살펴보자. https://blog.naver.com/happy_han-ga/222523899895에서 '6장 장애물 카드'를 내려받을 수 있다.

장애물 (마음속에서 하는 말)	우회로 (해결책)
애초에 안 때리는 게 당연한 건데 내가 왜 애한테 보상을 해줘야 되지?	"그래야만 한다"는 생각을 버린다. 당면한 문제가 무엇이고, 효과적인 것이 무엇인지에 초점을 맞춘다.
애도 뭐가 옳고 그른지 정도는 알 수 있다고!	"옳은" 것은 배우는 것이지 날 때부터 아는 것이 아니다. 설령 안다고 해도 그것을 무조건 행동으로 옮길 수 있는 것도 아니다. 아이가 적절하게 행동할 수 있는 기술을 모를 수도 있고, 그렇게 행동할 수밖에 없도록 강화되어 이미 습관이 되어 버렸을 수도 있다.
애는 그냥 보상만 얻으려고 행동할 거야. 이건 너무 인위적이야! 관심 끌고 그러는 거야! 학교 가는 게 정말 무서운 게 아니라 그 상황만 모면하고 싶은 거라고.	아이들은 자기가 왜 그런 행동을 하는지 동기를 모를 때가 많다. 관심을 끌려고 행동할 때조차도 그것을 의식하지 못할 수도 있다! 섣불리 판단하지 말고 마음챙김의 **기술하기** 기술을 사용하라.
난 이런 거 할 정도로 한가하지 않아.	맞다, 강화에는 시간과 노력이 필요하다. 하지만 아이의 행동에 대처하기 위한 모든 시간과 노력을 다 합쳐서 생각해 보면, 강화에 드는 시간은 그것과 비슷하거나 오히려 더 적고, 더 간편하다는 것도 알게 될 것이다! (아이의 한 가지 행동에 대해 적용해 본 뒤 결과가 어떤지 보라.)
아이가 행동을 잘하게 만들기 위해 왜 구워삶아야 하지?	구워삶는 것은 단기적 방법으로, 당장 당신이 원하는 대로 행동하도록 설득하는 것이다. 반면에 강화는 장기적 해결책으로, 대안적 행동을 알려준다(물론 단기적인 효과도 있다!).

보상이 사라지면 곧바로 예전 행동으로 돌아갈 거야.	강화를 적절하게 실행하고 효과적으로 줄여 나간다면 아이는 장기적으로 지속되는 전략을 배우고 새로운 행동 "경로"를 만들 수 있다.
아이가 하는 모든 것들에 대해서 보상을 받으면, 남은 인생 동안에도 계속 보상만 바라게 될 거야! 실제 현실은 이런 식으로 이루어지지 않아.	강화는 아이의 뇌와 행동 패턴을 재구성함으로써 스스로 조건화할 수 있게 해준다. 이를 통해 궁극적으로는 "실제 현실"에서 더 나은 행동을 만들기 위해 스스로에게 보상해 주는 법을 배울 수 있다.

앞부분에서 언급했다시피, 많은 부모들이 외인성(즉, 외부에서 주어지는) 강화가 아이의 자발적 동기부여를 심각하게 해칠 것이라고 생각하는데, 이는 강화의 장애물이 된다. 어떤 사람들은 그런 효과가 평생 지속된다고 주장하기도 한다. 수십년 동안 많은 연구들이 보상을 안 좋게 매도해왔다(Deci와 Ryan 1985; Lepper, Greene, Nisbett 1973; Gagné와 Deci 2005; Eisenberger, Pierce, Cameron 1999; Frey와 Jegen 2000). 이 연구들은 보상과 관련된 행동이 자발적 동기와 욕구를 떨어뜨린다고 주장한다.

하지만, 제대로만 실행하면 인센티브 계획으로 행동을 조성할 수 있고 실제 연구 결과도 그렇다(Ledford, Gerhart, Fang 2013; Cameron과 Pierce 1994). 첫째, 외적 강화의 부정적 효과는 간헐적 보상에는 적용되지 않는다. 예측 불가능한 보상은 내적 동기를 감소시키지 않는다. 또한 언어적 보상(일명 칭찬)은 내인성 혹은 내적 동기를 뚜렷하게 증가시킨다. 그것이 바로 당신이 보상 시스템을 설계할 때 꼭 칭찬을 포함시켜야 하는 이유이다!

외적 보상도 적절히만 주어지면 내적 동기를 낮추지 않는다. 우리는 아이들이 아직 접하지 못한 내적 동기를 활용할 수 있도록 외적 동기를 이용하는 것이다. 아이들이 알아서 저절로 동기부여를 가지기는 어려울 수 있다. 칭찬이 행동에 끼치는 영향을 관찰하면, 내적 동기에 접근하기 위해 외적 보상을 효과적으로 이용할 수 있다.

행동 차트를 실행하는 동안 아이가 스티커, 포인트, 보상 등을 얻을 때마다 칭찬해줘라. 아이가 그렇게 열심히 노력한 것에 대해 당신이 얼마나 자랑스러워하는지 말해줘라. 아이가 형제들과 싸우는 횟수가 얼마나 줄었는지, 집안이 얼마나 더 평화롭고 재미있어졌는지 강조해 보라. 궁극적으로 보상은 사라지겠지만, 아이가 보상을 통해 얻은 교훈은 오래 남을 것이다.

세상 일이 다 그렇듯이, 적절한 균형이 핵심이다. 보상은 양육 기술 도구상자에 넣고 있어야 할 귀중한 구성품이다. 제대로만 활용하면 내적 동기를 높일 수 있다.

이제 아이의 행동을 강화하는 것이 중요한 이유를 알았으니, 자신을 강화시켜 보자! 아이의 행동이 당신의 행동을 부정적으로 강화하고 있는 것을 느낄 수도 있다. 애들이 사소한 일로 다투기 시작하면 당신은 그걸 멈추기 위해, 또 호미로 막을 것을 가래로 막지 않기 위해 할 수 있는 모든 것을 다 할 것이다. 궁극적으로는 유발 요인을 찾아내고, 싸움이 임박한 조짐을 알아차린 뒤, 위기가 고조되기 전에 먼저 해결할 것이다. 예를 들어 아이들이 지루할 때 가장 심하게 싸운다는 사실을 알게 되면, 아이들의 신경이 곤두서 있을 때 게임을 제안할 수 있다. 경고음이 울리기 전에 안전벨트를 먼저 매는 것이다!

바로 이렇게 전운이 감도는 순간에 더 진행되는 것을 멈추기 위해서는

"좋든 안 좋든" 효과가 검증된 양육 기술을 사용하기 마련이다. 한 가지 확실한 방법으로 아이들에게 소리 지르는 것이 있다. 그래서 당신은 소리를 지르고 또 지르기를 반복한다. 당신을 포함한 모든 사람들을 다 불편하게 하더라도, 그게 효과가 있기 때문에 계속해서 소리를 지른다.

반복적으로 강화된 행동을 바꾸기는 정말 힘들다!

소리 지르는 것이 단기간에는 효과가 있겠지만, 그 결과는 아이에게도, 당신의 자존감에도, 부모-아이 관계에도 모두 안 좋은 것이 자명하다. 당신이 정말 행동을 바꾸고 싶다면, 솔직하게 자기와의 대화를 나누고 효과가 비슷한 다른 전략을 모색하라.

당신이 소리 지르는 것에 의존하지 않고 다른 효과적인 전략을 선택할 때 스스로 칭찬해 준다. 그럴 때마다 자신의 정신적(실물일 수도 있다!) 차트를 확인하고, 효과적인 것을 할 때 자신에게 적절한 보상을 해준다.

아이를 강화하기 위해 자신에게 강화를 사용할 수도 있다! 매일 한 번은 아이를 칭찬해 주기로 약속해 보라. 어느 정도 익숙해지면 하루에 두 번 칭찬해 주는 것으로 높이고, 시간이 갈수록 천천히 목표를 높인다. 그리고 보상을 꼭 챙겨라! 친구와 커피를 마시러 나가거나, 악마의 초콜릿을 사서 아이 몰래 혼자 먹거나, 당신이 하고 싶은 일을 하기 위해 돈을 모은다.

강화는 아이의 행동을 부드럽게 조성하는 데 활용할 수 있는 중요한 양육 도구다. 강화는 행동을 변화시키고 새로 구축하는 데 굉장히 효과적이지만, 다음 장에서 배우게 될 다른 전략들도 필요하다. 이 전략들은 아이의 바람직하지 않은 행동을 줄이는 데 활용된다.

7장

바람직하지 않은 행동을 줄이는 변화 전략

∙ ∙ ∙

세상에는 한결같이 긍정적이기만 한 부모가 있다. 바로 '항상 자상한' 엄마와 '우리 애가 나쁜 행동을 할 리가 없다고 믿는' 아빠다. 이들은 모두 긍정적이고 낙관적이며, 무엇이든 다 허락해 준다. 대부분 독자들은 이런 부모를 생각하면 화가 나면서도, 다른 한편으로는 나도 저렇게 긍정적인 부모가 되고 싶다고 느끼기도 한다.

아는지 모르겠지만, 부모 역할을 하는 데 있어서 긍정성이 항상 정답은 아니다.

현실적으로 강화 및 다른 긍정적인 행동 조성 전략만으로 아이의 모든 행동을 효과적으로 조성하는 것은 불가능하다. 6장에서 다룬 기법이 바람직한 행동을 늘리기 위함이라면, 이 장에서는 *바람직하지 않은 행동을 줄이는* 기법을 다룬다.

바람직하지 않은 행동을 중단하는 데 따라다니는 "훈육", "벌", "결과 consequence[8]" 같은 단어에 지레 겁먹지 마라. 특히 긍정적 양육 방식이 지나치게 강조되고 있는 이 세상에서 아이가 어떤 행동을 못 하도록 적극적으로 나서는 것이 망설여질지도 모른다. 하지만 행동 변화 전략은 효과적인 양육의 필수 요건이며, 수용 및 긍정과 평화롭게 공존할 수 있다.

8　대개 부정적 뉘앙스로, 안 좋은 결과를 의미한다.

물론 긍정성은 매우 중요하다. 그래서 이 책에서도 수용을 비롯한 더 부드러운 전략부터 다룬 것이다. 이 장에서 다루는 전략은 긍정적 전략보다는 적게 사용하는 것이 좋지만 중요도에 있어서는 결코 뒤지지 않는다. 그것은 마치 양육의 레시피에 들어가는 소금과 같다. 다른 맛을 보완하기 위해 꼭 필요하지만, 너무 많이 치면 요리를 망쳐 버리는 그런 것 말이다.

이 장에서 당신이 배울 것은 다음과 같다.

- 바람직하지 않은 행동을 줄이는 전략
- 효과적으로 벌(혹은 결과)주는 법
- 소거와 포만 기법을 사용하는 시기와 방법
- 벌, 소거, 포만의 장애물을 극복하는 법

벌

오늘날 육아에서 벌은 부당하게 많은 비난을 받고 있다. 벌 하면 매서운 질책("구석으로 가서 서 있어, 그게 벌이야!"), 엉덩이 때리기, 무섭고 권위적인 모습 같은 것이 연상된다.

많은 부모가 벌을 어떻게 줘야 할지 힘들어한다. 아마 징벌적이고, 통제하고, 학대하는 사람들(부모, 직장 상사, 나쁜 친구)과의 안 좋은 경험 때문일 수도 있다. 이런 유형의 사람들이 가하는 벌은 대개 극단적인 형태로, 감정적으로 이루어지기 때문에 효과도 없고 상처만 된다. 어릴 때 지나치게 벌을 많이 받은 부모가 아이를 양육할 때는 완전히 정반대로 지나치게 허용적으로 되기도 한다.

그 결과 요즘 양육에서 "벌"은 거의 금기어가 되어 버렸다(절대 아이를 벌줘서는 안 된다. 그건 잔인한 짓이다!). 이웃에 사는 비공식적인 양육 전문가와 초긍정적인 엄마 블로거들은 벌의 유해성을 경고하며, 벌보다는 "결과"로 눈을 돌리도록 제안한다.

하지만 "벌"과 "결과"는 거의 문법적 수준에서만 차이가 있을 뿐이다.

많은 부모는 "벌"을 아이가 부모를 두려워하게 만들 뿐인, 구시대적이고 불필요하며 가혹한 방법이라고 정의한다. "결과"는 아이의 행동으로 인해 발생하는 일이다. 이 책에서 정의하는 벌이란, 행동을 감소시키고 약화시키기 위해 결과를 부여하는 행위다.

효과 없는 벌은 우리에게 두려움을 느끼게 하는 것들로서, 통제력을 행사하기 위해 가혹하고, 감정적이고, 공격적이고, 무섭고, 아이가 부끄러움을 느끼게 만든다.

효과적인 벌은 부모들이 선호하는 더 부드러운 용어인 "결과"와 호환해서 사용할 수 있다. 효과적인 벌은 행동을 수정하고, 아이가 자신의 행동에 책임감을 느끼게 하며, 새로운 행동을 학습하게 만드는 데 사용된다. 벌을 효과적으로 주기 위해서는 감정이 개입되지 않은 상태에서 행동에만 초점을 맞춰야 한다.

벌을 적절하게만 준다면 양육에서 중요한 역할을 담당하며 장기적으로 상당한 효과를 볼 수 있다. 벌주는 것을 효과적이고 세심하게 사용하면 아이에게는 물론이고 당신과 아이의 관계에도 부정적인 영향을 끼치지 않을 것이다. 강화에 긍정적 및 부정적 유형이 있듯이, 벌에도 긍정적 및 부정적 유형이 있다. 원리는 강화와 동일하다.

긍정적 = 무언가를 더하는 것

부정적 = 무언가를 없애거나 피하는 것

긍정적 벌은 아이의 행동을 멈추기 위해 아이가 원치 않는 결과를 더하는 것이다. 긍정적 벌의 예로는 다음과 같은 것들이 있다.

- 타임아웃
- 집안일 더 많이 하기
- 손해 배상
- 일찍 자기
- 질책, 꾸중, 소리 지르기

타임아웃에 대해 한마디 하겠다. 아이를 그 상황에서 빼내는 것은 유아나 어린 아이들에게 특히 효과적이다. 이는 결과로 기능하면서도 아이(및 관련된 다른 아이들)가 진정할 수 있는 시간도 벌어준다. 타임아웃의 철칙은 만 나이로 한 살당 1분씩 더하는 것이다(7살이면 7분).

타임아웃은 조용하고 안전한 곳(계단, 아이 방, 조용한 방)에서 진행돼야 한다. 다른 사람들과 함께 있는 곳이나 자극이 많은 곳에서 타임아웃을 하는 것은 효과가 떨어진다. 아이를 구석지거나 좁은 곳에 두는 것은 벌로 느껴질 수 있으므로 피해야 한다.

타임아웃은 아이가 차분하고 조용할 때 시작해야 한다. 아이가 결과를 경험하고 소화하기 위해서는 조용한 시간이 필요하다. 그게 바로 타임아웃의 핵심이다! 아이가 계속 소리 지르고, 울고, 당신에게 말하고 있을 때

타임아웃을 종료한다면, 아이는 자기가 그렇게 소리 지르거나 떼써서 타임아웃을 끝냈다고 생각할지도 모른다. 그런 식으로 행동은 강화되고 타임아웃은 소기의 목적을 달성하는 데 실패한다.

아마 때리거나 그 외 다른 유형의 체벌이 목록에 없는 것을 알아차렸을지도 모른다. 나는 체벌을 강하게 반대하는데, 그 이유 중 하나는 체벌은 항상 강렬한 감정이나 분노 때문에 이루어지기 때문이다. 더 중요한 이유로는, 체벌이 장기적으로 정서적, 신체적 손상을 유발할 가능성이 있고 실제로도 그렇다는 것이다. 단기간 연구에서도 엉덩이를 맞은 아이들은 문제를 더 폭력적인 방법으로 해결하려는 경향을 보이는 것으로 나타났다(Simons와 Wurtele 2010).

나는 개인적으로 내 아이들에게도 체벌을 하지 않으며, 체벌에 의지하지 않고도 아이들을 잘 키워 낸 부모들을 수없이 많이 봐 왔다. 미국의 한 연구에서는 대부분 부모가 한 번 이상 체벌을 한 적이 있는 것으로 나타났는데(Gershoff 등 2012), 세상에는 덜 위험하고 더 효과적인 무수히 많은 전략들이 있다.

이제 부정적 벌로 넘어가 보자. 이 전략은 행동을 중단하거나 예방하기 위해 아이가 원하는 것을 없애는 것이다. 부정적 벌의 예로는 다음과 같은 것들이 있다.

- 외출 금지
- 특혜 박탈
- 용돈 삭감
- 장난감 압수

• 야유회 및 액티비티 금지

부정적 벌의 한 가지 장점은 별도의 결과를 추가할 필요가 없다는 것이다. 그 대신 현재 아이가 누리고 있는 특혜를 찬찬히 살펴본 뒤, 벌을 주는 효과적인 수단으로 무엇을 빼앗을지만 생각하면 된다.

벌의 장점과 단점

벌을 주는 데에는 다 그만한 이유가 있다. 효과적이기 때문이다! 효과적인 벌의 한 가지 이점은 행동을 멈출 수 있다는 것이다. 아이가 정말 불쾌하게 여길 만한 결과를 부여하는 것은 문제 행동을 바로 멈출 수 있기 때문에, 심한 문제 행동을 다루는 데 가장 효과적이다. 벌은 아이에게 그런 행동이 좋지 않으며, 계속 그렇게 행동하면 그만한 결과가 따른다는 메시지를 단호하면서도 명확하게 전달한다. 벌을 줄 수 있는 행동에는 신체적 공격성, 기물 파손, 통금 시간 위반, 절도, 공공연한 반항 등이 있다.

벌의 또 다른 이점은 아이가 그런 행동을 하면 안 된다는 강력한 메시지를 전달한다는 것이다(반대로, 벌을 안 주면 아이의 바람직하지 않은 행동을 허용한다는 메시지를 전달하게 된다.)

마지막으로, 벌은 아이가 자기조절 능력을 키우는 데 도움이 된다. 용납 불가능한 많은 행동들을 못 본 채 넘어가는 허용적 양육 방식은 효율성이 굉장히 떨어질 수 있다('그냥 무시하면 알아서 그만하겠지!'). 어린아이들의 주 양육자 1,141명을 대상으로 한 설문 결과, 허용적 방식으로 양육하는 부모의 아이들이 자기조절 능력을 발달시키지 못할(즉, 인지, 감정, 행동

통제가 어려움) 위험이 가장 높았다. "아이를 벌주는 것을 피하"거나 "아이가 자기 행동을 직면하게 하지 않는" 부모의 아이들이 자기조절 기술이 더 부족하다는 연구 결과도 있다(Piotrowski, Lapierre, Linebarger 2013).

아이에게 적절하게 벌을 주지 않으면 장기적으로 감정과 행동을 조절하는 능력에 지장이 생긴다. 아이가 행동의 결과를 배우지 못하면 자신의 행동을 책임지거나 충동을 조절할 수도 없고 그럴 마음도 안 들 것이다. 이러한 성향은 어른이 되어서도 지속될 가능성이 높다.

벌이 그렇게 훌륭한 방법이면 왜 항상 사용하지 않는 걸까? 효과만 있다면 수없이 벌을 주면 되는데 말이다.

벌이 양육의 핵심 기법이기는 해도 단점 또한 많다. 무엇보다 일단 기분 좋은 방법이 아니다. 양육의 다른 부분과 마찬가지로 여기에서도 균형이 가장 중요하다. 부정적 강화처럼 벌 또한 아이를 불편하게 만들 것이다. 대개 그런 불편한 느낌 때문에 변화하기는 하지만, 지나치게 사용하면 아이가 알게 모르게 자학에 빠질 수도 있음을 명심해야 한다. 벌을 자주 받는 아이는 '난 맨날 벌받아', '난 나쁜 아이임이 틀림없어', '난 못난이야', '난 제대로 할 수 있는 게 하나도 없어' 같은 생각을 하게 된다. 이는 아이의 자기가치감과 자아상에 해로운 영향을 끼칠 수 있다.

지나치게 벌을 많이 주는 것은 부모-아이 관계도 심각하게 훼손할 수 있다. 아이는 부모가 자신을 사랑하지 않거나 좋은 면을 하나도 봐주지 않는다고 느낄 수 있다.

벌은 단기간에는 효과적일지 몰라도 장기적으로 행동을 변화시키는 데에는 효과가 가장 떨어진다는 것 역시 단점이다. 벌이 당장 그런 행동을 못하게 중단할 수는 있지만, 장기적으로 새로운 행동을 할 수 있게 가르쳐 주지는 않기 때문이다. 나쁜 행동들이 알아서 사라지지는 않는다.

전과자들이 왜 출소한 뒤에 또 범죄를 저지르는지 궁금해한 적이 있는가? 흔히 처벌이 강력한 억제책이 될 수 있다고 생각하겠지만 많은 사람들이 다시 범죄를 저지른다. 대개 징역형은 효과적인 처벌 지침을 충족하지 못한다. 행동과 밀접한 관련이 없고, 범죄를 저지른 직후에 이루어지지도 않으며(대개 기나긴 재판 과정이 진행된다), 바람직한 행동을 가르치거나 강화하지도 않기 때문이다. 이 마지막 부분이 바로 사법체계가 받고 있는 흔한 비판이다. 수감자들은 치료, 사회복귀, 더 나은 선택을 하는 데 필요한 어떤 도움도 받지 못한다.

큰 딸이 장난감으로 남동생의 머리를 때리면, 아이에게서 장난감을 빼앗는 결과를 통해 효과적으로 행동을 중단할 수 있다(앞으로 딸은 같은 행동을 하기 전에 두 번 생각할지도 모른다). 하지만 그런다고 해서 다음에 남동생이 자기 장난감을 갖고 놀려고 할 때 할 수 있는 다른 행동을 가르쳐주거나 강화하지는 않는다. 바로 안 된다고 말하고("동생이 다치잖니, 그러면 안 돼!") 결과를 상기시키는("내일까지는 장난감 못 가지고 놀 줄 알아") 것만으로도 같은 행동을 반복하지 않게 만들기에 충분할 때도 있을 것이다. 하지만 어디까지나 이는 아이가 대안적 행동을 이미 알고 있을 때에만 가능한 얘기다.

벌의 마지막 단점은 아이가 벌받을 것에 대한 두려움으로 벌주는 사람(바로 당신이다!)이 있을 때에만 행동을 억제하거나 숨기게 되는 것이다. 즉, 아이는 행동을 아예 그만두는 게 아니라 당신이 근처에 있을 때에만 잠시 멈출 것이다.

우리는 아이가 행동을 억제하기 바라고 그렇기 때문에 벌을 준다. 당신이 있을 때만 안 좋은 행동을 안 했다가 없으면 다시 하기를 바라지는 않을 것이다. 아이는 안 좋은 행동을 대체할 다른 행동을 배우거나 강화해야 한다. 우리는 안 좋은 행동을 억제하는 동시에 더 적절한 행동을 강화하고 아이가 더 나은 선택을 하도록 북돋아줘야 한다(이 장의 뒷부분에서 그 방법을 배우게 될 것이다).

효과적으로 벌주는 법

벌이 필요한 경우가 있더라도 꼭 필요할 때에만 분별 있게 사용해야 한다.

언제나 효과를 최우선적으로 고려해야 한다. 효과가 있는지 알아보기 위해 결과를 평가하고, 효과가 없는 것은 중단한다(아이를 방으로 들여보내면 더 이상 그 일에 대해 생각을 안 할 수 있지만 아이는 방 안에서 계속 말대꾸를 한다. 이럴 때는 새로운 작전이 필요하다!) 효과는 부모의 태도, 바디 랭귀지, 말투, 감정에 지대한 영향을 받는다. 안 좋은 행동을 중단하고 새로운 행동을 가르치기 위한 일환으로 벌을 준다면 효과를 볼 가능성이 높다. 하지만 아이를 통제하고 권력을 행사하기 위한 방법으로 벌을 준다면 실패할 가능성이 높다. 자신의 감정과 행동에 주의를 기울여서, 징벌적이고 구태의연하고 효과가 없는 것이 아닌 "효과적인" 벌의 기준에 부합하는지 확인한다.

효과적인 벌의 기준은 다음과 같다.

구체적: 벌받는 이유를 아이에게(그리고 당신에게도) 명확히 하여 힘겨루기나 타협의 여지를 없앤다.

> *효과적:* "제시간에 집에 들어오지 않았으니까 내일은 노는 시간 10분 줄어들 거야."
>
> *비효과적:* "이번에 늦게 들어왔으니까 다음에는 일찍 들어와야 한다."

한시적: 막연하고 종료 시점이 불분명한 벌은 주지 않는다.

> *효과적:* "내 지갑에서 말도 없이 20달러를 꺼내 갔으니 이번 주말에 예정됐던 쇼핑에 안 데려갈 거다."
>
> *비효과적:* "자기조절하는 법을 배울 때까지는 외출 금지다."

의미 있는: 결과는 아이에게 현실적인 영향력을 발휘해야 한다.

> *효과적:* "공을 던져서 여동생을 맞췄으니까 일요일까지 공을 압수할 거야."
>
> *비효과적:* "앞으로 이틀 동안은 오후 내내 방에 있어야 한다." (그 방에는 온갖 장난감과 비디오게임이 널려 있다.)

적절성: 결과의 심각도가 "잘못"에 걸맞아야 한다. 사소한 잘못으로 심한 벌을 줘서는 안되며, 그 반대도 마찬가지다.

> *효과적:* "통금 시간 이후에 집에서 몰래 빠져나갔으니까 앞으로 1주일 동안은 외출 금지다."
>
> *비효과적:* "오늘 집에 10분이나 늦게 들어왔으니까 앞으로 2일 동안은 밖에서 못 놀 줄 알아."

행동과 긴밀한 관련성: 벌주는 이유가 "잘못"과 논리적으로 관련이 있어야만 아이가 결과를 자신의 행동과 관련지을 수 있다. 자신에게 물어보라: '나는 아이가 결과로부터 무엇을 배우기 바라는가?'

> *효과적:* "네가 부순 벽 수리비는 네가 저축한 돈에서 내야 한다."
>
> *비효과적:* "창문으로 장난감을 던졌으니 용돈을 못 받을 줄 알아."

한정적: 벌받는 기간이 끝난 뒤에는 벌과 관련된 것에서 벗어나 처음부터 새로 시작한다. 이미 끝난 것을 가지고 아이에게 계속 얘기하지 말고, 앞으로 나아가라.

효과적: "여기 이번 주 용돈이다. 네가 다시 용돈을 받을 수 있어서 기쁘고, 앞으로 다시는 용돈을 못 받는 일이 없었으면 좋겠구나. 이 돈 가지고 뭘 살 거니?"

비효과적: "좋아, 이번 주 용돈은 주마. 하지만 지난주에 있었던 일을 내가 잊었다고 생각하지는 마."

앞서 언급했던 것처럼, 결과만 통해서 대안적 행동을 배울 수는 없다. 아이는 그 상황에 대처할 수 있는 더 나은 행동을 진짜 모를 수도 있고, 새로운 행동을 강화하기 위해 도움이 필요할지도 모른다. 효율성을 최대한 높이기 위해서는 아이가 비슷한 상황에서 적용할 수 있는 대안적 행동을 알려줘야 한다. "친구가 놀리면 바로 때리지 말고 선생님이나 다른 어른들께 말씀드리렴.", "화가 나면 진정될 때까지 방에서 시간을 보내거나, 산책, 심호흡, 음악 감상 같은 것들을 해보렴.", "내가 차려준 저녁이 마음에 들지 않으면 네가 원하는 것을 얘기해도 돼."

강화처럼 대안적 행동을 가르치고 증대시키는 전략과 결과를 같이 사용하면 가장 효과적이다. 아이가 결과를 통해 차분해지면, 문제를 다른 방식으로 다루는 방법을 논의하는 자리를 가져라. 6장에서 배운 기술을 여기서 활용하는 것이다! 아이가 대체 행동을 사용하는 것을 보는 즉시 긍정과 칭찬을 사용해서 강화, 강화, 강화, 그리고 또 강화하라.

벌 자체에 대체 행동이 포함되어 있는 경우도 있다. 할 수만 있다면, 아이가 행동 교정은 물론 자신의 행동이 일으킨 결과를 바로잡고 원래보다 더 나은 상태가 되게끔 해보라. "놀이방에서는 그림 그리면 안 된다고 했잖니. 바닥과 테이블에 그려 놓은 것들 싹 다 지우면서 벽장에 있는 진열대도 제대로 정리하렴."

이것을 과잉교정이라고 부르며, 단순히 행동만 수정하는 것보다 더 효과적인 경우가 많다. 아이가 저항해도("이건 불공평해요. 전 벽장에다가는 아무것도 안 했다고요!") 말싸움할 필요 없이 그냥 아이가 해야 할 일을 얘기하고 일을 다 마칠 때까지 무언가를 보류하기만 하면 된다. "놀이방과 벽장이 깔끔해져야 다시 친구들이 놀러 올 수 있어."

과잉교정은 아이가 긍정적인 행동을 하게 만들기 때문에 종종 "긍정적 실천"이라고도 불린다. 이렇게 하면 행동을 대체하고 강화하기 때문에 벌만 주는 것보다 더 효과적이다. "문을 쾅 닫지 않고 살살 닫는 연습을 열 번 해보자.", "네가 동생을 꼬마라고 놀렸으니까 좋은 말을 세 개 해주렴.", "신었던 양말을 집어서 빨래 바구니에 넣었다가 꺼낸 뒤 다시 넣으렴."

궁극의 효과를 얻기 위해서는 다음에 나오는 "하지 말아야 할 것들"을 피해야 한다.

해로운 결과를 사용하지 말 것. 절대 아이의 기본적 욕구와 관련된 것(예: 음식, 보금자리, 사랑)을 행동의 결과와 관련짓지 마라. 다음은 금물이다. "방으로 들어가, 오늘 저녁은 못 먹을 줄 알아!", "뭘 잘못했는지 알 때까지 집에 들어오지 마!"

아이를 비난하거나 비하하지 말 것. 아이를 존중하며 차분하게 말한다. 다음은 금물이다. "네 또래 애들은 이런 짓 안 해", "내가 뭘 할 수 있는지 보여주마. 다음에는 다시 생각하게 될 거야", "너 제정신이니?!"

비아냥거리거나 혐오감을 드러내지 말 것. 만약 그렇게 하면 아이는 자신을 나쁘게 여길 것이고, 방어적으로 대들거나 아예 입을 닫아 버릴 것이다. 다음은 금물이다. "이야, 통금 시간을 1시간이나 지나서 드디어 나타나셨군!", "내 자식이 그런 행동을 하다니 믿을 수가 없구나, 너무 부끄럽다. 널 쳐다보지도 못하겠어."

타협이나 힘겨루기에 빠지지 말 것. 결과를 단호히 말하고, 조건을 두고 흥정에 빠지지 말 것. 한 번 힘겨루기에 빠지면 나락으로 떨어지게 된다. 다음은 금물이다. "난 네가 뭐라고 하든 상관 안 해. 그런 바보 같은 램프에 쓸 돈 없어!", "그동안 네가 누리던 걸 다 빼앗겨 봐야 정신을 차리겠구나!"

떼쓰거나 "불공평해요"라는 외침에 굴복하지 말 것. 아이가 불공평하다고 투덜대면 당신의 결정을 뒤늦게 후회하기 쉽지만, 그렇게 굴복하면 애써 노력한 것을 수포로 만들 것이다(최악의 경우에는 안 좋은 행동을 간헐적으로 강화함으로써 다음번에는 두 배 더 길게 떼를 쓸 것이다!) 꿋꿋이 버텨라. 당신이 지침을 따랐다면, 벌에 대한 확신을 지닐 수 있을 것이다.

벌을 기존의 강화와 섞지 말 것. 결과를 현재 진행 중인 어떤 강화와도 엮으면 안 된다. 아이가 상을 받기 위해 스티커를 모으고 있다면, 아이가 아무리 안 좋은 행동을 하더라도 이미 아이가 획득한 스티커나 상을 빼앗는 식으로 벌을 주면 안 된다(행동이 강화와 관련이 없다면 특히 그렇다).

항상 곧바로 벌주지는 말 것. 일반적으로는 그 즉시 벌을 줌으로써 아이가 행동과 결과를 관련짓게 하는 것이 중요하다. 하지만 어떤 경우에는 아이를 곧바로 벌주는 것이 비효과적일 때도 있다. 이럴 때는 아이에게 나중에 결과가 따를 것임을 얘기하는 것도 괜찮다. 다음의 몇몇 상황에서는 벌을 나중으로 미루는 것이 최선이다.

첫째, 아이가 통제 불능의 상황일 때. 이럴 때 곧바로 벌주게 되면 아이를 더 불안 초조하게 만들어서 행동을 더 심화시키고, 상황은 급속도로 안 좋아질 것이다. 아이는 결과를 수용하지 않을 것이며 경험을 통해 아무것도 배우지 못할 것이다. 필요하면 아이를 그 상황에서 빼낸 뒤 일단 진정된 뒤에 다시 결과를 다루는 것이 좋다.

둘째, 당신의 감정 상태에 문제가 있을 때. 당신의 감정이 고조된 상태에서는 벌주면 안 된다. 자신의 마음을 들여다보라! 화나거나 답답할 때 결과를 제시하는 것은 당연히 효과가 없다. 마음을 추스를 때까지 기다렸다가 결과를 생각하라(그런 뒤에 더 자제력을 지닌 상태에서 그것을 아이에게 전달하라). 이렇게 하면 강렬한 감정을 다루는 법을 보여줌으로써 감정 조절을 잘 못하는 아이에게 자제력의 본을 보일 수 있다.

셋째, 어떨 때는 당신과 아이 모두 크게 감정에 치우치지 않은 상황에서도 그 자리에서 결과를 생각하기 어려울 때도 있다. 당장 효과적인 결과를 떠올리기 어려울 때 억지로 생각해 낸 것을 적용하면 나중에 후회하기 십상이다. 그 대신 아이에게 결과가 있을 것이고 그게 무엇인지는 나중에 알려주겠다고 얘기하는 게 낫다.

아이가 행동 문제를 보이고 있을 때에는(특히 그 행동이 딱히 심각하지 않다면) 나중에 적절한 결과를 생각하는 것도 나쁘지 않다. 때로는 결과가 저절로 나타나기도 한다! 예를 들어 아이가 격앙된 상태에서 당신에게 "바보 같다"고 말하는 경우가 있다. 그냥 넘어갈 수도 있겠지만 5분 뒤 아이가 같이 게임을 하자고 하면, 주저하지 말고 당신에게 그런 식으로 말한 뒤에는 함께 놀 수 없다고 차분히 얘기하라.

자연적 결과

자연적 결과는 말 그대로 당신의 개입 없이 순전히 아이의 행동으로 인해 나타나는 *자연적인* 결과를 말한다. "고생하며 배운다"는 말도 있지 않은가(율리우스 카이사르는 "경험은 만물의 스승이다"라고 말했다). 그것은 바람직하지 않은 행동에 대한 삶의 교훈이고, 아이의 안 좋은 행동을 줄이기 위해 그 힘을 활용할 수 있다.

장기적으로 보면 자연적 결과가 부모가 만든 결과보다 더 효과적일 수 있다. 그것은 행동과 긴밀하게 연관되어 있으며 부모-아이 관계에 어떤 손상도 주지 않는다. 이는 당신에게는 축복이다. 직접 실행할 필요가 없으니 아이도 굳이 당신에 대한 부정적 감정을 느끼지 않는다.

가능하면 자연적 결과가 나타나기 전에 미리 아이에게 언급을 해주는 것이 좋다. "늦게 자면 다음날 집중하기 힘들 거야.", "친구를 놀리면 걔가 너랑 안 놀 거야.", "공부를 안 하면 시험 성적이 안 좋을 거야.", "옷 입는 데 너무 시간을 많이 쓰면 아침에 토스트 먹을 시간이 없을 거야." 이런 식으로 언급을 함으로써 행동과 결과를 관련지을 수 있고, 나중에 그런 일이 생겼을 때 아이가 그 관련성을 인식할 수 있게 된다.

그런 행동의 결과가 나타날 때 우쭐대며 "거 봐라 내가 뭐랬니!"라고 말하고 싶은 욕구를 꾹 참아야 한다. 아이가 여러 가지를 종합적으로 고려하여 추론하지 못할 것 같으면, 그저 사무적으로 아이의 행동으로 무슨 일이 일어났는지 언급하고 아이 스스로 결론을 도출할 수 있도록 하라. 아이는 당신이 그런 일이 일어날 수 있다고 말한 것을 알고 있으니 굳이 그 앞에서 들먹거릴 필요 없다. 상황에 따라서는 아이가 공부를 안 한 행동을 인정하지 않으면서 결과에 대한 감정에 공감하는 것이 나을 때도 있다. "이 과목 때문에 평균 점수가 낮아져서 실망이 크겠구나."

비슷한 상황이 반복될 때 이를 자연스럽게 언급해도 된다. "내일 중요한 시험이 있으니까, 지난번 같은 일이 생기지 않게 공부 열심히 하렴." 다만, 아이와의 관계를 먼저 확인하고 아이가 들을 준비가 되어 있을 때만 얘기해야 한다. 결과가 자명하다면 그런 말을 했다고 아이로부터 원망을 들을 수도 있다("또 그 얘기예요!"). 이는 아이와의 관계를 손상시킬 수 있고 어떤 이득도 가져다주지 못할 수 있다!

아이가 공부를 충분히 안 해서 시험 성적이 안 좋으면 오히려 아이를 감싸며 학교 선생님을 찾아가 성적을 올릴 수 있는 방법을 상의하고 싶은 마음이 들지도 모른다. 성적이 부당하게 낮게 나온 게 아니라면 결과에 개입하지 마라! 아이가 괴로워하는 것을 지켜보는 것은 힘든 일이지만, 아이스크림을 사주면서 보상해 주지는 마라. 그 때문에 자연적인 결과의 긍정적인 효과가 반감될 수 있기 때문이다.

아이에게 경고했던 자연적인 결과가 안 나타날 때도 있는데, 이때 아이는 굉장히 고소해한다. "거봐요, 아무 일도 없잖아요!" 공부를 안 하고도 시험 문제를 다 맞을 수 있다. 따뜻한 옷을 안 입고도 감기에 안 걸릴 수 있다. 차 지붕에 올라가 놀고도 떨어져 다치거나 차체가 움푹 패지 않을 수 있다. 이럴 때는 어떻게 해야 할까?

당신이 결과를 추가하고 싶은 마음이 들기도 하겠지만, 이는 역효과를 불러일으킬 뿐이다. 그보다는 아이를 앉혀 놓고 왜 당신이 결과에 대해 경고했는지 얘기해 주는 것이 좋다. "일이 잘 풀려서 정말 다행이다. 하지만 난 네가 일을 미루고 책임지지 않는 것이 장기적으로는 더 해가 된다는 것을 알려주고 싶어.", "난 너를 사랑하고 너의 무책임함 때문에 상처

받는 것을 보고 싶지 않단다." 어떤 행동에 대한 자연적 결과가 없다면(혹은 결과가 안전하지 않다면) 행동을 멈출 수 있는 다른 방법을 선택한다.

아이가 자연적 결과를 경험하도록 두지 말아야 하는 몇 가지 경우가 있다. 아이의 행동으로 아이나 다른 사람들이 다칠 수 있을 때(예: 지붕 위로 올라가기, 자전거를 타고 동생을 향해 돌진하기), 결과가 아이에게 해로운데도 개의치 않을 때(예: 양치 안 하기, 감자칩 말고 다른 건 하나도 안 먹기). 이런 경우에는 다른 행동 변화 전략들을 함께 활용하는 것이 좋다.

실전 활용: 벌

12살 헤이즐은 10살 남동생 소여와 항상 티격태격한다. 오늘은 소여가 자신이 아끼는 젤 펜을 허락 없이 사용하자, 소여의 물건들을 어질러 놓음으로써 앙갚음하기로 마음먹었다.

소여: *(울면서 아빠에게 달려온다)* 아빠! 아빠! 누나가 제 방을 다 어지럽혀 놨어요! 방에 있는 것들을 바닥에 막 다 꺼내 놓고 비행기 모형도 부수고… *(어찌할 바를 모른다)*

아빠: *(상습적인 싸움에 이미 지칠 대로 지친 상태로)* 누나가 뭘 했다고?! 한번 가 보자. *(아빠는 헤이즐 방으로 부리나케 달려가고, 헤이즐은 문 뒤에 숨으려는 참이다)*

아빠: 헤이즐! 어떻게 동생 방을 그렇게 망가뜨릴 수가 있니! 당장 나와! *(아빠는 헤이즐을 혼내며 소여의 방으로 함께 간다)*

헤이즐: 하지만 아빠, 쟤가 먼저 제 물건에 손댔다고요!

아빠: 네 물건에 손을 대? 소여가 네 물건을 망가뜨렸니? 여기 방을 좀 봐라! 완전 엉망으로 만들어 놨잖니! 방을 원래대로 정리해 놓을 때까지는 여기서 못 나갈 줄 알아. 그리고 소여한테 비행기 모형 새로 사주고. 앞으로 1주일 동안은 소여가 했던 집안일을 대신 해야 할 거다.

헤이즐: 싫어요! 싫어요! 안 할 거예요! 그건 너무 불공평하다고요! 쟤는 제 물건 만져서 한 번도 문제된 적이 없었다고요. 절대 방 안 치울 거예요. 쟤는 그래도 싸요! 쟨 정말 나쁜 애예요, 진짜 싫어 쟤! 아빠도 싫어요! *(쿵쿵대며 자기 방으로 가서 홧김에 물건들을 집어던지기 시작한다)*

아빠: *(헤이즐을 쫓아가며)* 뭐 하는 거니? 아빠한테 그런 식으로 말하면 안 되지!

헤이즐: 난 아빠 싫어요! 이 집이 싫다고요! 식구들 다 죽어 버렸으면 좋겠어! *(책상을 난폭하게 발로 찬다)*

아빠: *(헤이즐의 팔을 붙잡으며)* 지금부터 다른 사람들을 존중하고 물건에 대한 소중함을 알 때까지 외출 금지다.

아빠와 헤이즐 둘 다 자신과 상대방에게 화가 난 상태이고, 헤이즐은 이번 일로 딱히 교훈을 얻을 것 같아 보이지는 않는다.

일어난 일을 살펴보자.

1. 아빠는 처음에 중대한 실수를 했다. 바로 화난 상태로 아이를 가르치려고 한 것이다.

2. 아빠가 처음에 제시한 결과(방 청소와 망가뜨린 모형 사주기)는 구체적이고, 한시적이고, 잘못과 긴밀히 관련돼 있다. 백점이다!
3. 소여의 집안일을 대신 하는 결과는 그다지 효과적이지 못하다. 행동과 밀접한 관련도 없고 "잘못"에 비해서 지나치게 가혹하다.
4. 아빠는 계속해서 감정에 치우쳐 있어서 헤이즐이 벌에 반발하자 강하게 반응한다.
5. 아빠는 헤이즐의 행동이 심해질수록 계속 결과를 추가하고, 힘겨루기의 나락으로 떨어지게 된다.

그럼 이번에는 효과적으로 다시 해보자.

소여: *(울면서 아빠에게 달려온다)* 아빠! 아빠! 누나가 제 방을 다 어지럽혀 놨어요! 방에 있는 것들을 바닥에 막 다 꺼내 놓고 비행기 모형도 부수고… *(어찌할 바를 모른다)*

아빠: *(마음을 가다듬기 위해 숨을 깊이 들이마시고 화를 가라앉힌다)* 아이고 저런, 소여야, 진짜 속상하겠다, 그 비행기 모형 정말 열심히 만든 거잖아. 아빠가 알아서 할 테니 잠깐 마당에 나가서 놀고 있으렴.

아빠: *(절제된 말투로)* 헤이즐, 일어나렴. 소여 방을 완전히 엉망으로 만들었더구나. 소여가 진짜 열심히 만든 비행기 모형도 부쉈고.

헤이즐: *(반항적으로)* 상관없어요! 걘 그래도 싸요! 제가 아끼는 펜들을 허락도 없이 쓰고 색깔도 마구 뒤섞어 놨다고요. 걘 또라이에

요, 걔 진짜 싫어요!

아빠: 정말 속상하겠구나. 소여가 네 물건 만지는 것을 싫어하는 건 아빠도 알아. 그 얘기는 나중에 따로 하자. 하지만 다른 사람들의 물건을 망가뜨리는 것은 절대 하면 안 되는 거야. 일단 지금은 마음을 가라앉히는 게 좋겠다. 네가 지금처럼 화가 나 있지 않을 때 다시 얘기하자.

[헤이즐은 문을 쾅 닫고 들어가 자신이 얼마나 불공평한 생활을 하고 있는지에 대해 크게 큰 소리로 말한다. 30분 뒤 아이가 잠잠해지자 아빠가 다시 찾아가 얘기를 꺼낸다.]

아빠: 지금은 마음이 진정돼서 다행이구나. 소여가 네 펜들을 사용해서 굉장히 기분이 나빴던 건 아빠도 이해해. 소여한테도 얘기했어. 소여가 네 물건에 손을 대기는 했지만 그렇다고 방을 망가뜨려도 되는 건 아니야. 이제 소여 방으로 가서 원래대로 깔끔하게 정리해 놓으렴. 네가 부순 비행기 모형은 새로 하나 사주고. 그걸 다 할 때까지는 스크린타임도 없고 친구하고도 못 논다.

헤이즐: 하지만 아빠, 제가 걔 방 전체를 어지럽힌 건 아니에요! 제가 왜 방을 다 치워야 되죠?

아빠: 그게 네가 감당해야 할 결과란다. 사람들의 물건을 망가뜨리면 안 되는 거야.

[헤이즐은 쿵쿵대며 나간다. 헤이즐이 소여의 방을 다 정리한 뒤 아빠가 다시 찾아간다.]

아빠: 네가 이렇게 소여 방을 깔끔하게 정리해서 정말 자랑스럽구

나! 이제 친구들과 놀아도 되고 스크린타임도 다시 가능해. 다음에 네가 소여한테 화가 많이 날 때 어떻게 하면 좋을지 얘기해 볼까? 좋은 생각 있니?

헤이즐: (여전히 약간 삐친 채) 네. 방문에다가 쇠사슬을 감아서 다시는 개가 방에 못 들어오게 하면 될 것 같아요.

아빠: (킥킥대며) 그것도 소여가 네 물건에 손을 못 대게 하는 데 도움이 될 수 있겠구나. 내 생각엔 소여가 계속 널 짜증나게 할 방법을 찾을 것 같아. 그럴 때 엄마나 아빠한테 말하는 건 어떨까? 다른 더 좋은 생각 있니?

헤이즐: 생각해 볼게요.

아빠: 좋아. 혹시 물어볼 게 있으면 얘기하고. 아빠는 항상 널 도울 준비가 되어 있단다!

이 버전에서 헤이즐은 선을 넘는 행동을 하면 그에 상응하는 결과가 따라온다는 교훈을 얻는다. 아이와 아빠의 관계, 그리고 집안 전체 분위기는 더 긍정적으로 유지되고, 아빠는 평정심을 유지한다.

아빠가 잘한 건 뭐였을까?

1. **마음챙김:** 문제를 해결하기 위해 마음을 진정시킬 때까지 잠시 시간을 가졌고, 그 결과 감정에 휩싸이지 않았다. (보너스: 아빠는 소여의 마음도 함께 다독였다)

2. **인정하기:** 헤이즐의 행동은 부적절했지만, 소여가 자기 펜을 만지는 것에 화나는 것은 인정했다. 이를 통해 상황을 진정시키고 헤이즐이

감정을 가다듬게 할 수 있었다.
3. **소거**(이제 곧 다룬다!): 당면한 과제에 계속 초점을 유지하며, 헤이즐의 비난("또라이"), 문 쾅 닫기, 소리 지르기 같은 곁가지에 신경 쓰지 않았다.
4. **효과**: 결과를 제시하기 전에 헤이즐이 통제 불능의 상태에서 진정될 때까지 기다렸다. 결과는 적절하고, 구체적이고, 의미 있는 것이었다. 아빠는 또한 헤이즐이 망가뜨린 것 외에도 소여의 방 전체를 청소하도록 과잉교정시켰다. 청소를 전부 마칠 때까지 스크린타임과 친구와 노는 것을 제한함으로써 동기를 부여했다. 모든 결과가 주어진 뒤에는 헤이즐의 행동을 굳이 다시 언급하지 않았다. 지나치게 비판하거나 벌주거나 화내지 않으면서 앞으로 나아갔고, 헤이즐이 다음에 실행할 수 있는 대안적 행동을 찾아내도록 도왔다.

효과적인 양육법 덕분에 결론은 완전히 다르게 되었다!

소거

소거extinction는 행동에 대한 반응을 통해 긍정적 및 부정적 강화제를 없애는 과정을 말한다. 이것은 의도적으로 행동을 무시하는 것이다. 실제로 소거는 *계획적 무시*라고도 불린다. 행동이 아무런 관심을 얻지 못하면 아이는 (언젠가는) 행동을 그만둘 것이다.

소거는 대개 무시가 가능한 행동에 대해 효과적으로 적용한다. 아이의 행동이 (심해지더라도) 감당 가능하고, 당장 그만둬야 할 극단적인 행태가 아닐 때 효과가 좋다. 아이가 관심을 끌려고 하거나, 부적절하고, 미성숙하고, 짜증나게 하는 방식으로 행동할 때(예: 칭얼대기, 떼쓰기, 소리 지르기) 활용하기 좋은 전략이다. 해롭거나 다른 사람에게 피해를 줄 수 있는 행동에 대해서는 사용하지 말아야 한다.

고장 난 자판기에서 과자나 음료수를 꺼내 먹으려고 한 적이 있는가? 처음에는 버튼을 몇 번 세게 누르다가, 다른 버튼들도 이것저것 누른다. 그리고 나서는 "반환" 버튼을 반복해서 누른다. 자판기를 마구 흔들거나 발로 차기도 할 것이다. 그러다 결국 자판기가 완전히 고장 났다는 것을 깨달으면 발걸음을 돌린다.

소거할 때 당신은 고장 난 자판기가 돼야 한다. 아이는 계속, 대개는 점점 더 맹렬하게 버튼을 누르겠지만 결국에는 포기하고 돌아서게 될 것이다.

아기를 재워 봤다면 이미 소거를 실천해 봤을 것이다. 아주 자상한 육아 지침도 아기를 재울 때에는 한동안 울게 내버려 두게 한다. 아기 울음소리를 듣고 있는 것은 너무나 마음이 아픈 일이지만, 시간이 지나면서 아기는 울음만으로는 자신이 원하는 것(예: 아기 요람에서 나오기, 더 오래 깨어 있기, 잘 때 흔들흔들 해주기)을 얻지 못한다는 것을 배우게 되면서 점점 더 우는 시간이 짧아질 것이다.

소거 사용법

아이가 소거의 대상이 되는 행동을 하면(예: 끼어들기, 식사 때 트림하기, 거슬리는 소리 내기) 곧바로 실행한다.

적극적으로 행동을 무시한다. 가능하거나 필요하면 그 환경에서 빠져 나온다. 아이가 적절하게 행동하도록 상기시킬 필요가 있을 때에는 대체 행동만 언급하고, 당신이 아이와 더 이상의 상호작용은 하지 않을 것이라고 말한다. "네가 공손하게 '저녁 먹고 나서 쿠키 먹어도 돼요?'라고 물어보면 그때 얘기할 거야." 이 단계가 꼭 필요하지 않을 수도 있다. 많은 행동들은 아무 관심 없이 그냥 무시할 수 있다.

행동 폭발에 주의한다. 아이는 점점 초조하고 절박해지면서 당신의 관심을 끌기 위해 행동의 빈도와 강도를 더 늘릴 수도 있다. "엄마, 그만 좀 무시해요! 엄마는 정말 최악이에요! 난 우리집이 싫어요! 아무리 그래도 쿠키는 먹을 거예요!"

행동이 심해지더라도 계속해서 무시한다. 예상했던 바다! 아이는 버튼을 마구 누르려고 할 텐데, 굉장히 힘들더라도 그것을 무시해야 한다는 것을 되새겨야 한다. 아이의 손에서 말없이 쿠키를 가져가 높은 곳에 올려 둔다. 아이가 마구 떼쓰고 투덜대더라도 무시한다. 피해가 가는 사람이 아무도 없다면 계속해서 무시한다(어렵다는 건 안다!). 아이가 당신의 규칙에 도전하더라도 반응하지 않는다. 일단 폭풍이 지나가고 나서 필요하다면 당시 있었던 일과 그에 대한 결과를 아이에게 상기시킨다. "네가 아까 화가 났던 건 알지만, 저녁 식사 전에 쿠키 먹는 건 안 돼. 내일은 하루 종일 쿠키를 못 먹을 거야."

아이가 소거에 반응하는 것 때문에 위협감을 느끼는 사람이 있다면 최소한의 강화만 사용해서 아이를 그 상황에서 차분히 빼낸다. "동생이 다치잖니, 일단 진정될 때까지 방에 들어가 있으렴." (이렇게 하는 게 어렵다면 대신 당신과 다른 사람이 그 상황에서 벗어나게 한다.)

일관성이 생명임을 명심한다! 행여라도 반응하게 된다면 그게 바로 깨뜨리기 가장 힘든 강화인 간헐적 보상이 되고 말 것이다.

자칫 스트레스가 될 수도 있는 소거의 과정에서 평정심을 유지하는 데 아주 유용한 기술로 "고장 난 레코드" 기법이 있다. 필요하다면 소거 기간 동안 고장 난 레코드처럼 했던 말을 반복한다. 아이가 쿠키를 가지러 갈 때마다 얘기할 문장을 하나 정해서 차분히 반복한다(혹은 약간만 변형시켜 말한다).

엄마: 쿠키는 저녁 식사 후에 먹어라.
다니엘라: 근데 정말 먹고 싶다고요!
엄마: 안타깝지만 쿠키는 저녁 식사 후에 먹어라.
다니엘라: 그럼 저녁 안 먹을 거예요!
엄마: 쿠키는 저녁 식사 후에만 먹을 수 있단다.
다니엘라: 그냥 가져가서 먹을 거예요!
엄마: 쿠키는 저녁 식사 후에 먹으라고 말했다.
다니엘라: 엄마는 세상에서 제일 나빠! 다른 애들은 다 아무 때나 쿠키 먹는다고요!
엄마: 우리집에서는 쿠키는 저녁 식사 후에 먹는단다.

소거는 하나의 과정이다. 당장 바로 써먹고 마는 일회성 기술이 아니다. 아까 얘기했던 아기 재우기 훈련과 마찬가지라고 생각하면 된다. 한 번 훈련한다고 해서 아기가 앞으로 계속 혼자 잘 자는 법을 터득할 리는 없다. 소거를 진행하면서 그 효과를 추적하고 싶다면, 시간이 지남에 따라 목표 행동의 빈도, 길이, 강도의 변화를 추적 관찰하면 된다.

실전 활용: 소거

9살 딜런은 집에서 말대꾸와 버릇없는 행동을 너무 자주 한다. 딜런은 부모에게 마음에 안 드는 것이 있거나 부모가 자신의 요구를 들어주지 않을 때면 항상 대든다. 엄마와 아빠는 행동 차트를 시도해 봤지만 효과가 별로 없었고, 결과(말대꾸할 때 딜런을 방으로 들여보내는 것)는 끊임없이 떼쓰고 더 부적절한 언어 사용으로 이어질 뿐이었다.

오늘 엄마는 딜런이 말대꾸를 통해 더 많은 관심을 얻고 있음을 깨닫고 소거를 시도한다.

딜런: 엄마, 나가서 조슈아랑 농구하고 올게요.

엄마: 숙제는 다 했니?

딜런: 아주 조금요. 나머지는 나중에 할 거예요. 날이 어두워지면 조슈아도 가야 돼요!

엄마: 미안, 미안, 너도 규칙을 알잖니. 숙제를 다 할 때까지는 나가서 놀 수 없단다.

딜런: 그런 말도 안 되는 규칙이 어디 있어요! 어떻게든 숙제는 항상 다 한다고요!

엄마: 그게 규칙이란다. 지금 이런 태도는 무례한 거야. 네가 그런 식으로 말하면 대답 안 할 거야. 규칙을 상의하고 싶으면 일단

　　　　　　네가 공손하게 말할 준비가 돼 있어야 해.

딜런: 난 그런 규칙 싫어요! 그냥 나가서 놀게 해줘요! 이런 엿 같은 집에서 나가야 한다고요!

엄마: 네가 공손하게 말하면 들어볼게.

딜런: 내가 왜 엄마 말을 들어야 하는데요! 내가 말하고 싶은 대로 할 거예요. 그리고 지금은 밖으로 나갈 거고요!

엄마: *(딜런을 쳐다보지 않고 하던 일을 계속한다.)*

딜런: 왜 계속 무시해요! 이게 다 엄마 때문이에요. 엄마가 그런 허접한 규칙만 안 만들었어도 맨날 그거랑 싸울 일도 없었을 거예요.

엄마: *(거실로 가서 소파에 앉는다.)*

딜런: *(따라간다)* 엄마! 엄마! 엄마! *(소파를 향해 베개를 던지기 시작한다)* 엄마! 내 말 좀 들어보라고요!

엄마: *(계속해서 잡지를 읽는다)*

딜런: 다른 엄마가 있었으면 좋겠어! 우리 가족은 정말 최악이야! 엄마가 뭐라고 하든 난 지금 나갈 거야!

딜런은 반항적으로 집을 뛰쳐나간다(더 많은 욕을 하며 문을 쾅 닫으면서).

나중에 엄마는 딜런이 엄마에게 대들었기 때문에 용돈을 못 받는다고 차분히 말한다(이것은 사전에 합의된 결과였다).

엄마가 어떻게 효과적으로 소거 기술을 발휘했는지 모두 파악했는가?

1. 행동(무례하게 말하기)을 무시할 거라고 명확히 선언했다.

2. 적절한 행동을 상기시킨다("네가 공손하게 말하면 들어볼게").
3. 행동 폭발 속에서 점차 거칠어지는 말과 행동에 반응하지 않았다.
4. 그 상황에서 벗어났다.
5. 아이가 대놓고 말을 안 들어도 계속해서 아이를 무시했다.
6. 상황이 일단락되고 감정이 가라앉은 뒤에 용납 불가능한 행동(반항)을 적절히 다루었다.

엄마가 딜런이 위협하는 것들 중에 하나라도 반응했다면(반응하지 않으려고 이를 악물고 버텨야 했겠지만) 소거의 효과는 사라졌을 것이다. 또한 그랬다면 엄마가 반응하게 만든 행동을 강화하고 말았을 것이다. 그리고 딜런은 다음번에는 훨씬 더 빨리 문제 행동(물건 던지기, 위협하기, 욕하기)을 하게 될 것이다.

포만

포만satiation은 소거의 반대로서, 큰 효과를 볼 수 있는 더 평화로운 전략이다. DBT에서는 아이가 원하는 것(예: 관심, 활동, 음식, 음료, 잠)을 요구하기 전에 먼저 제공해줌으로써 포만(혹은 충족)을 실천할 수 있다. 이를 통해 아이가 떼쓰고, 싸우고, 소리 지르는 것을 사전에 방지한다.

이 장의 다른 전략들과 마찬가지로 포만의 목표 역시 행동을 멈추는 것이다. 흔히 가장 효과적인 출발점은 행동의 원인을 찾아내서 원천 봉쇄하는 것이다.

어떤 아이들은 관심을 끌려고 행동한다. "나쁜" 관심도 관심이다. 애들은 부모나 형제가 자기 말을 들어주고, 바라보고, 알아주기를 바라면서 행동할 때가 있다. 즉, 관심과 자극을 갈구한다.

그렇다고 아이가 꼭 의식적으로 관심을 얻으려 하는 것은 아니다. 걸음마기의 떼쓰기가 그렇다. 몇 번 떼를 쓴 이후에는 무의식적으로 "떼쓰기"를 "관심"과 연결 짓게 된다. 아이가 성질을 별로 안 내는데도 많은 관심을 준다면, "떼쓰기" = "관심"의 등식은 성립되지 않는다.

배고픔, 목마름, 피곤함 같은 더 생물학적인 요인에 의해서 행동이 유발되기도 한다. 당신은 아마 아이가 영유아였을 때부터 포만을 실천해왔을지도 모른다. 아이들의 통상적인 수면과 식사 습관을 파악하고 그에 맞춰 당신의 스케줄을 조정한 뒤, 아이가 배고파서 울기 전에 음식을 주고 기진맥진해서 쓰러지기 전에 미리 낮잠을 재워줬을 것이다.

더 큰 아이들을 위한 포만 전략도 다음과 같은 동일한 개념을 따른다. 먼저 아이의 행동을 유발하는 요인을 파악한 뒤, 그것을 예방하는 조치를 취한다. 일단 욕구가 충족되면 아이는 더 이상 자신이 원하는 것을 얻기 위해 잘못된 행동을 하지 않을 것이다. 이로 인해 두 가지 이득을 얻을 수 있다. 아이의 욕구가 충족되고(울고불고 하지 않아도!), 자신이 원하는 것을 충족시키기 위해 굳이 문제 행동을 하지 않아도 된다는 것을 배운다.

포만 사용법

포만을 실행하기 위해서는 약간의 사전 조사가 필요하다(**관찰하기**와 **기술하기** 기술이 여기서 도움이 될 것이다).

아이의 행동을 둘러싼 상황에 주의를 기울인다. 원인을 파악하기 쉬울 때도 많이 있다. 아이가 하는 "배고파", "지이이인짜 심심해", "피곤해" 같은 말을 통해 쉽게 원인을 파악할 수 있다. 하지만 원인을 특정하기 어려울 때도 있다.

아이가 언제 잘못된 행동을 하는지 파악해 보라. 방과후? 아침에 정신없이 바쁠 때? 긴 주말?

아마 패턴이 보일 것이다.

- 배가 고픈 상태로 집에 오는가? 아이가 집에 도착했을 때 바로 먹을 수 있는 식사나 간식을 준비해 놓는다.
- 아이들이 일요일 오후마다 심심하면 싸우는가? 하루 일과를 세워 활동에 참여시키거나 재미있는 일을 준비한다.
- 미취학 연령인 아이가 관심을 못 받는다고 느낄 때마다 아기인 여동생을 때리는가? 당신이 여동생을 안고 있을 때 옆에 큰 아이도 끼고 앉아서 책을 읽게 한 뒤, 아이가 정말 착하게 잘 있는다고 한껏 칭찬해 준다.
- 자기 직전에 엄청나게 떼를 쓰는 "마녀의 시간"이 있는가? 취침 시간을 30분 앞당기거나 조용히 책 읽는 시간을 가진다.
- 저녁 시간 전마다 감정 조절이 안 돼서 폭발하는가? 배고파서 성질 내는 것을 피하기 위해 저녁을 약간 앞당겨 주거나 몸에 좋은 "애피타이저"를 준다.

이렇게 하기까지는 얼마간의 연습, 계획, 미세한 조정이 필요하다. 당신이 전화를 받거나 저녁을 준비하러 가는 순간에 아이가 쫓아다니고, 징징대고, 물어보고, 울고, 싸우기 시작하는 것 같다면 먼저 포만을 시도해 보라. 아이의 "저장고"를 관심으로 채운다. 15분 동안 조용히 해야 하는가? 우선 앉아서 15분 동안 오직 아이에게만 관심을 보여준다. 일단 당신이 관심에 대한 아이의 욕구를 채워주고 난 이후에는 아이가 스스로 잘 놀고 있는 모습을 보고 깜짝 놀랄 것이다.

한 가지 확실한 것은, 포만을 타당한 선에서 제공해야 한다는 것이다. 항상 아이를 행복하게 하기 위해 모든 유발 요인을 예상하고 눈치를 살피는 것은 불가능하며, 그래서도 안 된다. 그렇게 하면 결국 아이를 응석받이로 만든 뒤 후회하게 될 것이다.

언제나 그렇듯이 균형이 중요하다. 모든 순간에 포만을 적용할 수는 없고 그래서도 안 된다. 아이의 온갖 변덕을 다 맞출 수는 없다! 포만은 행동의 원인을 특정할 수 있고, 사전에 그것을 방지할 수 있는 쉽고 실행 가능한 방법을 알고 있을 때 가장 유용하다. 유발 요인을 파악하고 그게 시작되기 전에 방지할 수 있다면, 심하게 떼쓰던 상황을 다루기 쉬운 약간의 투덜거림 정도로 막을 수 있다.

다른 모든 전략과 마찬가지로 포만 역시 장점과 단점이 있다. 주요한 장점은 행동 폭발 없이도 소거와 비슷한 효과를 얻을 수 있다는 점이다. 단점으로는 당신이 원하는 것보다 더 많은 강화제를 제공할 수도 있다는 것이다. 다른 전략들과 마찬가지로 포만 역시 사용하기 전에 이러한 장점과 단점을 염두에 둬야 한다.

실전 활용: 포만

8살 올리비아는 매일 학교에서 돌아와 온 집안을 난장판으로 만들어 놓는다. 자기조절이 안되고, 시비를 걸고, 징징대고, 숙제도 안 한다. 시간이 지날수록 아이는 물론 다른 가족들도 기분이 점점 더 안 좋아진다.

엄마는 거의 모든 것을 다 시도해 봤지만 이제는 한계에 다다른 상황이다.

마침내 엄마는 앉아서 올리비아의 행동을 조사한다. 그녀는 올리비아가 다른 시간에도 스스로 감정 조절이 안돼 폭발할 때가 있는 것을 알아차리고 그 시간들을 추적한다. 며칠 동안 그녀는 올리비아가 식사 때 주로 기분이 안 좋아지는 것을 관찰한다. 올리비아는 또한 시끄러울 때 짜증을 내며 모든 사람들에게 조용히 하라고 시키고 그녀나 다른 이들로부터 떨어져 있으라고 끊임없이 소리를 지른다.

엄마는 올리비아가 학교에서 길고 시끄러운 시간을 보낸 뒤 집에 올 때 또 다시 길고 시끄러운 버스를 탔기 때문에, 집에 오면 단순히 배고픔, 피로, 지나친 자극 때문에 자기조절이 안 된다는 것을 깨닫는다. 올리비아는 북적대는 집으로 돌아오는 것만으로도 더 이상 견딜 수 없는 상태에 이른다. 특히 남동생이 울고 있거나 엄마가 바로 숙제하라고 얘기라도 하면 말할 것도 없다.

다음날 엄마는 미리 대비를 한다. 건강하면서도 맛있는 간식을 차려 놓고 현관에서 올리비아를 맞이한 다음, 조용한 곳에서 먹도록 한다.

올리비아는 반복된 루틴에서 달라진 것에 약간 놀라지만, 10분이 지나자 자신의 하루를 얘기하기 시작한다.

엄마는 올리비아를 마냥 받아주기만 하는 것이 아니라, 아이가 최상의 감정을 유지하도록 돕고 가족 전체가 평화로운 오후를 보낼 수 있는 기회를 제공해 주었다.

벌, 소거, 포만의 장애물

벌과 같은 민감한 주제를 다루다 보면 효과를 떨어뜨리는 생각이나 느낌이 들 수도 있다. 다음 표에 벌, 소거, 포만에 대한 흔한 장애물 및 이에 효과적으로 대처할 수 있는 생각이 담겨 있다. 웹사이트에 있는 자료의 '7장 장애물 카드'에서도 아래 표를 내려받을 수 있다(https://blog.naver.com/happy_han-ga/222523899895).

장애물 (마음속에서 하는 말)	우회로 (해결책)
벌은 잔인하고, 못되고, 구시대적인 방법이야. 난 절대 아이를 벌주지 않을 거야.	효과적으로 벌을 줄 수만 있다면 징벌적이거나 냉혹한 것이 아니며, 적절히 사용하면 값진 양육 전략이 될 수 있다.
애들은 벌받고 분수를 알 필요가 있어! 사람들은 애들을 너무 응석받이로 키워. 애들은 명령권자가 누구인지 알아야 해.	적절하고 효과적인 벌은 필요하다. 하지만 화를 내거나, 누가 권한이 있는지 보여주려고 하거나, 아이를 통제하려는 목적으로 사용해서는 안 된다.
내가 애들을 벌주면 나를 싫어할 거야. 나한테 벌을 주셨던 부모님을 내가 싫어했던 것처럼 말이야!	아이들이 벌받은 것 때문에 기분이 상할 수도 있다. 하지만 효과적으로 벌을 준다면 다양한 방식으로 아이들에게 도움이 되는 것이 더 많고, 실제로 아이들에게 안정감과 사랑받는 느낌이 들게 해준다.

난 성격상 애들한테 잘못의 결과를 부여하지 못하겠어. 그냥 애들이 자연스럽게 배우게 해주고 싶어.	결과를 효과적으로 사용하기 위해 굳이 틀에 박힌 엄격한 부모가 될 필요도 없고 그래서도 안 된다. 모든 부모는 성격이나 양육 방식과 무관하게 벌을 줄 능력이 있다. 만약 못할 것 같으면 반대행동을 연습해서 일단 해보라!
아이를 무시하는 것은 경우 없는 행동이야. 난 아이가 사람을 무시하면 안 된다고 생각하기 바라.	소거 기술을 사용하는 것은 아이를 무시하는 것과는 다르다. 그것은 아이의 부적절한 행동을 무시하는 것이다.
어떻게 애가 저렇게 행동하게 내버려 두고 그냥 무시할 수가 있지? 아이는 뭘 해도 된다고 생각할 거야!	균형을 맞춘다. 소거를 사용하는 것은 아이의 모든 행동을 허용하면서 그게 사라지기를 바라는 것이 아니다. 전략적이고, 효과적이고, 세심하게 소거를 사용하라.
포만은 애를 망치기 딱 좋은 방법이야.	아이의 모든 행동을 다 방지하려는 목표가 아니라면 포만으로 아이를 망칠 수는 없다. 포만을 효과적으로 사용한다면 아이는 당신이 다른 것을 하더라도 눈치채지 못할 것이다!

개요: 변화 전략

이 장과 앞 장에서는 7개의 행동 변화 기법을 다뤘다. 그것들은 모두 각기 다른 상황과 관계에서 값지고 유용하게 활용할 수 있으며, 똑같은 행동을 다루기 위해 여러 기법들을 함께 활용할 수도 있다(한꺼번에 다 하려고만 하지 마라!).

아이가 문제 행동을 보이면 행동의 심각도, 당신과 아이의 관계, 당신과 아이의 성격을 모두 고려해서 대처 방법을 결정하라. 예를 들어, 아이가 화날 때 때린다면 다음 표에 나와 있는 7가지 방법들 중 하나로 행동을 다룰 수 있을 것이다.

긍정적 강화	아이가 2시간 연속으로 아무도 때리지 않을 때마다 스티커를 주고, 스티커 15개가 모이면 상을 준다.
부정적 강화	아이가 때릴 때마다 계속 그러면 다 같이 놀고 있는 놀이방에서 혼자 나가야 한다고 얘기한다.
긍정적 벌	아이가 때리면 방으로 보내서 타임아웃을 한다.
부정적 벌	아이가 때리면 장난감이나 다른 특혜를 빼앗는다.
자연적 결과	이렇게 말한다. "여동생이 너한테 맞았으니까 앞으로 너하고 같이 안 놀고 싶어 할 거야."
소거	아이가 당신만 때린다면 아이에게서 떨어진다(형제를 때릴 때는 그렇게 하면 안 된다).
포만	아이가 가장 잘 때리는 시간대를 파악한다. 그때가 되기 전에 아이에게 충분한 여유를 주거나, 추가적인 관심, 칭찬, 활동 등을 제공해준다.

이 기술들 모두 다양한 상황 및 환경에서 행동을 다루는 데 사용될 수 있지만, 다른 것들보다 더 효과적인 기술이 있을 것이다.

7장 바람직하지 않은 행동을 줄이는 변화 전략   253

언제 어떤 기술을 사용할까?

문제 행동	권장 전략
당신이 아이에게 안으로 들어오라고 말하자, 아이가 불공평하다며 고래고래 소리를 지른다. 집 안으로 들어와서도 아이는 계속해서 울면서 불평한다.	**소거**. 아이가 말로 떼쓰는 것을 무시하고 그것이 지나갈 때까지 기다린다.
아이가 안 자려고 떼쓰고, 계속 꾸물대며 자러 가지 않고, 침대에서 자꾸 나오려고 한다.	**긍정적 강화**. 아이가 자러 갈 수 있도록 차트, 보상, 칭찬 등을 활용한다. 아이가 일정한 시간에 자러 가면 특별한 이야기를 해준다.
아이가 동생한테 "꺼져"라고 말하면서 게임기를 던진다.	**부정적 벌**. 남은 하루 동안 스크린타임을 금지한다.
아이가 당신이 저녁 준비를 하거나 다른 아이와 시간을 보내려고 하면 징징대며 달라붙는다.	**포만**. 매일 혹은 1주일에 몇 번씩 1:1로 특별한 시간을 보낸다.
밖에서 놀 때 아이가 형제를 괴롭히고 못살게 군다.	**부정적 강화**. 계속해서 형제를 괴롭히면 안으로 들어오게 한다.
화가 날 때 난폭해져서 일부러 식사 그릇을 던져 깨뜨린다.	**긍정적 벌**. 당신이 새로운 그릇을 찾는 것을 아이가 돕게 하고 아이의 용돈으로 새 그릇을 구입한다.
액티비티를 시작하거나, 나들이를 가거나, 간식을 주려고 기다리고 있는데 아이가 제시간에 집에 오지 않는다.	**자연적 결과**. 아이가 제때 집에 들어오지 않으면 액티비티/나들이/간식이 없다.

6장과 7장에서 배웠던 모든 기술은 효과적인 양육에 없어서는 안되는 것들이다. 특정한 상황, 시간, 성격에 따라 더 효과적인 전략이 있다. 각각의 기술이 각기 다른 방식으로 쓸모가 있는 것이다. 어떤 경우에는 하나 혹은 그 이상의 조합이 효과적일 것이다.

당신은 실천과 마음챙김을 통해 각각의 전략이 단기 및 장기적으로 언제 어떻게 효과를 나타내는지 배울 수 있다. 시간이 걸리고 잘 안되더라도 걱정하지 마라. 시행착오를 통해 더 자신감 있게 앞으로 나아갈 수 있을 것이다. 다음 장에서는 한계를 설정하고 실행하는 법을 배우게 될 것이다. 이는 당신이 도구 상자를 찬찬히 살펴보고 당신과 가족에게 잘 듣는 시스템을 알아내는 데 도움이 될 것이다. 당신은 아주 잘하고 있다, 계속하라!

8장

한계 설정과 적용

∙ ∙ ∙

"저 아이에게는 한계가 필요해요!"
— *(불행히도) 당신의 아이가 스스로 감정 조절을 못하고 폭발하는 순간을 목격하고 못마땅하게 여기는 어떤 여자*

아이들에게는 한계가 필요하다는 말을 들어봤을 것이다. 당신도 이 말에 동의하며 고개를 끄덕였을지도 모른다. 어쩌면 당신이 직접 말했을 수도 있다. 하지만 막상 한계를 설정하려고 하면 쉬운 게 하나도 없고 의심이 들기 시작한다. '한계가 왜 중요하지?', '내가 정한 한계가 10대 아들이 불평하는 것처럼 비합리적인 것인지 어떻게 알 수 있지?' '언제 한계를 설정해야 할까?', '어떻게 한계를 설정해야 나와 아이들에게 모두 유익할까?', '한계를 변경하거나 없애도 괜찮을까?'

때로는 아이들이 원하는 대로 내버려 둔 채 최선을 다하기 바라는 것이 더 쉬워 보이기도 한다.

그것이 단기적으로는 아무런 긴장, 불만족, 말다툼도 없이 부모도 좋고 아이도 좋은 훌륭한 방법일 수도 있다. 하지만 장기적으로는 아이들이 버릇없고, 선을 안 지키고, 평생 지속되는 문제를 만들어 냄으로써 당신의 최종적인 양육 목표를 방해하게 될 것이다.

한계 설정은 어려운 경우가 많은데, 이는 특히 아이들이 한계를 시험하기 좋아하기 때문이다. 포기하지 마라. 당신이 도구 상자에 있는 기술과 그것을 사용하고자 하는 동기를 모두 갖고 있다면, 효과적인 한계 설정은 강력한 변화 전략으로 작용한다.

이 장에서 당신이 배울 것은 다음과 같다.

- 한계 설정이 중요한 이유
- 한계를 설정해야 할 때
- 한계를 설정하기 전에 알아야 할 것
- (설령 아이들이 한계에 도전하더라도) 한계를 설정하는 법
- 일관성과 융통성을 동시에 가지는 법: 변증법적 균형
- 한계 설정의 장애물을 극복하는 법

왜 한계 설정이 중요한가?

한계는 아이의 건강과 성장에 필수적이다. 어떤 아이도 자신의 행동에 한계를 부여하는 능력을 선천적으로 타고나지 않기에, 이를 배우지 않으면 어른이 되었을 때 삶의 방향을 찾아 나가고 스스로 한계를 정하는 데 어려움을 겪을 것이다. 한계가 부족하면 종종 알코올이나 약물 남용과 같은 자기파괴적인 행동으로 이어지는 경우도 많다. 하지만 이게 끝이 아니다. 예산에 맞게 물건을 사거나, 또래들의 압력에 맞서기 힘들거나, 충동을 억제하는 데 어려움을 겪기도 한다.

전형적으로 감정 조절에 어려움이 있는 아이들은 성숙해 가면서 충동을 조절하는 능력을 발달시키지 못하는데, 한계 설정을 통해 아이에게 필요한 만큼 발달시킬 수 있다. 이 아이들은 충동 조절의 어려움과 고조된 감정적 욕구로 인하여 한계를 시험하고 경계를 넘어서는 경향이 있다. 아이의 민감함에 부응하기 위해(혹은 대립을 피하기 위해) 한계를 늘리거나 보류하고 싶은 마음이 들기도 하겠지만, 아이에게는 바로 그런 한계가 필요하다. 아이를 충분히 달래고 인정하면서 적절하고 효과적으로 한계를 설정하면 아이가 세상에 도전할 수 있는 용기를 북돋아 줄 것이다.

언제 한계를 설정해야 할까?

양육에서 한계는 어떤 행동을 장려하거나 수용할 수 있는 한도를 제시해 주는 "정지 신호"의 역할을 담당한다. 각 가정마다 적절한 한계 설정을 통해 적합하고 허용되는 행동이 어디까지인지 정하게 된다.

한계를 설정할 때는 반드시 아이들의 삶의 다양한 일상적 측면들을 모두 고려해야 한다. 한계는 당신이 아이에게 바라는 것을 명확히 전달함으로써 아이가 매일 가정에서 무리 없이 하루하루를 보내게 해준다. 아주 어릴 때부터 한계를 설정하고 강화하면 아이가 집안의 경계를 배우도록 도와주고, 부모가 아이의 성장에 맞춰 행동을 조성할 수 있게 해준다.

어린 아이들에게 한계를 설정할 때는 일상적일 정도로 자주 일어나는 상황에 적용하는 것이 가장 중요하다. 한계를 설정하는 때와 상황은 다음과 같다.

- 취침 시간: 루틴("양치하고 방 정리 다 해야 책 읽고 노래 부를 수 있다"), 스케줄("8시에 침대에 누워 있으면 8시 15분까지 불 켜고 책 읽을 수 있다.")

- 식사 시간: 매너("포크를 사용해라", "식탁에서는 읽을거리, 장난감, 전자기기는 안 된다", "입을 다물고 조용히 씹어", "자리에서 먼저 일어날 때는 양해를 구하렴"), 음식 먹기("자기 접시에 놓인 음식은 최소한 반절 이상은 먹어", "다른 음식을 달라고 하기 전에 식탁에 놓인 음식들을 한 번 이상씩은 다 먹어", "일단 적은 양부터 먹어 보고, 배고프면 더 먹어"), 음식 선택("단백질이 많은 음식을 하나 이상 먹어", "식사가 마음에 안 들면 알아서 요거트나 떡을 먹어도 되고, 아니면 샌드위치를 만들어 먹어.")

- 노는 시간: 놀 수 있는 시간("저녁 7시까지는 들어와"), 관리("다른 장난감을 꺼내기 전에 먼저 가지고 놀던 장난감이나 게임은 다 치워"), 함께 놀기("이젠 동생 차례야, 넌 5분 뒤에 놀 수 있어", "장난감을 혼자서만 가지고 놀 거면 친구가 놀러 오기 전에 미리 치워 놓으렴. 만약 친구가 왔을 때 장난감이 밖에 나와 있으면 같이 가지고 놀아야 해.")

- 선물: 선물을 사주는 빈도("선물은 생일, 공휴일, 졸업, 그 외 특별한 일이 있을 때, 잘한 행동이나 성취에 대한 보상으로 받을 수 있다"), 선물을 받아도 되는 사람("할머니한테는 선물을 받아도 되지만 낯선 사람한테는 받으면 안 돼"), 선물을 받는 올바른 태도("마음에 안 들더라도 감사하다고 얘기해", "받으면 곧바로 감사 편지를 써.")

- 간식과 군것질거리: "아무 때나" 먹을 수 있는 것과 "특정한 때만" 먹을 수 있는 간식의 구분("과일, 채소, 스트링 치즈, 크래커는 언제든 알아서 먹어도 돼", "이 쿠키들은 학교에서 돌아온 뒤에만 먹을 수 있어", "여기 있는 사탕은 특별할 때에만 먹는 거야"), 적절한 간식 시간과 양("저녁 식사 30분

전부터는 아무것도 먹으면 안 된다", "다 먹고 치우기 전에 혹시 남은 게 있는지 보렴", "과일은 취침 시간 전까지 먹을 수 있지만 그 이후에는 안 돼.")

- 언어: 해도 되는 말과 안 되는 말("동생한테 욕하면 안 돼. '바보'나 그 외 동생을 화나게 할 만한 단어는 쓰면 안 된다", "우리집에서 그런 단어는 금지다.")
- 스크린타임: 빈도("아이패드는 1주일에 두 번만 할 수 있다", "가족과 함께 시간을 보낼 때는 영상이나 게임 금지다", "숙제를 다 한 뒤에만 보고 싶은 드라마를 볼 수 있어"), 시간("하루에 30분 이상은 안 된다"), 시간 추가나 단축("차를 오래 타야 할 때는 추가 시간을 받을 수 있어", "오후 5시 30분까지 방 정리를 다 하면 핸드폰 게임을 더 하게 해줄게.")
- 안전: 개인("다른 사람이 너를 다치게 하거나 기분 나쁜 식으로 만지면 엄마 아빠나 다른 어른들에게 바로 얘기하렴. 그래도 아무도 화 안 내", "엄마 아빠에게는 숨기는 게 없어야 해"), 집안("가구 위로 올라가지 마라", "난로에서는 떨어져 있어야 한다", "성냥은 만지지 마라"), 바깥 활동("자전거나 롤러스케이트 같은 걸 탈 때는 헬멧과 적절한 보호 장구를 갖춰야 한다", "길을 건널 때는 멈춰서 자전거를 끌고 가렴", "모퉁이에서부터 스미스네 집까지만 타렴.")

10대에게 필요한 추가적인(혹은 수정된) 한계는 다음과 같다.

- 통금 시간: "밤 10시까지는 집에 들어와야 한다."
- 지도 감독: "친구 집에 부모님이 계시고 그분들이 허락하시면 자고 와도 된다."
- 옷: "네가 원하는 브랜드 옷을 입고 싶으면 직접 네 돈으로 사거나

그만큼 집안일을 해서 돈을 모으렴", "핫팬츠는 안 돼", "나는 네가 선택하는 옷에 대해 거부권을 행사할 수 있다."
- 여가 활동: "너와 네 친구들을 볼링장에 데려가는 건 가능해", "어두워진 후에는 혼자 해변가에 가면 안 된다"

이 장을 읽으면서 알게 되겠지만, 여러 요인들(사회 규범, 도덕, 종교, 가족의 가치, 개인적 상황)이 한계 설정의 방법, 시기, 이유, 장소에 영향을 끼친다.

한계를 설정할 때 고려할 점

한계 설정은 곧 균형을 잡는 것과 같다. 순간의 상황에 바로 대응하기보다는 주의 깊게 미리 준비했다가 적용할 때 효과를 극대화할 수 있다. 한계 설정을 바로 적용하기에 앞서 여러 요인들을 고려해야 한다. 아이에게 통일된 방침을 제시하기 위해서는 배우자, 다른 주 양육자, 그 외 관련 당사자들과 함께 상의하는 것이 최선의 방법이다. 다음에서 한계 설정을 준비할 때 고려해야 할 몇 가지 요인들을 살펴볼 것이다. 먼저 부모-아이 관계부터 보자.

부모-아이 관계

한계를 만들고 시행하기 전에 먼저 현재 아이와의 관계를 진지하게 잘 살펴보라. 마음챙김의 **관찰하기**와 **기술하기**를 사용한다. 한계 설정을 의식적으로 좋아하는 아이는 없기 때문에, 긍정성과 부정성의 건강한 균형을 확보하는 것이 관건이다. 아이가 긍정성을 많이 경험하며 부모와의 관계가 좋게 유지되는, 격려와 애정이 가득한 환경에서 지낼 때 한계를 받아들이기가 더 쉬울 것이다.

존 가트맨과 로버트 레븐슨은(2002) 부부 사이의 의사소통에서 긍정성과 부정성의 이상적인 "마법" 비율을 5:1로 정의했다. 이것을 부모-아이 관계에 적용하면, 마법의 비율은 부정적인 것 1번당 긍정적인 것 5번이다. "안 돼" 1번당 "그래" 5번, 안 좋은 경험 1번당 좋은 경험 5번이다. 함께 간단한 게임을 하고, 하루 일과를 물어보고, 아이의 농담을 들어주고, 긍정적인 대화를 하는 것 같은 간단한 긍정성만으로도 당신과 아이와의 관계가 잘 유지되고, 한계 설정의 충격을 완화하는 데 도움이 된다. 아이가 "왜 아무것도 못하게 해요", "다른 부모님들은 다 허락해준다고요"라고 저항할 때(그럴 가능성이 높다), 아이와 관계를 유지하는 대부분 시간 동안 긍정성이 압도적으로 높다는 사실에 안심이 될 것이다!

스스로에게 다음과 같이 물어보라. 지금 나와 아이의 관계는 대부분 긍정적인가? 아이가 나에게 사랑받는다고 여길 만한 근거가 있는가? *(예: 아이가 "사랑해요"라며 뒤에서 나를 껴안는다, 감정을 함께 나눈다, "조언 좀 해주실래요?"라고 먼저 물어본다)*

> **긍정-부정 비율 연습**
>
> 아이와의 상호작용을 긍정과 부정으로 분류하여 (종이, 컴퓨터, 스마트폰 등에) 꾸준히 기록한다. 며칠 뒤 기록을 보며 당신이 생각했던 만큼 긍정적(혹은 부정적!)이었는지, 혹시 변화가 필요하지는 않은지 검토한다. 이 연습은 관계를 평가하는 것은 물론, 부모-아이 상호작용을 새롭게 바라봄으로써 긍정성을 늘리고 효과적인 변화로 이어지게 할 수 있다.

당신의 감정 상태

화가 난 상태에서 한계를 설정하려는 것은 실질적으로 아이에게 제발 폭발해 달라고 부탁하는 것이나 다름없다. 당신이 감정에 휩싸여 있으면 그 감정이 생각과 행동을 지배하고, 이는 종종 극단적이고, 징벌적이고, 비효과적인 한계 설정으로 이어진다. 게다가 아이에게 감정은 말보다 더 강력한 효과를 나타내는 편이어서, 설령 당신이 적절한 단어와 문장을 사용하더라도 아이는 당신이 자기를 생각해서가 아니라 화가 나서 그렇게 한계를 설정했다고 믿으며 관계에서 멀어지려 할 것이다.

한계나 규율 같은 것들을 정하기 전에 먼저 마음챙김을 활용해 자신의 감정 상태를 확인하라! 기분이 안 좋다면 일단 마음을 가라앉힌 뒤, 당신이 감정에 치우쳐서가 아니라 효과가 있기 때문에 그런 조치를 취한다는 확신이 들 때까지 기다린다(그렇지 않다면 배우자에게 맡긴다). 설령 한계를 설정할 수 있는 기회를 놓치더라도 괜찮다. 감정적으로 격해진 상태에서 훈육을 시도하는 것보다는 감정을 가다듬기 위해 잠시 보류하는 것이 장기적으로 더 효과적이다.

스스로에게(혹은 배우자나 믿을 수 있는 다른 사람에게) 물어보라. 나는 지금 당장 한계를 설정할 수 있는 정도로 충분히 절제된 상태인가? 지금 내 감정이 너무 격하지는 않은가? (만약 어떤 상태인지 불확실하다면 일단은 조심하는 것이 좋으며, 가급적이면 배우자가 담당하게 하는 것이 좋다).

아이의 역량

아이들은 저마다 다르다. 9살짜리 천재 요리사가 셰프처럼 프랑스 요리를 할 줄 안다고 해서 당신의 9살짜리가 계란프라이를 할 수 있는 것은 아니다. 4살짜리 조카가 짜증 없이 실망감을 감당할 수 있다고 해서 당신의 4살짜리도 똑같이 할 수 있는 것은 아니다. 큰 아이가 9살 때 혼자 횡단보도를 건널 수 있었다고 해서 한눈팔기 잘하는 작은 아이도 같은 나이에 혼자 충분히 길을 건너갈 수 있는 것은 아니다. 우리는 종종 아이의 개인적 성향, 장점, 약점에 근거하지 않고 우리 자신의 어릴 때 경험, 아이의 형제자매나 친척, 친구, 이웃 등을 통해 색안경을 끼고 아이를 바라본다.

또래 아이들이 으레 "해야만 하는" 것에 대한 기대를 접고 당신의 아이의 역량과 한계를 바라보라("해야만 한다"의 해로움과 변증법을 기억하라!) 종종 우리는 아이들이 누구에게도 배우지 않은 것을 알아서 잘 하기 바랄 때가 있다. 어떤 아이들은 알아서 습득하는 것들도 당신의 아이는 누군가 명확하게 가르쳐줘야 할 수 있을 것이다. 아이가 손목시계도 없고, 시간 관리 기술도 못 익혔고, 어른들에게 시간을 물어보지도 못하는 상태에서 시간에 맞춰 집에 들어오기를 바란다면, 그것은 비합리적인 기대다.

자신에게 물어보라: 내가 설정하려는 한계는 아이의 발달 단계와 개인적 역량에 비춰볼 때 적절한가?

이미 설정돼 있는 한계들

"선택과 집중"은 양육의 황금률 중 하나다. 한계 설정이 가장 필요한 상황을 생각해 보라. 공격성이나 말대꾸와 관련된 한계 설정이 우선적으로 필요하다면, 집안일, 취침 시간, 식습관에 대해서는 일단 기대치를 낮추고 한계를 느슨하게 하는 것이 좋다.

너무 많은 한계는 징벌적으로 작용해서 아이가 자기처벌적으로 될 수 있다. '부모님의 기대만큼 못하는 걸 보면 분명 나에게 문제가 있어. 난 벌을 받아도 싸.' 지나친 한계는 아이로 하여금 원망, 위축, 수용받지 못하는 느낌, 사랑받지 못하는 느낌이 들게 만들고, 그 결과 자아비판과 더불어 다른 사람들에게도 가혹한 태도를 지니게 된다. 지나치게 기대를 많이 하거나 사사건건 한계를 설정하게 되면 부모-아이 관계의 균형이 깨진다. 한계를 적용하기 전에 그것이 타당하고 꼭 필요한 것인지 확인하라. 한계를 도입한 뒤에는 아이가 한계를 따를 수 있는 기술과 역량이 있는지 확인하기 위해 아이의 반응과 능력을 주의 깊게 관찰하라.

자신에게 물어보라: 지금 내가 적용하고 있는 한계는 무엇인가? 지금 아이에게 너무 많은 한계를 적용하고 있는 것은 아닌가?

한도

강아지들과 마찬가지로 아이들 역시 공포의 냄새를 매우 잘 맡는다(조금 더 부드럽게 표현하자면, 아이들은 감정에 민감해서… 당신의 약점을 발견하는 데 전문가다). 먼저 당신 자신을 위한 한계를 설정하고 상호작용(과 이어지는 반발)에 대비하라. 한계를 명확히 설정하고 그에 대한 확신이 있어야 한다. 아이들은 당신이 한계 설정에 확고한지 아니면 휘둘리기 쉬운지 금세 알아차릴 수 있다.

자신에게 물어보라. *나는 준비가 되어 있는가? 내가 바라는 구체적인 조건과 기대는 무엇인가?*

당신의 동기

다시 말하지만, 당신이 먼저 마음을 다스리는 것이 중요하다. 한계를 설정하려는 자신의 동기와 이유를 떠올린다. 당신에게 권한이 있음을 보여주기 위해 한계를 설정하려고 하는가? 아이가 이웃에 사는 (너무 잘난 척하는 엄마를 둔) 천사 같은 아이처럼 행동하게 만들려고 한계를 설정하려고 하는가? 아이를 사랑하고, 아이에게 최선을 바라고, 아이가 성장하기를 바라는 마음에서 한계를 설정하려는 것인가?

자신에게 물어보라. *나는 왜 이 한계를 설정하려고 하는가?*

맥락

한계를 설정하기 전에 당신이 해야 할 중요한 숙제가 있다. 바로 당신이 적용할 한계가 타당하고 적절한 것인지, 아니면 정당한 원망이나 사회적 배척으로 이어질지 파악하는 것이다. 사회 규범, 공동체, 문화, 가족 가치, 아이만의 상황(알다시피 이것은 항상 변한다)을 고려하여 아이를 전체적으로 파악해야 한다. 적용할 한계의 초안을 배우자나 잘 아는 다른 사람과 논의하되, 부모로서 당신의 직감을 믿어야 한다는 것 또한 명심한다.

자신에게 물어보라. 이 한계는 내 아이의 개인적 및 사회적 특수성과 보편성을 고려할 때 적절한가?

시간과 장소

"타이밍이 전부다." "장소, 장소, 장소" 이런 말들이 끊임없이 반복해서 사용되는 데에는 그만한 이유가 있다! 한계를 설정하기 가장 좋은 시간과 장소는, 당신과 아이 모두 평정심을 유지한 채 조용하고 개인적인 환경에 있을 때다. 이상적으로는 부모가 일치된 의견으로 함께 아이를 대하는 것이 좋다. 하지만, 집마다 부모-아이 관계가 다를 수 있으며, 부모 중 한 명이 아이와 더 관계가 좋다면 그 사람이 따로 아이와 한계를 설정하는 것이 더 도움이 될 때도 있다.

물론 그런 이상적인 조건에서 한계를 설정하는 것이 사실상 불가능할 때도 있을 것이다. 그럴 때에는 그런 조건에 최대한 다가가도록 노력하면 된다. 아이를 조용하고 구석진 곳으로 데리고 가고, 화를 가라앉히도록 잠시 시간을 주고, 숙제를 다 마칠 때까지 기다린다. 스트레스 받고, 피곤하고, 배고프고, 급한 일이 있는 아이가 한계 설정을 받아들이기는 어려울 것이다!

자신에게 물어보라. 지금은 아이와 대화하기에 좋은 시간인가? 보거나 듣는 사람은 없는가? 아이가 밖으로 나가려던 참은 아닌가? 지금 아이가 감정이 격한 상태인가?

한계를 설정하고, 유지하고, 전달하는 법

한계 설정과 관련된 상호작용을 할 때에는 무엇을 어떻게 하는 것이 효과적이고, 효율적이고, 단호한(그러면서도 자상한!) 모습을 유지하는 데 도움이 되는지 알아야 한다. 다음은 그 구체적인 방법이다.

아이와 가까이서 얘기한다. 건너방에서 얘기하거나 계단 밑에서 소리 지르면서 효과적인 대화를 하기는 어렵다. 아이가 당신이 실제로 대화에 완전히 참여하는 것을 보고 있으면 더 잘 호응할 것이다.

상황에 맞게 자세를 낮추거나 앉는다. 권위를 주장하고 내세우되, 위협적이어서는 안 된다. 아이 곁으로 불쑥 다가가면 아이가 부담감과 위협감을 느낄 수 있다. 쭈그리거나 무릎을 꿇고 아이와 눈높이를 맞추면 아이가 더 안전함을 느끼고 경계심을 풀 것이다.

눈을 맞춘다. 계속 눈을 맞추고 있는 것은 당신이 진지하게 대화에 임하고 있음을 보여준다.

초점을 유지한다. 한계 설정에 대한 얘기를 하면서 이메일을 확인하고, 배우자와 대화하고, 아기 기저귀를 갈고, 아이가 마치지 않은 집안일을 되새기는 것은 좋지 않다. **한 번에 하나씩 주의를 기울이기**를 명심하라!

한계를 짧고 명확하게 전달한다. 대본에 충실하라! 달리 해석할 여지를 남겨서는 안 된다. 구태여 계속 설명하지도 말고, 이랬다저랬다 하지도 마라("30분 내로 들어와"보다는 "저녁 7시까지는 들어와라"고 얘기하라.)

간결하고 명료하게 설명한다. "저녁 7시까지는 집에 들어와야 충분히 잘 수 있어." 아이가 갑자기 깨달음을 얻어서 당신이 말한 내용을 이해하기 바라지 마라. 타협과 간청 시도에 미리 대비하라(부모로서 당신이 아이에게 설명을 꼭 해야 할 "의무"는 없다. 하지만 간단명료하고 짧게 설명해 주면, 단지 아이가 "못되게 굴지 않게" 하려고 한계를 설정하는 게 아님을 보여줌으로써 더 효과를 볼 수 있다).

결과를 미리 알려준다. 아이에게 왜 말을 들어야 하는지, 혹은 그게 아이에게 어떤 도움이 되는지 알려준다. "집에 늦게 들어오면 내일 학교에서 집중하기 힘들 거야"(자연적 결과), "집에 늦게 들어오면 다음날 일찍 일어나야 할 거야/영상 보는 시간이 줄어들 거야"(부모가 부과한 결과) 아이가 비교적 한계를 무난하게 받아들인다면 굳이 따로 결과를 부과할 필요는 없으며, 자연적 결과만 알려주더라도 충분히 당신의 의도를 이해할 것이다(행동의 결과를 더 잘 이해하고 싶다면 7장을 다시 읽어보라).

결과를 확실히 보여준다. 당신이 말한 결과가 실제로 안 일어날 거라고 생각한다면 굳이 아이가 당신 말대로 할 필요가 없을 것이다. 결과가 항상 실행될 수 있도록 대비하라.

"안 돼"를 두려워하지 마라. "안 돼"는 명확하고 분명한 단어이며, 그것을 사용하는 데에는 아무런 문제도 없다(그러니 아이가 타협하려고 하면 "그건 좋은 생각이 아닌 것 같아", "이미 다 말했잖니, 거기에 대해서는 더 상의하지 않을 거다!"라고 말하기보다는, 그냥 바로 "안 돼"라고 말하라).

효과를 극대화하기 위해 다음과 같은 방식으로 한계를 전달하라.

- **부드럽고 자상하게.** 즉각적인 방어적 반응을 피하기 위해 부드러운 말투를 사용한다. 특히 초반에 더 신경 쓴다(그래도 아이는 "소리 지르지 마요!"라고 대꾸할 수 있으니 마음의 준비가 필요하다). 믿거나 말거나, 아이는 당신이 부드럽고 단호하게 말할 때 당신의 말을 가장 잘 경청할 것이다.
- **감정의 균형을 유지하며**(아이의 감정이 격할 때조차, 아니 그러면 더욱 더). 당신이 감정을 느끼는 것은 상관없다. 효과적으로만 사용하라(보너스: 이렇게 하면 아이에게 감정을 조절하는 법을 보여줄 수도 있다!). 강렬한 감정이 느껴지면 잠시 시간을 가지고 숨을 가다듬는다.
- **판단하지 않고.** 당신 자신의 자세, 제스처, 말투를 파악하라(그리고 마음챙김의 "어떻게" 기술을 기억하라!). "진심이야?" 같은 비아냥거림은 피하라.
- **사랑을 담아.** 사랑을 분명하게 표현하라. "너에게 화가 나거나 네가 즐거워하는 것이 싫어서 안 된다고 하는 게 아니야. 지금은 이게 너에게 최선이기 때문에 안 된다고 하는 거야." (그래도 여전히 아이는 더 물어볼 수도 있고 기분이 안 좋을 수 있다. 걱정 마라. 아이는 당신의 메시지를 분명하게 알아들었다!)
- **자신감 있게**(태도와 말 모두). 설령 자신감이 안 느껴진다고 하더라도 자신 있게 행동하라! 행동하거나 말할 때 머뭇거리지 마라. 다음은 금물이다. "내 생각에는 네가 지금 하고 있는 행동이 좋지 않을 수도 있을 것 같은데…"

- **효과적으로.** 효과가 있는 것을 하는 데 집중하라. 당신은 원리 원칙에 집착하고 있는가, 아니면 아이에게 가장 효과가 있는 것을 하고 있는가? 당신이 늦여름 밤에 취침 시간을 지키는 이유는 "취침 시간은 취침 시간"이기 때문인가, 아니면 아이가 다음날 제대로 생활하기 위해 제시간에 자야 하기 때문인가?
- **한 번에 하나씩만.** 다른 데 정신 팔면 안 된다. 지금 다루는 주제에 계속 집중하고 힘겨루기에 빠지지 마라. 아이가 주제에서 벗어나더라도 당신은 사실, 조건, 결과를 제시해야 한다(이런 식의 대화는 금물이다. 아이: "친구들이랑 노는 거 허락 안 해주면 숙제 안 할 거예요!" 당신: "우리 예쁜이는 숙제 잘할 거야! 그리고 부모한테 그런 말투로 얘기하면 안 된다!")
- **현실성 있게.** 현실적으로 실현 가능성이 없는 공허한 위협이나 결과는 제시하지 마라. 1주일 휴가를 떠나기 위해 차에 짐을 모두 싣고 사람들도 전부 탄 상태에서, 삐쳐 있는 10대 아이에게 태도를 바꾸지 않으면 그냥 집에 있어야 한다고 말하는 것은 현실적인 경고가 아니다.

우리 애들은 그냥 말을 안 들어요! 당신이 모든 것을 제대로 했을 때 아이들이 사랑스럽게 웃으며 당신이 말한 그대로 행동하면 얼마나 좋을까?

하지만 현실은 그렇지 않다. 애들이 괜히 애들인 것이 아니다. 애들은 나름의 의견과 강한 고집이 있고, 당신이 설정한 한계에 굳이 긍정적으로 반응해야만 할 이유도 없다. "한계를 시험한다"는 말을 들어본 적이 있는가?

만약 아이가 당신의 한계에 반발하면, 다음 전략들을 시도해 보라.

부드럽게 만지기. 아이와의 유대감을 강화하고, 관심을 끌고, 당신이 진심인 것을 보여주기 위해 손을 잡거나 어깨에 손을 올리는 식으로 상황에 적절하게 아이를 만진다. 주의: 아이를 아프게 하면 안 된다(기분이 안 좋을 때에는 "단단한 접촉"이 너무 단단하게 느껴질 수도 있다). 이 전략은 주로 어린 아이들에게 효과가 좋다. 흔히 10대들은 개인 공간을 더 중시하기 때문에 당신이 그것을 침해하면 더 짜증을 낼 수도 있다(아이에 맞게 하라!).

방향 전환. 아이가 당신이 정한 한계가 "불공평"하다는 것에 꽂혀 있다면, 새로운 활동이나 주제로 넘어간다. 이 방법은 어린 아이들에게 특히 효과가 좋다(어떤 아이들은 매우 고지식해서 당신이 주의를 전환하려 하면 불만을 더 표출할 수도 있다. 아이가 방향 전환을 받아들이지 않으면 다른 전략을 생각해 보라).

선택권 제공. 아이가 한계 설정에 대한 발언권을 가지면 더 구미가 당길 수도 있다. "숙제 언제 할래? 저녁 먹고 아니면 먹기 전에?", "이제 옷 입을 시간이다. 셔츠 뭐 입을래? 파란색? 아니면 보라색?" 아이는 선택권을 가짐으로써 삶에 대한 통제감을 더 느낄 수 있다.

긍정적인 것을 강화. 올바른 방향으로 가는 데 아주 작은 과정일지라도 아이가 말을 들을 때에는 곧바로 칭찬하라.

계획적 무시. 7장에서 배운 소거 기술을 활용한다. 아이에게 한계와 이를 어길 시의 결과를 설명하고, 이후에 어떤 이론의 여지도 없을 것임을 얘기한 뒤 결과로 보여준다. 오락가락하지 마라. 위협, 불평, 주의를 끌려는 각종 시도들, 격해지는 행동(아무도 다치는 사람이 없다는 전제하에) 등은 전부 무시한다. 본론에 집중하고 마음을 다스린다. 그 외 다른 것들에 반응하게 되면 바람직하지 않은 아이의 행동을 간헐적으로 강화함으로써 계획적 무시를 수포로 만들 것이다!

고장 난 레코드. 그렇다. 소거에서 나왔던 그 고장 난 레코드다. 아이가 어떤 식으로 반응하든 필요한 만큼 똑같은 대답을 반복한다. 무미건조하고 사무적인 말투를 유지한다.

당신: 잘 시간이다.

아이: 그런데 배고파요!

당신: 잘 시간이야. 잘 자렴.

아이: 숙제해야 하는 걸 깜박했어요!

당신: 하지만 지금은 잘 시간이야.

아이: 엄마는 진짜 나빠요!

당신: 잘 시간이야.

아이: 아 그만 좀 말해요!

아이의 반응에 주의를 기울여라. 아이의 말을 경청하고 관심을 가져라. 만약 아이가 정말로 한계에 맞서 계속 싸운다면 다른 기술을 함께 활용해야 할 수도 있고, 어쩌면 당신이 더 융통성을 가지고 조건을 재검토해야 할 수도 있다.

실전 활용: 한계 설정

대부분의 한계 설정은 반복되는 일상적인 시나리오에서 나타난다. 당신이라면 다음 상황에서 어떻게 하겠는가?

장면은 다음과 같다. 엄마는 통화 중이다(꽤 중요한 전화라고 가정해 보자). 8살 루카스는 쿠키를 찾아서 부엌으로 들어간다.

효과적인 대화와 비효과적인 대화 두 가지 버전이 있다. 먼저 비효과적인 버전부터 보자.

루카스: 엄마. 쿠키 먹어도 돼요?

엄마: *(조용히 하라는 뜻으로 손가락을 입에 대고 속삭인다)* 저녁 먹을 때 다 됐잖아.

[엄마는 통화하느라 루카스에게 신경을 쓰지 못한다. 아이에게 확실한 대답도 하지 않은 채, "저녁 먹을 때 거의 다 됐다"는 말이 "쿠키를 못 먹는다"는 것을 의미한다고 혼자 생각한다]

루카스: 쿠키 먹고 싶어요! 배고파요!

엄마: *(아까보다 약간 더 크게 속삭인다)* 저녁 먹을 때 거의 다 됐다고 얘기했잖아.

[엄마는 여전히 루카스에게 명확한 대답을 하지 않는다.]

루카스: 학교에서 돌아오면 쿠키 먹을 수 있다고 했잖아요!

엄마: *(전화를 잠시 막은 채)* 루카스! 엄마 통화하고 있는 거 안 보여? 쿠키는 학교에서 돌아오면 먹을 수 있다고 했지만 지금은 저녁 시간이 거의 다 됐잖니!

[엄마는 참지 못하고 감정에 휩싸인 채 비난하는 말투로 얘기한다. 루카스는 이 때문에 방어적으로 된다. 엄마는 여전히 전화에서 신경을 끄지 못한다.]

루카스: 난 가서 쿠키 먹을 거예요. *(쿠키 상자가 있는 곳으로 간다)*

[루카스는 엄마가 다른 데 정신이 팔려 있는 것을 이용하고, 자기 뜻대로 할 수 있다는 것을 보여주며 엄마가 정한 한계를

시험하고자 한다.]

엄마: *(전화 상대방에게)* 잠깐만, 애가 말을 안 들어서. *(루카스에게)* 루카스! 그만해! 계속 그러면 저녁 못 먹고 바로 방으로 들어갈 줄 알아!

[엄마의 감정이 고조되고, 이것이 또 루카스에게 영향을 주면서 루카스도 감정이 격해진다. 엄마는 공허하고 비현실적인 위협을 남발하며 상황을 힘겨루기로 몰고 간다.]

루카스: *(목소리를 높이며)* 왜 소리를 지르고 그래요? 학교에서 돌아오면 쿠키 먹을 수 있다고 했잖아요!

엄마: 소리 안 질렀거든! 지금 쿠키 못 먹는다고 분명 말했어! 넌 왜 말을 안 듣니? 딴 애들 다 저녁 먹고 나서 쿠키 먹어, 너만 안 그래. 네가 예의가 없어서 그래! 더 무슨 일 있기 전에 당장 부엌에서 나가!

["소리 안 질렀거든"은 루카스의 관점을 불인정한다. 엄마는 또한 이때까지도 "쿠키를 먹으면 안된다"는 말을 하지 않는다. 엄마는 루카스를 비난하고 다른 아이들과 비교한다. 엄마는 루카스가 쿠키를 먹으면 어떤 결과가 있을지 얘기하지 않았다.]

루카스: 엄마 진짜 싫어! 진짜 나빠! 어차피 저녁 맛대가리도 없을 텐데 그냥 안 먹을 거야!

엄마: 저녁을 먹는 게 좋을 거다. 그렇지 않으면 앞으로 다시는 쿠키 못 먹을 줄 알아!

[엄마는 루카스의 위협과 무례함에 정신을 빼앗긴 채 어떻게

든 통제력을 되찾고 무력감을 달래기 위해 공허한 위협을 남발한다.]

루카스: *(버럭 화를 내며 나가 버린다.)*

어쨌든 끝은 난 것 같다. 다음 버전에서는 엄마가 똑같은 상황을 어떻게 더 효과적으로 다루는지 보여준다.

루카스: 엄마, 쿠키 먹어도 돼요?

엄마: *(전화 상대에게 잠시 기다려 달라고 부탁한 뒤)* 우리 귀염둥이 왔구나. 미안하지만 안 돼, 곧 있으면 저녁 먹을 시간이어서 지금은 쿠키를 먹을 수 없단다. 지금 쿠키를 먹으면 나중에 저녁 먹을 배가 안 남아 있을 거야.

[엄마는 루카스에게 관심을 가져 주며 부정적 감정이 고조될 가능성을 낮추기 위해 애정 어린 표현을 사용한다. 그녀는 한계를 명확하고 간결하게, 자상하면서도 납득 가능한 방식으로 전달한다.]

루카스: 하지만 배고프단 말이에요!

엄마: 어디 보자, 몸에 좋은 음식이 뭐가 있을까. 사과 줄까? 아니면 귤 먹을래?

[엄마는 루카스의 배고픔을 인정하고 선택권을 제공하며, 이는 루카스에게 통제감을 준다]

루카스: *(발을 동동 구르며)* 과일은 싫어요! 학교에서 돌아오면 쿠키 먹을 수 있다고 했잖아요!

엄마: *(통화 상대방에게)* 미안해, 5분 뒤에 내가 다시 걸게. *(루카스에게 다가가서)* 배고픈 거 알아. 오늘 하루도 힘들었지. 저녁 먹고 나면 쿠키를 먹을 수 있어. 저녁 먹고 쿠키를 먹고 싶으면 일단 지금은 손을 깨끗이 씻고 몸에 좋은 음식을 먹는 게 좋을 거야. 너가 결정하렴.

*[엄마는 위협적이지 않게 루카스 가까이 다가가 그 상황에 온전한 관심을 기울이며(**한 번에 하나씩 주의를 기울이기**), 루카스가 버릇없게 말하면서 주제에서 벗어나려고 해도 계속 주제를 유지한다. 그녀는 한계를 다시 한번 명확하게 얘기하고, 루카스가 말을 들었을 경우에 대한 강화제를 제시한다.]*

루카스: 제에에에발요, 지금 쿠키 먹으면 안 돼요? 저녁 다 먹을 수 있어요, 약속할게요.

엄마: 안돼, 루카스. 지금은 쿠키를 먹을 수 없어. 저녁 먹을 때 거의 다 됐잖니. 지금 가서 손 씻고 몸에 좋은 것 먹으면 저녁 식사 후에 쿠키를 먹을 수 있어.

[엄마는 계속 주제에 머무르며, 고장 난 레코드 방식으로 부드럽지만 단호한 말투로 같은 말을 반복한다.]

루카스: *(부루퉁하게)* 알았어요. 귤 먹을게요.

엄마: 훌륭해! 아주 건강한 선택을 했구나. 네가 이렇게 어른스러운 결정을 한 게 정말 자랑스럽다. 가서 손 씻고 냉장고에서 귤 꺼내 먹으렴.

[엄마는 루카스의 긍정적 행동을 곧바로 칭찬하고 결과를 확실히 보여준다.]

일관성과 융통성

양육에서 다른 모든 것들과 마찬가지로 한계 설정 역시 서로 상반되는 것처럼 보이는 두 가지 개념, 즉 일관성과 융통성 간의 균형을 유지하는 것이 중요하다. 당신은 어쩌면 이 두 개념들이 평화롭게 공존하지 못할 거라고 생각할지도 모른다. 당신이 일관되게 일관되기만 한다면 융통성이 있을 곳은 없다. 만약 당신이 융통성이 있다면, 어떻게 일관적일 수 있을까?

바로 여기에서 다시 변증법이 필요하다. 당신은 일관되면서 유연할 수 있고, 단호하면서 융통성이 있을 수 있고, 견고하면서 협조적일 수도 있다.

그냥 방법만 알면 된다.

일관성

여러 이유들로 인해 아이를 키울 때에는 일관성이 중요하다.

특히 감정 조절에 어려움을 겪는 아이들에게는 구조화된 틀과 예측 가능성이 필요하다. 이런 아이들은 무엇을 기대해야 할지 알고 있을 때 더 잘 수행하고 더 잘 반응한다.

일관성은 부모가 한계를 유지하는 데에도 유용하다. 아이가 협상의 여지가 있음을 알고 부모의 태도를 성공적으로 변화시킨다면, 앞으로 한계를 설정할 때마다 매번 맞서 싸우려고 할 것이다. 아이들은 비일관성을 자신에게 유리하게 활용하려고 한다. 아이들은 부모 중 자신들의 요구에 더 쉽게 굴복하는 쪽으로 접근하려고 하기 때문에, 항상 부모 두 명이 합심하여 한 팀으로 아이를 대해야 한다!

당신이 일관성 있게 양육할 때 긍정적인 변화와 행동 수정으로 이어질 수 있다(이렇게 상상해 보라. 당신의 상사가 회의 때 핸드폰 사용을 금지한다. 만약 그 상사가 회의 때마다 일관되게 "예외 없이" 이 규칙을 적용한다면, 당신과 동료들은 회의 때 핸드폰 사용하는 것을 포기하게 될 것이다).

일관성은 당신의 말에 힘과 의미를 부여한다. 일관성도 없고 결과도 확실히 보여주지 못하면 아무리 말해도 소용이 없을 것이다.

융통성

일관성이 그렇게 훌륭하면 융통성은 왜 필요할까?

의아하게 들릴 수 있겠지만, 융통성은 일관성의 반대말이 아니다(융통성의 반대말은 고지식함이고, 일관성의 반대말은 예측 불가능함이다). 일관성이 양육에서 중요한 만큼 융통성 역시 효과적으로만 사용하면 똑같이 중요하다.

우리는 (그리고 우리의 모습을 통해 배우는 아이들은) 융통성이 있어야 압력을 견딜 수 있다. 폭풍우 속에 서 있는 나무를 생각해 보라. 굽어지면서 부러지지 않는 버드나무보다 튼튼하고 딱딱한 참나무가 강풍에 부러지기가 더 쉽다.

바로 이것이 융통성이 중요한 이유다.

변화는 영원히 계속된다. 우리의 아이들과 상황 또한 계속해서 변하기 때문에, 우리 역시 그에 대비할 필요가 있다.

다양한 양육 기법들이 일관성을 강조하지만, 그렇게 한쪽 극단에만 초점을 맞추는 것은 대개 비현실적이며 꼭 효과를 낸다는 보장도 없다. 일관성만 적용하는 모형은 반려동물을 훈련시킬 때는 효과를 볼 수 있다. 하지만 아이들은 그보다 훨씬 더 복잡해서, 부모가 자신을 이해하고 자신과 함께 노력하려는 의지가 있음을 알아야 한다. 한쪽에만 치우친 방법은 반변증법적이다. 일관성과 융통성의 균형을 맞춰야만 건강하고 건전한 아이로 키울 수 있다.

융통성은 또한 우리가 아이들이 지니고 있었으면 하고 바라는 특성 중 하나다! 융통성 없는 사람은 살면서 어쩔 수 없이 겪게 되는 스케줄, 환경, 사람, 규칙, 그 외 여러 상황과 뜻밖의 일들에 적응하는 데 어려움을 겪는다.

부모도 결국은 사람이기 때문에 실수를 한다. 당신(과 아이)은 융통성이 있을 때 더 잘할 수 있을 것이다. 부모가 자신의 실수를 인정하고 사과하는 것은 아이에게 아주 강력한 교훈으로 작용하기도 한다(그리고 아이는 그것을 존경하고 따라하게 될 것이다).

우리는 융통성이 있을 때 아이의 욕구를 인정한다. 융통성은 우리의 사랑을 나타내며, 우리가 아이의 관점을 이해하고 진지하게 여긴다는 것을 보여준다.

아이가 한 명 이상 있는 가정에서는 하나의 기술을 모든 아이들에게 다 똑같이 적용하려는 마음이 들 수도 있겠지만(결국은 첫째한테만 효과가 있다!) 아이의 각기 다른 기질과 욕구를 고려하여 융통성 있게 양육하는 것이 필요하다.

이제 백만 불짜리 질문을 하겠다. *어떻게 하면 융통성이 있으면서도 일관될 수 있을까?*

모든 부모와 모든 가정에서는 언제 어디에서 융통성을 발휘하고, 언제 어디에서 일관성을 우선적으로 고려할지 주의 깊게 결정해야 한다.

당신의 개인적 한계를 정의하기 위해 융통성 모형(가트맨과 실버[1999]의 문제 해결을 위한 두 개의 원 기법에서 영감을 얻은 것이다)을 사용할 수 있다.

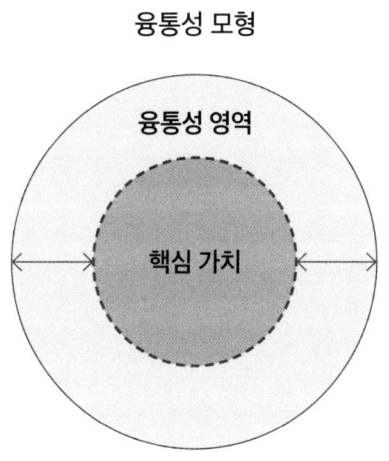

융통성 모형

점선으로 둘러싸인 가운데 원은 가족 규범, 사회 규범, 종교 규범과 같은 당신의 핵심 가치를 나타낸다. 가족이 생활하는 방식에 대한 일종의 비전인 것이다. 이를테면 당신이 핵심 가치로 깔끔함과 청결함을 지니고 있다면, 아이의 방이 지저분한 것에 대해 얼마나 융통성을 가질 것인지 가늠하기 위해 위의 모형을 사용할 수 있다. 이때 가운데 원은 당신이 원하는 방의 모습을 담고 있다. 옷을 옷장에 걸어 놓고, 바닥을 깨끗이 청소하고, 먼지가 안 쌓이게 하고, 침대 시트를 정기적으로 갈아주는 것 등 말이다.

바깥쪽 커다란 원은 반드시 지켜야 하는 한계선을 보여준다. 예를 들면 음식이 상할 정도로 오래 두면 안 되고, 다른 방을 어지르면 안 되고, 바닥에 옷들을 아무렇게나 쌓아 놓으면 안 되는 것 등이 있겠다.

두 원 사이에 있는 도넛 모양의 영역이 바로 융통성 영역이다. 당신의 핵심 가치와 꼭 지켜야 하는 한계 사이에 있는 모든 것들이 여기에 속한다. 당신의 이상적인 비전에 부합하지는 않아도 감당할 수는 있는 것들 말이다. 예를 들면 옷들을 의자에 쌓아 놓고, 침대 밑이 어수선하고, 가구에 먼지가 묻어 있고, 서랍이 지저분하거나 열려 있고, 잡동사니들이 많은 것이 있다.

작은 원을 가급적 작게 만드는 것을 목표로 하라. 그것이 점선으로 둘러싸여 있는 이유는 바깥 원만큼 명확하지 않기 때문이다. 당신의 목표는 아이의 운신의 폭을 넓혀 주기 위해 가급적 융통성 영역을 많이 확보하는 것이다. 아이가 타협의 여지가 전혀 없다고 느끼면 모든 경계를 다 허물어뜨리고 싶은 유혹을 느낄 것이다. 아이가 융통성 있는 옵션을 가지고 있을수록 더 합리적으로 대응할 수 있다.

당신이 아이의 선택권을 제한한 나머지 이상적인 깔끔한 침실의 모습에서 벗어나는 것들을 전부 엄격히 금지할 때, 아이가 한계를 벗어나려고 마음먹으면 정말 갈 때까지 갈 것이다. 상한 음식들이 줄을 잇고, 방바닥은 쓰레기들에 파묻혀 있고, 원상복구가 어려울 정도로 가구나 벽이 손상될 수 있다. 하지만 만약 당신이 몇몇 부분에 대해서는 기꺼이 융통성을 발휘할 마음이 있다면 아이는 더 절제된 방식으로 한계를 시험할 것이다. 당신은 이러한 모든 부분들을 세세하게 다 따져서 재평가하고 조정해야 한다. 모든 아이들에게 다 들어맞는 하나의 모형은 없다. 모든 가정은 각기 다른 가치와 규범을 지니고 있고, 심지어 안전에 대한 정의도 전부 다르기 때문이다.

또 하나 기억할 것이 있다. 융통성 영역에 있다고 해서 그것들을 전부 다 융통성 있게 다룰 필요는 없다는 것이다! 많은 아이들은 당신이 정한 한계를 잘 따를 것이기 때문에, 해당 영역에 있는 것들에 대해 가끔씩만 융통성을 발휘하면 된다. 그저 항상 융통성이 있어야만 하는 것은 아니라는 것만 기억하면 된다. 폭풍이 닥칠 때 굽혀지는 나무를 다시 떠올려 보라. 바람도 안 부는데 굽어질 필요는 없다. 융통성은 갈등하거나 대립하는 상황에서 필요하고 효과가 있는 것이다.

당신의 상황이 다른 집과 다르다는 점도 생각해야 한다. 당신은 아마 아이들이 어른이 되기 전까지 난로 가까이 못 가게 하겠지만, 옆집에 사는 셰프 엄마는 3살짜리 아이에게 요리하는 법을 가르쳐 줄지도 모른다. 당신은 성별이 다른 아이들이 집에서 자고 가는 것을 허락해 줄지도 모르지만, 신앙심이 깊은 당신의 친구는 서로 다른 성별의 아이들이 함께 노는 것을 최소화할 수도 있다.

물론 당신은 아이가 스케줄을 조금이라도 바꾸고 싶어 할 때마다 도표를 그려 가며 장황하게 당신이 중시 여기는 가치에 대한 설명을 늘어놓지는 않을 것이다. 융통성을 발휘할 때가 생기더라도 굳이 큰 노력을 들이거나 강의를 해야 할 필요는 없다. 간단히 다음 지침만 지키면 된다.

- **관찰하기**(마음챙김 기술을 떠올리자): 상황에서 한 발짝 물러나 아이에게 어떤 일이 벌어지고 있는지 살펴본다. 아이가 흥분된 상태인가? 아이가 힘든 시간을 보내고 있었는가? 아이의 행동이 불량한가?
- 아이의 관점을 물어본다. 아이는 어떤 기분인가? 아이가 그것을 바라는 이유는 무엇인가?

- 적극적으로 경청하고 반영한다: "그러니까 이 영화는 꼭 봐야 하는 건데, 친구들이랑 같이 보고 싶다는 얘기지?" [인정까지 해줬으므로 보너스 포인트!]
- 당신이 해야 할 일을 한다. 때로는 정말 "모든 아이들이" 어디를 가거나 최신 유행 아이템을 가지고 있는 경우가 있는데, 이럴 때에는 당신이 융통성을 더 발휘하는 것이 중요할 수도 있다.
- 융통성을 발휘하려는 당신의 마음을 표현한다. 당신이 기꺼이 아이와 함께 노력할 의지가 있음을 보여준다.
- 한계를 굳건히 한다. 상황에 따라서 기존에 있거나 새로 설정한 한계를 굳게 유지한다.
- 결과를 확실히 보여준다. 새로 만들었거나 이미 있는 한계를 유지한다.

축하한다! 이제 당신은 일관성/융통성(수용/변화)의 균형을 맞추는 법을 터득했다.

실전 활용: 일관성과 융통성

11살 엘리제는 매주 수요일 저녁 6시에 수학 과외를 한다. 하루는 수요일 오후에 날씨가 정말 좋아서 친구들과 자전거를 타고 아이스크림을 사 먹은 뒤 인근 공원으로 놀러 갔다. 엘리제는 계속 친구들과 놀고 싶다며 당신에게 과외 수업을 취소해 달라고 요청한다.

아빠: 엘리제야, 너도 과외 수업을 해야 하는 걸 알잖아. 특히 지금은 한 학기를 마무리하는 때이기도 하고, 중간고사가 얼마 안 남았으니 시험 준비를 하는 게 좋을 것 같아. 그래서 오늘은 친구들과 노는 걸 허락할 수가 없구나.

엘리제: 하지만 아빠, 다른 애들도 전부 다 놀고 있다고요. 오늘 못 놀면 정말 후회할 것 같아요! 내가 친구들과 어울리는 게 싫어요? 내가 좋아하는 무리에 끼려면 같이 나가서 놀아야 한다고요.

아빠: *(엘리제가 이 문제로 속상해서 흥분된 상태임을 알아차리고 또래 집단에 속하기 위해 애쓰고 있음을 알게 된다)* 이게 너에게 정말 중요한 건 알겠어. 우리가 전에 같이 얘기한 것처럼 과외 수업은 꼭 해야 되는 거야. 네가 왜 그렇게 흥분했는지 잘 모르겠는데, 아빠가 이해할 수 있게 얘기해 줄 수 있겠니?

엘리제: 제가 진짜 좋아하는 애들을 찾았거든요. 지금 걔네들이랑 같이 나가서 안 놀면 절 안 끼워주고 다른 애를 찾을 거예요. 게다가 전 지금까지 한 번도 과외 수업 취소한 적이 없었다고요!

아빠: 그건 맞아. 넌 항상 아주 성실하게 과외 수업을 했지. 지금 간절히 쉬고 싶은 마음도 이해해. 네 친구들이 이미 길 건너편에서 널 기다리고 있는 것도 알겠고. 그럼 이렇게 하자. 오늘 과외 수업은 취소하는 대신 앞으로 다시는 과외 수업을 취소하지 않기로 약속하는 거야. 여름방학까지는 계속 수요일마다 과외를 해야 되고, 앞으로 5번 더 남았다. 알겠니?

엘리제: 네, 그럼요, 절대 앞으로 취소 안 할게요. 감사해요 아빠. 아빠

는 진짜 최고 아빠에요!

어느새 3주가 흘렀다. 날씨가 진짜 좋고, 애들이 해변으로 가서 롤러스케이트를 타고 있다(대체 걔네들은 왜 수요일마다 재미있는 걸 하는 걸까?!). 엘리제는 다시 아빠에게 다가온다.

엘리제: *(꼬드기는 말투로)* 아빠, 오늘 진짜 롤러스케이트 타고 싶어요. 날씨가 짱 좋아요! 오늘 수업 취소하면 안 될까요? 수학은 이제 정말 잘 하고 있어요.

아빠: 엘리제야, 지난번 우리가 얘기했던 거 잊었니? 취소는 안 돼. 여름방학 때까지 매주 수학 과외 잘하기로 약속했잖아. 안타깝지만 오늘은 수학 선생님과 시간을 보내야 할 것 같아. 선생님 오실 때까지 집 근처에서 롤러스케이트 좀 타고 있으렴.
[아빠는 이 상황에서도 융통성과 인정을 발휘하려 노력했다!]

엘리제: 하지만 아빠, 이건 불공평해요! 앞으로 걔네들이 절 안 끼워줄 거라고요! 지금 거기 가서 놀아야 해요! 그리고 바보 같은 수학은 알 만큼 안다고요! 제발요 네? 집 근처에서 롤러스케이트 타는 건 해변에서 타는 거랑 비교도 안 된다고요.

아빠: 안 돼, 엘리제, 그게 우리 약속이었잖아. 오늘 과외 수업은 취소할 수 없어.

엘리제: *(친구들에게 세상에서 가장 나쁜 아빠에 대해 얘기하러 쿵쿵대며 나가버린다)*

세상일은 참 알다가도 모를 일이다. 엘리제의 과외 선생님이 갑자기 연락을 해서 급하게 수업을 취소해야겠다고 한 것이다. 엘리제는 곧바로 친구들에게로 달려간다. 비록 수업은 빼먹게 되었지만 엘리제는 아빠가 정한 한계를 유지하는 데 융통성이 있으면서도 진지하기도 하다는 것을 알았다.

당신이 융통성이 있다는 것이 곧 아이에게 휘둘리는 것을 의미하는 것은 아님을 기억하라. 상황에 맞춰 결정한 뒤, 일관성과 융통성의 균형을 맞출 수 있는 지침을 따르는 것이 좋다.

또 다른 시나리오를 보자.

노아는 1박2일 캠프에서 600ml짜리 탄산음료를 특별 상품으로 받아 가지고 집으로 돌아온다(대체 누가 이런 걸 상품으로 준비한 거야?). 집안 규칙은 "평일에는 탄산음료 금지"이며, 노아 역시 이를 잘 알고 있다. 그렇다고 아빠에게 조르지 않는 것은 아니지만 말이다.

노아: 아빠! 아빠! 제가 오늘 상품으로 받아 온 것 좀 보세요!

아빠: 우와, 우리 아들 정말 대단한 상품을 받았네! 잘 보관했다가 토요일에 먹자.

노아: 근데 아빠아아아, 지금 먹고 싶어요! 밖에 날씨도 진짜 덥고 전 지금 너무 목말라요. 그리고 이건 특별 상품이고요!

아빠: 노아야, 너도 규칙을 알잖니. 평일에는 탄산음료를 못 먹는단다.

노아: 아빠 제발요. 그동안 탄산음료 한 번도 안 먹었잖아요. 이건 특별한 거라고요! 그냥 아빠 모르게 캠프에서 먹고 올 수도

있었다고요! 그래도 집으로 가지고 와서 아빠한테 보여드렸
잖아요! 다음에는 그냥 마시고 올 거예요. 그래도 아빠는 모
르겠지만요.

아빠: 그래 좋아 그럼 지금 마셔. 단, 엄마한테는 말씀드리지 말고,
네 동생한테도 비밀이다.

노아는 일관성이 중요하다는 것을 배우지 않고도 원하는 것을 얻었다. 아이는 다음에 또 규칙을 어기고 싶을 때 부모 중 누구한테 말해야 하는지 확실히 알았을 것이다. 추가로 아빠는 노아가 불평하고 따지는 것을 즉각적으로 강화했기 때문에, 아이는 다음에 기회가 생기면 똑같은 행동을 훨씬 더 강하게 반복할 것이다.

아빠가 융통성을 발휘해서 노아에게 탄산음료를 허락하는 것은 괜찮다. 하지만 아까보다 더 효과적으로 할 수 있다.

노아: 아빠! 아빠! 제가 오늘 상품으로 받아 온 것 좀 보세요!

아빠: 우와, 우리 아들 정말 대단한 상품을 받았네! 잘 보관했다가
토요일에 먹자.

노아: 근데 아빠아아아, 지금 먹고 싶어요! 밖에 날씨는 진짜 덥고
전 지금 너무 목말라요. 그리고 이건 특별한 상품이에요!

아빠: 흐음, 이걸 따려고 진짜 열심히 노력했을 것 같아! 그래, 네가
열심히 노력한 게 진짜 자랑스러우니까 오늘은 특별히 예외로
해 줄게. 지금 먹어도 좋아. 하지만 한 가지는 기억하렴. 이건
특별히 예외적인 경우고 규칙은 계속 지켜야 해. 알겠니?

노아: 알겠어요!

하지만 이것은 현실적인 시나리오이기 때문에, 30초 뒤에 노아의 동생인 메이슨이 아빠에게 온다.

메이슨: 아빠, 이건 불공평해요! 왜 형만 탄산음료 먹게 해줘요? 저한테는 평일에는 절대 못 먹게 했잖아요! 저도 탄산음료 먹고 싶어요!
아빠: 메이슨, 때로는 정확하게 공평해 보이지 않는 것들도 있단다. 이번에는 아빠가 예외로 허락해줬어.
[아빠는 필요한 만큼 같은 대답을 반복하거나 계획적 무시로 넘어간다("메이슨, 이 문제는 더 이상 얘기 안 할 거다.")]

아빠는 두 아이의 현재 욕구와 당면한 상황을 고려하여 (굉장히 훌륭하게) 한 아이에게는 일관성을 유지하는 동시에 다른 아이에게는 융통성을 발휘했다.

당신이 한 명의 아이에게 융통성을 발휘한 것을 다른 아이들이 샘내더라도 상관없다(모든 아이들에게 대략적으로 비슷한 수준의 예외를 적용하기만 하면 된다). 당신은 아이들을 모든 감정들로부터 보호할 수 없고 그래서도 안 된다. 감정을 가져도 괜찮다. 아이들이 감정을 다룰 기회가 없으면 삶이 뜻대로 되지 않을 때 스스로 위안하고 조절하는 법을 배울 수 없다. 어서 가서 아이에게 굴복하지 않고 아이가 자신의 감정을 조절하도록 도와줘라(**인정하기** 기술이 여기서 아주 유용할 것이다).

그 아이는 못 가지고 다른 형제자매는 가지게 된 이유를 명확하고 차분하게 설명하라(상황에 따라서는 짧아도 된다). 아이가 마법처럼 모든 것을 이해하고 기분 좋기를 바라지 마라(어차피 아이는 설명의 내용보다는, 그저 자기가 탄산음료를 마시지 못했다는 것만 신경 쓸 것이다!). 당신은 또한 이 상황을 융통성의 혜택을 입은 아이를 가르칠 수 있는 기회로 활용할 수도 있다. "노아야, 동생 앞에서 탄산음료 마시는 거 자랑하지 마라. 동생의 감정을 잘 헤아려야 해."

한계 설정의 장애물

한계 설정으로 가는 길은 순탄하지만은 않다. 몇 가지 흔한 장애물들이 당신의 앞을 가로막을 것이다. 혹시 한계를 설정하는 데 어려움이 있다면, 다음의 장애물 중 하나 이상에 해당되지 않는지 살펴보라.

- **감정:** 감정 때문에 효과적인 한계 설정에 어려움을 겪는 경우가 자주 있다. 이를테면 두려움("이렇게 하면 아이가 화낼 텐데, 뭔 짓을 할지 어떻게 알지?"), 죄책감("저 불쌍하고 슬픈 표정을 보니 내가 정말 나쁜 것 같아"), 무력감이나 절망감("포기할래. 이런다고 아이가 반응을 보일리 없어" 혹은 "난 아이를 통제 못해") 등이 있다.
- **기술 부족:** 한계 설정 기술까지 배웠으니 당신은 이제 필요한 기술을 모두 갖고 있다!
- **자신감 부족:** 잘할 수 있을 때까지는 잘하는 것처럼 하면 된다. 자신

감이 안 느껴지더라도 자신감 있게 보이려고 노력하라.
- **우유부단함:** "이렇게 하는 게 맞는 건지 잘 모르겠어." 바로 이럴 때 당신이 익힌 기술들과 융통성 모형이 필요하다. 또한, "올바른" 대답을 몰라도 괜찮음을 명심하라. 때로는 가장 효과적인 것을 찾기 위해 위험을 감수할 수도 있어야 한다.
- **부정적 아동기 경험:** "부모님은 내가 아무것도 못하게 하셨어. 그래서 난 집 밖에만 나가면 어찌할 바를 몰랐지. 난 절대 부모님처럼 되지 않을 거야." 당신의 어린 시절 경험을 과잉보상하거나 반대편 극단으로 치우칠 필요는 없다. 아이를 기죽이지 않고도 얼마든지 "안돼"라고 말하며 한계를 설정할 수 있다.
- **시간이나 인내심 부족:** 일단 효과적으로 한계를 설정하기 시작하면, 하면 할수록 점점 더 쉬워지면서 매번 많은 시간을 들이지 않을 수 있다(또한 시간이 흐르면서 당신이 가진 기술에 자신감을 갖게 되면서 시간과 노력을 덜 들이게 될 것이다). 인내심을 키우기 위해 마음챙김 기술을 활용하라. 한계 설정이 실제로는 당신의 인내심을 시험한다는 현실을 받아들여라!
- **스트레스나 부정적 정신 상태:** 한계를 설정하기 전에 먼저 올바른 마음가짐을 갖추기 위해 마음챙김 기술을 활용해야 함을 기억한다. 당신이 한계 설정에 필요한 만큼 충분히 자기조절이 안 되면, 설령 한계를 설정할 수 있는 기회를 놓치더라도 일단 마음이 안정될 때까지 기다려라.

효과적인 한계 설정의 큰 장애물 중 하나는 쓸모없는 가정과 근거 없는 믿음이다. 당신이 아이, 가족, 그리고 자신을 위해 올바른 일을 하고 있다는 확신을 갖기 위해서는, 한계를 설정하기 전이나 설정하는 동안 이러한 근거 없는 믿음을 파악해서 없애는 것이 좋다. 흔한 믿음들을 몇 개 살펴보자(https://blog.naver.com/happy_han-ga/222523899895의 '8장 장애물 카드'에 근거 없는 믿음 및 그에 대한 유용한 대응들이 더 있으니 참조하라).

믿음: 아이는 이걸 싫어할 거야!

정반대다! 아이가 당신이 설정한 한계에 맞서 싸울 수는 있겠지만, 한계는 아이가 더 안전해지고 보살핌 받는 느낌을 갖게 해준다. 한창 아이의 감정이 격할 때는 안 그런 것처럼 보여도(정말 안 그럴 가능성도 있지만), 아이는 한계를 통해 자신이 사랑받고 있음을 알고 느낀다(아이가 표현하지 않더라도 걱정하지 마라. 점차 자라면서 아이는 당신이 단지 아이가 안전하고, 성공하고, 건강하기만을 바랐음을 더 잘 이해하게 될 것이다).

여기 흥미로운 예가 있다. 예전에 부모가 설정한 한계에 끊임없이 맞서 싸우는 10대 딸 때문에 힘들어하는 엄마를 상담한 적이 있었다. 하루는 그 소녀가 학교에서 하는 어머니의 날 프로젝트 신청서를 작성해야 했다. "나는 엄마가 나를 사랑한다는 것을 알고 있다. 왜냐하면…" 엄마의 한계 설정 시도에 끊임없이 맞서 싸웠던 그 소녀는 이렇게 문장을 끝맺었다. "엄마가 규칙과 취침 시간을 정하기 때문이다."

믿음: 만약 내가 항상 받아주고 일관되게 긍정적으로만 대한다면, 아이가 자신감이 생겨서 한계를 만들고 지키는 법을 스스로 터득해 나갈 거야!

아주 좋은 생각 같지만, 사실은 아니다. 아이들에게 부모가 필요한 데에는 다 이유가 있다. 아이들은 "알아서 다 해내면서" 자제력을 지닌 어른으로 성장하지 않는다. 발달 단계상 아이들은 스스로 자신의 한계를 설정하지 못하거나 옳고 그른 것을 그저 감으로만 이해할 수 있을 뿐이다.

만약 부모가 아이에게 안 된다는 말을 한 번도 하지 않는다면 아이는 스스로에게 안 된다는 말을 못할 것이고, 이는 장기적으로 아이에게 문제가 되는 행동으로 나타날 것이다. 아이들은 충동과 욕구를 다스리고 스스로 통제할 수 있는 능력을 타고나지 않기 때문에, 따로 배워야만 한다.

연구자들은 한계 없이 자란 아이들은 자기규율을 발달시키는 능력이 부족하고 충동성이 더 높다는 것을 밝혀냈다. 7장에서 논의했다시피, 규율과 한계 설정을 회피하는 허용적 양육 방식이 대개 아이들의 자기조절 능력을 약화시킨다(Baumrind 1967; Jabeen과 Anis-ul-Haque 2013; Alizadeh 등 2011).

아이는 어린 시절의 도전과 투쟁을 통해 회복탄력성을 길러서 삶의 고난과 시련에 대비할 수 있게 된다. 부모가 어린 시절에 겪는 정상적인 어려움과 실망으로부터 아이를 보호하려 한다면, 아이가 살아가면서 겪을 수 있는 더 큰 어려움들을 다룰 수 있는 능력은 확실히 발달하지 못할 것이다.

이런 경우를 상상해 보자. 한 남자가 우연히 번데기에서 벗어나려고 애쓰는 나비를 발견한다. 그에게는 나비가 몸부림치며 애쓰는 것이 너무 힘들고 괴로워 보인다. 남자는 나비에게 자비를 베풀어 주기 위해 가위로 번데기를 잘라서 나비가 쉽게 나올 수 있게 해준다. 하지만 그렇게 나온 나비는 제대로 발달하지 못하고 쭈그러든 모습이다. 나비는 자연적인 과정을 거쳐 번데기에서 나와야만 온전한 모습과 기능을 갖출 수 있다.

아이들 역시 나비와 마찬가지다. 아이가 고군분투하는 모습이 마음 아픈 만큼, 그런 고난과 시련을 통해 삶의 험난한 여정을 감당할 수 있는 어른으로 성장하게 될 것이다.

부모가 부모-아이 관계를 고려하여 효과적으로 한계를 설정한다면, 아이는 한계뿐만 아니라 사랑과 애정도 듬뿍 받는 균형 잡힌 상태로 자랄 것이다.

믿음: *한계는 통제적이고 징벌적이야.*

합리적인 범위에서 적절한 고려를 통해 효과적으로 한계를 설정하는 것은 통제나 징벌과 거리가 멀다. 만약 한계 설정이 통제적이거나 징벌적으로 이뤄진다면, 마음챙김 상태가 아닌 감정이나 충동에 휩싸인 채 진행되어 거의 효과가 없을 것이다.

아이들은 구조화된 틀과 예측 가능성을 갈망하고 이를 잘 감당한다. 아이들은 또한 부모의 강인함과 자신감을 보기 원하고 이를 필요로 한다. 만약 부모가 쉽게 흔들리거나 약한 모습을 아이가 본다면 부모에 대한 신뢰와 확신이 무너질 것이다.

믿음: *난 못해!*

아니, 당신은 할 수 있다! 양육은 어려운 일이고 당신은 할 수 있다. 당신이 할 수 없다는 믿음은 효과적으로 한계를 설정하는 데 방해가 될 것이다. 아이가 실망하고, 슬퍼하고, 화가 나도 괜찮다. 아이도 감정을 느끼기 때문에 이는 지극히 정상적이고 건강한 것이다. 한계 설정은 시간과 일관성이 축적될수록 더 쉬워진다. 떼쓰기와 투정은 당신이 거기에 굴복해서 강화하지만 않으면 결국 수그러들 것이다. 시간을 가지고 포기하지 마라!

우리는 전부 사람이며 기계가 아니다. 우리는 매사 완벽하게 할 수 있는 능력을 타고나지 않았다. 매번 일관성/융통성의 균형을 절묘하게 맞출 수 있을 것이라고 예상하지 마라. 당신의 목표는 항상 제대로 하는 것이 아니라, 당신이 할 수 있는 최선을 다하는 것이다. 힘든 하루가 끝날 무렵에는 기술을 충분히 활용하지 못할 가능성이 높다. 자신의 양육 방식을 분석하고 뒤늦게 너무 엄격했거나 지나치게 융통성을 발휘했다고 깨달을 수도 있다.

하루하루 일희일비하지 말고 더 큰 그림을 보며 스스로에게 물어보라. 나는 전반적으로 일관성과 융통성의 균형을 잘 유지하고 있는가? 만약 그렇다면, 장기적으로 볼 때 작은 실수들 때문에 균형이 흐트러지지는 않을 것이다. 만약 그렇지 않다면, 당신은 할 수 있는 최선을 다하고 있음을 기억하라.

아이를 효과적으로 양육하기 위해서는 다른 수용 및 변화 기술들과 함께 한계 설정 기술을 사용해야 한다. 기술을 다루는 장은 여기서 마무리하고(여기까지 모두 마친 것을 축하한다!), 9장에서는 당신이 가족 안팎의 다양한 요인들의 균형을 맞추고 그동안 배운 모든 기술들을 실전에 적용하는 것을 도와줄 것이다.

9장

가족 안에서 균형을 맞추기

∙ ∙ ∙

당신은 지금까지 책의 내용을 전부 읽었다! 이로써 당신은 부모 역할이라는 산을 등반하는 데 유용하게 활용할 수 있는 막대한 기술, 지식, 이해를 갖추게 되었다. 이 역동적인 여정을 출발한 당신에게 경의를 표한다! 거칠고 험한 길이 당연히 나올 것이고, 지금 당신은 이를 헤쳐 나갈 수 있는 도구와 지식으로 무장해 있다.

당신이 뜻하는 바에 따라 양육을 해나가는 것은 진정으로 힘이 솟는 일이다.

하지만 당신은 그 길을 가면서 굉장히 어려운 장애물들을 마주치게 될 것이고, 그 중 일부는 이 책을 통해 미리 접했을 수도 있다.

비록 당신이 배운 모든 것을 실천에 옮기겠다고 굳게 다짐하더라도, 당신과 아이는 진공 상태에 놓여 있지 않다. 당신이 효과적으로 양육을 하지 못하게 방해하는 무수히 많은 인간적 및 환경적 요인들이 도처에 널려 있다.

어쩌면 (아이를 함께 키우든 따로 키우든) 다른 배우자의 저항에 맞닥뜨릴 수도 있다. 배우자는 동참하기 꺼려 하거나 협력을 거절하며 당신의 노력을 방해할 수도 있다. "우리 부모님은 여기 나온 것들 하나도 안 하시고도 나를 잘만 키우셨어", "우리 애는 아무 문제 없어. 그냥 철만 들면 돼.", "난 더 이상은 못하겠어요. 이 애는 당신이 맡아요!" 어쩌면 배우자가 당신의 노력을 방해하는 방식으로 아이와 상호작용을 할 수도 있다. "아빠가 그러시는데 전 뭘 어떻게 해도 낙오자가 될 거래요", "엄마는 제가 그 시간까지 꼭 안 들어와도 된다고 했어요!", "난 저런 바보 같은 차트는 관심 없어요. 어차피 아빠가 내가 원하는 스니커즈 운동화를 사줄 거예요."

말 안 듣는 아이를 양육하느라 엄청나게 애를 쓰는 동시에, 그렇지 않은 다른 아이의 안전과 욕구도 균형 있게 챙겨야 할 때도 있다. 한 아이의 분노 폭발과 폭력으로부터 다른 아이들을 보호해야 할 수도 있다. 말 안 듣는 아이를 판단하지 않으면서 다른 아이들을 인정해줘야 하는 묘수를 부려야 할 수도 있다. 자신이 무시당하거나 등한시된다고 느끼고, 불공평한 가족 역동에 불만을 제기하는 아이들을 다뤄야 하기도 한다. "쟨 제정신이 아니에요!", "왜 항상 누나만 원하는 걸 다 가지는 거예요?", "애 때문에 제 생활이 완전 엉망이에요! 도저히 못 견디겠어요!", "언니는 항상 약속 장소까지 차로 데려다주고 특별한 시간도 보내면서 나한테는 학교 준비물 하나 안 사주고", "오빠 방은 돼지 우리처럼 지저분한데 왜 제가 침대 정리 좀 안 했다고 그렇게 괴롭혀요?"

조부모, 친구, 선생님, 기타 환경적 요인들의 방해를 받을 수도 있다. 몇 가지 예를 들어 보자. 당신이 아무리 죽을 힘을 다해 인정과 수용을 하려고 애써도 매사에 지나치게 비판적인 학교 선생님 때문에 다 허사가 될 수 있다. 당신이 보기엔 아이가 자기만의 방을 가지는 것이 좋을 것 같아도 집안에 남는 방이 없으면 아무 소용이 없다. 조부모가 아이들 앞에서 공공연하게 당신의 양육을 비판할 수도 있다. "아니 애가 그런 행동을 했는데 어떻게 그냥 넘어가니?"

마지막으로, 가장 큰 장애물은 무엇보다 바로 말 안 듣는 아이 자체라는 생각이 들지도 모른다!

우리는 모두가 함께 협력하는 이상적인 상황을 바라지만 현실에서 그런 경우는 거의 없다. 당신은 복잡한 가족 역동을 다루기 위해 활용할 수 있는 모든 수용과 변화의 기술을 사용해야 한다.

다른 어른들(예: 배우자, 파트너, 공동 양육자, 조부모)과 함께 협력할 때에는 의사소통이 필수적이다. 상대가 협력하려고 하지 않으면 그 원인과 이유를 찾아라. 시간을 가지고 배우자(혹은 파트너, 공동 양육자, 조부모, 그 외 다른 어른들)와 얘기를 나눠라. 그러면서 당신이 그런 기법들을 시도하기 원하는 이유와 이 과정에서 상대방이 어떤 변화를 만들어 낼 수 있는지 논의한다. 만약 상대방이 거부하면 시험적으로 적용하는 기간을 제시하라. "1주일만 같이 해봐요. 손해 볼 거 없잖아요!" 학교에서도 담임 선생님과 똑같은 식으로 얘기해볼 수 있다. 선생님 앞에서 아이를 옹호하고 집에서 효과가 있었던 방법을 공유하라.

만약 배우자나 다른 어른이 특정 기술을 사용하는 데 어려워하면 역할을 조정한다. 예를 들어 배우자가 한계를 설정하거나 결과를 제시할 때마다 항상 일관성을 잃는다면, 상대방이 긍정성과 수용에 전념하는 동안 당신이 대신 그 역할을 맡는 것이다.

만약 상대방이 별다른 이유도 없이 참여를 안 하면 수용을 실천한다. 비난을 흘려보내고 상대의 관점에서 일말의 진실을 찾는다. 설령 물길을 거슬러 올라가는 듯한 느낌이 들더라도 포기하지 마라! 당신이 내딛는 모든 발걸음이 변화를 만들어 낼 수 있다.

아이들을 대할 때에도 인정이 중요하다. 말 안 듣는 아이들을 키우는 삶은 고되고 인정의 길은 멀다. "그래, 형이 너에게 화낼 땐 정말 무섭지.

네가 힘든 거 알아. 언제든 와서 어떤 기분인지 얘기해도 돼. 내가 항상 얘기하지는 않지만 네가 모든 아이들과 함께 잘 지내려고 노력하는 모습이 정말 자랑스러워. 우리는 모두 힘든 게 있어. 너 역시 헤쳐 나가야 할 것이 있고. 형은 형이야. 형이 너랑 진짜 재미있게 놀기도 하잖니. 자전거도 태워주고 레고 시티도 같이 만들고."

당신이 말 안 듣는 아이와 비교적 행동을 쉽게 다룰 수 있는 아이를 함께 키우고 있다면 삐걱대지 않고 잘 굴러가는 바퀴를 간과하기 쉽다. 그 아이는 당신의 관심이나 지원을 요구하지 않는다. 학교 생활도 모범적이고 당신이 시리얼 제품을 잘못 샀다고 감정을 주체 못하고 힘들어하지도 않고… 그러다 보니 그 아이 또한 자기만의 욕구를 지니고 있다는 것을 쉽게 잊는다. 모든 아이들의 욕구를 주의 깊게 살펴라. 다른 형제들의 짓궂은 행동으로부터 (비판단적으로) 보호하고, 아이들과 특별한 시간을 보내고, 칭찬하고, 보상해줘라. 아이들이 먼저 와서 당신의 관심을 끌려고 할 때까지 기다리지 마라. 사소한 제스처나 말 한 마디라도 괜찮으니 당신의 사랑, 긍정, 관심에 대한 아이들의 욕구를 미리 충족시켜라.

모든 가족에는 나름의 복잡한 콤플렉스가 있기 때문에, 발생할 수 있는 모든 문제들을 이 책에서 다 다룰 수는 없다. 만약 당신 가족이 특별히 더 필요로 하는 것들의 균형을 맞추는 데 도움이 된다면 가족치료를 받아 볼 수도 있다. 이는 가족이 함께 단합해서 난관을 헤쳐 나가는 데 안전한 환경을 만들어 줄 것이다.

아이들을 양육하면서 평정심을 유지하기란 어렵다. 힘내라! 아무리 해결 방법이 없는 것처럼 보여도 변화는 항상 지속된다는 것을 기억하라. 수용과 변화의 균형을 맞추면서 가족 역동 안에서의 변화들을 성공적으로 이겨 내라.

실전 활용: 균형

1장에 나왔던 릴리와 타일러를 기억하는가? 그 아이들의 가족이 어떻게 균형을 찾았는지 살펴보자.

 부모들은 모두 아이들이 지금은 전혀 버릇없지도 않고 예전에 했던 행동에 대해 여러 차례 반복해서 사과하는 완벽한 천사가 되었다고 보고한다.

 (정말 좋을 것 같지 않나?) 그들이 *실제로* 어떻게 했는지가 다음에 나와 있다.

 릴리와 타일러의 부모들은 몇 달 동안 기술을 배우고, 실행하고, 연습하고, 정교히 다듬고, 평가한 뒤 집안 분위기와 아이들과의 관계가 굉장히 좋아졌다고 보고하였다.

부모가 말하는 릴리의 이야기

우리는 처음 수용을 다룬 장을 펼쳐서 그 부분을 빨리 지나친 뒤 곧바로 변화로 넘어갈 수도 있다는 걸 알았어요. 우리는 아이의 여러 단점에도 불구하고 사랑스럽고 귀여운 딸을 수용하고 있었고 그래서 얼른 릴리의 행동을 바꾸는 것부터 하고 싶었거든요.

 우리는 수용에 나와 있는 기술들 대부분을 그저 머리로만 생각면서

(그런 우리 자신을 토닥이며) 첫 번째 수용 세트를 후딱 넘어갔죠. **기꺼이 내미는 손**이나 **반대행동** 같은 몇몇 기술들은 릴리가 화를 폭발할 때 도움이 됐어요.

4장 마음챙김에 들어서서야 비로소 우리가 생각했던 것만큼 수용하지 않았을 수도 있음을 깨달았어요. 우리는 릴리가 "너무 예민하다"고 꼬리표를 붙였었는데, 그게 마음에 걸렸어요. 우리는 릴리의 섬세함을 나쁜 것으로 판단하고 있었음을 알게 됐죠(당연하긴 했어요, 그게 온 집안에 영향을 끼쳤으니까요).

우리는 이 문제를 해결하기 위해 릴리가 그렇게 행동하는 원인을 오랫동안 샅샅이 찾았어요. 일부는 "선천적으로" 타고난 것이었어요. 릴리는 아기 때부터 예민했고 유아기에도 자주 달래 줘야 했거든요. 아이 아빠 집안이 대체로 예민한 편이기도 하고요. 아이가 "자라면서" 환경의 영향을 받은 부분도 있었어요. 릴리는 학교에 적응하는 데 어려움을 겪었고, 초등학교 때는 사회불안증으로 놀림을 받았고, 언니도 릴리가 "울보"라며 놀려 댔고, 우리는 릴리가 불안할 때마다 새로운 것을 해 보도록 압력을 가했어요. 아이가 예민할 만했죠!

수많은 연습 끝에 우리는 "쟨 너무 예민해"라고 말하며 심하게 화를 내던 것에서 벗어나, 덜 비판적 표현인 "릴리는 섬세해"라고 말하며 아이를 **관찰하는** 법을 익히게 됐어요. 비록 릴리의 섬세함을 다루는 것은 여전히 힘들고 종종 괴로울 때도 있지만 이제 우리는 아이가 "그럴 수밖에 없음"을 알아요. 우리는 릴리가 귀엽고 낄낄대고 어른스러운 모습을 보일 때뿐만 아니라 "너무" 섬세할 때에도 아이의 모든 것을 있는 그대로 사랑하고 긍정하고자 열심히 노력했어요.

그리고는 곧바로 수용 기술 부분으로 되돌아가 새롭게 비판단적 입장에서 그 부분을 다시 읽었어요. 우리는 **장점과 단점** 기술을 통해 릴리가 지닌 섬세함의 긍정적인 부분을 볼 수 있었어요. 릴리는 다른 사람들이 화가 나 있는 상태에서는 섬세함을 잘 조절하지 못하다가 끝내 화를 낼 때가 자주 있었어요. 반대로 릴리의 장점도 있었어요. 다른 사람들의 감정을 섬세하게 헤아리고, 친구들에게 친절하며, 둘째 동생이 자기 장난감을 갖고 놀게 해주고, 막내 아기 동생이 울면 달려가서 달래주기도 해요(아기가 계속 울면 결국엔 기분이 안 좋아지지만요).

그 다음은 **인정**이었는데, 이게 우리 부부와 릴리에게 모두 결정적 변화를 일으켰어요.

우리는 항상 릴리를 인정해주려고 노력해 왔었는데, 방법이 잘못되었다는 것을 알았죠(네, 효과가 없었거든요). "네가 화난 걸 이해해, 하지만 그건 정말 그렇게 큰 문제가 아니란다", "장난감이 망가져서 정말 슬플 것 같아. 하지만 이제 그만 잊을 때도 됐잖니" 같은 말들을 굉장히 많이 했었어요.

우리는 또 아이가 화낼 때 불인정하고 섣불리 이유를 추정한 적이 너무 많았어요. 특히 우리가 전부 다 "제대로" 했는데도 불구하고 릴리가 계속 감정을 주체하지 못하고 있을 때는 더 그랬죠, 이렇게 말하면서요. "완벽한 상품을 찾으려고 인터넷에 세 번이나 들어가서 확인했는데 색깔이 마음에 안 든다고 지금 그렇게 떼를 쓰면 어떡하니! 제발 적당히 좀 해라!"

우리는 인정을 통해 릴리에게 상처가 되는 것을 찾고 이해하는 방법을 배웠어요. 아이의 변덕에 휘둘리지 않고 우리가 이해한 바를 전달하는 법도 배웠죠.

물론 그게 항상 성공한다는 보장은 없어요. 때로는 가장 교과서적인 인정도 안 통할 때가 있고, 지나친 인정이 역효과를 나타내는 경우도 있죠. 아이가 더 흥분해서 계속 화를 낼 때도 있고요. "엄마가 내 마음을 그렇게 잘 이해하면 날 좀 내버려 둬요!", "나를 이해한다면서 왜 언니한테 벌을 안 줘요?", "아빠도 정말 그게 화가 나면 당장 선생님한테 전화해서 소리 질러야죠!"

아이를 논리적으로 설득하려고 하는 건 힘겨루기로 이어지기만 했어요. 우리는 인정만으로 효과를 못 보면서 변화 기술로 넘어갔어요. 그 중에서도 **소거(계획적 무시)**를 활용했죠. 릴리가 엄마 아빠가 싫다거나 죽어 버렸으면 좋겠다고 말할 때는 항상 소거를 활용하며 그 말에 대해 인정도 강화도 하지 않았죠.

처음에는 우리에게 상처가 되는 말을 하거나, 소리 지르거나, 자신을 꼬집으면 벌을 주고는 했어요. 아이를 방으로 들어가게 했는데 그러니까 감정이 더 격해지더라고요. 이런 결과는 릴리가 자신에게 문제가 있고, 자신의 섬세함이 나쁘다고 느끼게 만들었어요. 아이는 악을 쓰며 울었어요. 아이는 때때로 자기 마음을 간파하는 듯 이런 말을 했어요. "난 너무 심하게 울고 화를 내서 항상 내 방으로 가야 해요. 난 나쁜 애예요."

릴리의 분노 폭발은 또한 수많은 부정적 관심을 불러일으켰어요. 아이는 상처가 되는 말을 하고 충격적인 일을 벌이면서 관심을 얻고는 했어요. 그런 관심들은 모두 아이의 행동을 강화해서 계속 반복하게 만들었죠. 우리가 소거를 해도 예상대로 난리를 피우기는 했지만, 결국에는 아이도 그런 행동으로는 우리에게 아무런 관심을 얻지 못한다는 것을 깨달았어요. 아이가 (드물게) 다른 사람을 다치게 하지만 않으면 소거는 정말 효과가 좋아요.

릴리가 소거에 지나치게 강하게 반응하거나 진정하기까지 시간이 오래 걸리면 아이가 조금씩 마음을 가라앉힐 수 있도록 방으로 들여보내기도 했어요. 그렇게 할 때에는 아이가 거절당하는 느낌이 들지 않도록 이건 벌이 아니며 마음이 진정되면 언제든 바로 밖으로 나올 수 있다고 확실히 알려줬어요. 다른 아이들도 무질서하거나 혼란스럽지 않은 집에서 살 권리가 있으니까요!

우리는 릴리가 감정을 다스리는 데 도움이 될 수 있도록 "안정 상자"를 만들어 보도록 권했어요. 아이는 우리의 도움을 받아서 신발 상자 안에 마음을 진정시키는 데 필요한 스트레스 공, 슬라임, 컬러링 책, 아이팟을 넣어 놨어요.

인정은 우리 가족이 지내는 방식을 크게 변화시켰어요. 우리는 릴리가 화나지 않게 하려고 매사에 조심하던 걸 그만뒀어요. 그 대신 아이가 감정이 올라오는 상황을 스스로 다루도록 도와줬어요. 지금도 아이가 쉽게 감정을 주체하지 못한다는 걸 알지만, 거기에 대처할 수 있는 기술과 자신감이 있어요. 우리가 맞게 하고 있다는 것도 알고요. 한마디로 우리는 폭풍을 이겨낼 수 있어요.

얼마 뒤 우리는 릴리의 감정을 반영하고 아이에게 공감한 것들이 효과가 있는 것을 실감했어요. 아이의 감정에 이름을 붙이고 아이가 그것들을 부르게 하는 것은 아이의 자기조절에 큰 도움이 됐어요. 우리는 아이의 발전에 고무되어 아이가 실망과 분노를 성숙한 소녀처럼 다룰 때를 언급하며 끊임없이 열렬히 칭찬했어요. 우리는 아이의 행동을 강화하기 위해 더 많은 칭찬과 함께 조금이나마 보상도 해줬어요(간헐적 강화). "릴리야, 네가 지금처럼 그렇게 스스로 조절하는 모습을 보니 너무 자랑스럽구나. 이런 행동에는 특별 캔디를 받을 만해!"

비록 릴리가 떼쓰는 것은 또래 아이들 "평균"보다 더 심하긴 하지만, 감정적으로 폭발하는 빈도와 길이는 확연하게 줄었어요. 하지만 시간이 지나면서 우리는 아이가 기분이 나쁠 때면 여전히 언어 폭력으로 되돌아간다는 것을 깨달았죠. 언어 폭력은 우리뿐만 아니라 다른 형제들에게도 굉장한 상처였기 때문에 그것을 줄이기 위해 각별한 관심을 갖기로 했어요.

우리는 릴리를 앉혀 놓고 릴리가 지금까지 이뤄 놓은 성과에 대해 우리가 얼마나 자랑스러워하는지 말해줬어요. "네가 화날 때 상처 되는 말을 안 하는 게 얼마나 힘든지 이해해. 그래서 네가 다른 사람들에게 욕이나 상처가 되는 말을 안 하면 상을 주려고 해."

이 말은 아이의 감성적인 부분에 호소력이 있었어요. 아이는 다른 사람들의 마음을 다치게 하고 싶지 않지만 화가 날 때 자신도 모르게 그런 말이 나오는 거였거든요. 우리는 릴리가 화가 날 때 곧바로 다른 사람에게 폭발하지 않는 대신 특정한 방법을 사용하면 토큰을 받을 수 있다고 말했어요(처음 폭발했을 때 한 번은 봐줌). 여기서 특정한 방법이란 방으로 들어가 "안정 상자" 속에 있는 동물 모형을 가지고 놀거나, 예술 활동을 하거나, 자신이 왜 화가 났는지 다른 사람에게 상처 되는 표현 없이 얘기하는 것 등이었어요.

우리는 함께 아이가 토큰으로 "구입"할 수 있는 것들 목록을 작성했어요. "큰" 보상(장기간)과 "작은" 보상(단기간)으로 나누기 전에 아이가 말한 몇 가지 너무 엉뚱한 것들(반려동물로 조랑말 입양, 디즈니랜드 다녀오기)은 반려해야만 했어요.

우리는 빈 피클 병을 활용해 "토큰함"을 만들어서 뚜껑에 구멍을 뚫어서 토큰을 넣을 수 있게 했죠. 병은 릴리가 직접 꾸미게 했어요. 토큰함은 아이 방에 놔서 아이가 토큰을 받을 때마다 자연스레 한숨 돌릴 여유를 가질 수 있게 했어요.

지금까지 아이는 첫 번째 보상(선데 아이스크림)을 받을 수 있는 토큰을 벌었고, 두 번째 보상까지는 이제 반절 정도 남았어요! 우리는 릴리가 내적인 동기를 향상시키기 위해 칭찬도 많이 해 주고 있어요. 릴리가 마음을 가라앉히고 조절하기 위해 기술을 사용할 때마다 우리는 아이의 자기조절 능력과 내면의 힘에 박수를 보내 줍니다.

우리는 일관성이 중요하다는 것도 알고 있어요. 릴리 같은 아이들에게는 특히 더 그렇고요. 또한 우리는 일관성 못지않게, 어쩌면 그보다 더 융통성이 중요한 것도 알아요. 그래서 종종 아이의 행동을 눈감아 주거나, 못 본 척하거나, 주의만 주고 지나가기도 해요. 이 광경을 릴리의 여동생이 보고 불공평하다고 불평을 했고, 우리는 둘째 아이의 감정을 인정해 주면서도 여러 차례 대화를 통해 "공평함이 꼭 똑같음을 의미하지 않다"고 얘기했어요. 둘째가 계속 시샘하는 것을 방지하기 위해 우리는 둘째를 위한 차트를 하나 따로 만들었고, 지금 아이는 상을 받기 위해 즐겁게 방을 정리하고 있습니다. 윈-윈이죠!

전반적으로 우리 가정의 삶은 확실히 더 안정되고 즐거워졌어요. 릴리의 선생님은 학교에서 다른 아이들이 괴롭힐 때 릴리가 더 주관 있게 대처한다고 알려줬고요. 릴리의 행동이 나아지면서 밤에 우리 둘만의 데이트도 다시 할 수 있게 됐죠!

가장 중요하게는 릴리가 더 행복해졌어요. 이제 아이는 자신의 감정에 대해 더 많이 표현하고, 더 열린 마음을 지니고 있고, 더 이상 인정받지 못하고 판단당하고 꼬리표가 붙는다고 느끼지 않아요. 릴리는 하이드 씨처럼 지낼 때보다는 미소 짓고 깔깔대는 모습으로 지낼 때가 더 많아요. 그리고 우리는 행복하고 포근하고 기쁜 모든 순간을 소중히 만끽하고 있답니다.

앞으로도 계속 해야 할 것들이 남아 있지만, 우리는 할 수 있다는 걸 알아요!

타일러의 이야기

타일러를 키우는 것은 시작부터 험난한 여정이었어요.

타일러는 유치원 때부터 우리를 힘들게 했어요. 학교에 입학한 첫 몇 년 동안은 학교를 완전히 뒤집어 놨기 때문에 너무 괴로웠어요. 학교에서는 싸움, 통제 불능, 교실에서의 비행, 권위에 대한 완전한 부정 등을 이유로 타일러를 퇴학시키는 것도 고려하고 있었고, 우리는 어떻게든 답을 찾아야 했어요. 타일러는 친구도 별로 없었고, 특히 갓난아이인 동생 알렉스한테까지 화를 내며 달려드는 것을 보면서 우리는 완전히 기진맥진해져 버렸어요.

우리는 답을 얻기 위해 타일러를 데리고 심리 상담과 정신과 진료를 비롯한 온갖 치료를 다 받으러 다녔어요. 아이는 굉장히 빨리 ADHD 진단을 받았어요. 우리는 초기에 그것을 인지하고 다양한 치료법들을 알아 보았고, 효과는 제각각이었어요. 식단을 변경하고, 영양제를 구입하고, 거의 모든 치료법들을 알아보고 수없이 많이 시도해 봤죠.

타일러에게 약을 먹이기 시작하자(이것도 적합한 약 종류와 용량을 맞추기까지 힘들었지만), 학교 생활과 관련된 스트레스는 줄어들기 시작했어요. 선생님들로부터 처음으로 긍정적인 얘기도 듣게 됐고요. 학교 성적도 향상되기 시작했어요. 반 친구가 타일러를 생일 파티에 초대하려고 처음 전화했을 때는 같이 울기까지 했죠.

우리는 축하받아 마땅했지만, 그것을 만끽하기에는 너무 지치고, 질리고, 신경이 곤두선 상태였어요. 우리는 타일러를 키우면서 타고난 낙관주의와 근성이 고갈된 상태였고, 우리가 과연 의미 있는 방식으로 아이와 관계를 맺을 수 있는 능력이 있을지 의문이 들었죠. 타일러와 오랜 세월을 비관주의와 힘겨루기에 빠져 지내면서 사실상 관계라는 게 남아 있지 않은 상태였거든요.

집안에서의 생활이 조금 나아진 것은 큰 도움이 안 됐어요. 어떨 때는 약이 문제를 더 악화시키는 것 같기도 했어요. 특히 약효가 떨어질 만한 최악의 시간대가 있었죠.

최근에 타일러의 정신과 주치의는 아이의 내력을 검토할 때 DMDD를 앓고 있는 것 같다고 얘기했어요. 전에 한 번도 들어 본 적이 없는 병명이었죠. 정신과 의사는 DMDD의 증상을 설명하면서 타일러가 딱 그 병이라고 얘기했어요. 아이가 이미 약물치료를 잘 받고 있기 때문에 치료가 그렇게 많이 달라지지는 않겠지만, 타일러와 부모 훈련에 도움이 될 수 있다며 DBT 치료자를 추천했어요. 우린 머뭇거렸어요. 또 다른 치료를 받는다고? 우리는 그동안 하도 많은 일들을 겪어서 회의적인 생각이 많이 들었지만 그래도 조심스레 한번 해보기로 했어요.

수용은 정말이지 넘을 수 없는 산처럼 느껴졌어요. 비록 아이의 장점들(유머감각, 손재주)을 생각해 낼 수는 있었지만, 마치 남의 아이를 묘사하는 것처럼 괴리감이 느껴졌어요. 그리고 그런 좋은 면들을 생각하다 보면 항상 삐딱하게 흘러갔죠. "아이가 재미있어서 다행이야. 나중에 살인을 저지르더라도 도움이 되겠어.", "그 좋은 손재주를 가지고 자기가 집안에서 부순 것들을 다 고치면 좋겠네."

수용하는 것은 너무 힘들었어요. 우리 아이가 또래 아이들과 다르다는 사실을 평온하게 받아들이기가 정말 쉽지 않았죠. 아이가 다른 모든 아이들과 다르게 "행동할 수밖에 없다는" 사실을 인정하기가 너무 어려웠어요. 우리가 부모로서 완전히 실패한 게 아니라는 사실을 받아들이는 것 또한 정말 힘들었죠.

천천히, 그리고 고통스럽게 우리는 타일러가 우리가 갖고 있는 그런 부정적 태도를 느끼고 있었음을 깨닫게 되었어요. 아이는 자신이 좋은 게 하나도 없고, 물을 흐리는 미꾸라지 같고, 태생부터 잘못된 아이라고 느꼈어요. 특히 평범한 아이들이 겪는 그런 문제들을 지니고 있는 알렉스와 비교하면 더욱 그렇게 느꼈죠. 아이의 이런 느낌은 우리의 관계, 아이의 자존감, 아이가 적절하게 행동할 수 있는 능력에 영향을 끼쳤어요.

우리는 타일러를 변화시킨다는 생각보다는 먼저 우리의 뇌를 다시 훈련시키고 관계를 재설정하는 데 많은 노력을 들여야 했어요.

우리 자신부터 변화해야 한다고 생각했고, 그 첫 번째 시작은 올바른 **수용**이었어요. 할 수 있는 것은 다 했어요. 밤에 타일러 방으로 몰래 들어가 아이가 자고 있는 모습도 **봤죠**(그러다 아이가 중간에 깨서 자신을 쳐다

보고 있는 유별난 모습의 부모를 보고 놀란 뒤에는 그만뒀지만요). 아이의 장점을 적은 엄청 긴 목록도 만들었어요(슬프게도 처음에는 몇 시간 동안 빈 종이만 들고 있었죠). 아이가 조금이라도 우리와 닮은 점이 있는지 찾아내려고 애썼어요("부모님도 내가 10대 때 돈 엄청 쓰셨지!"). 온갖 종류의 격언들을 찾았는데, 다른 것들보다 더 도움이 된 것도 있었어요. **반대행동**도 실천했어요. 우리가 평정심을 유지하는 데는 도움이 됐지만 정작 타일러는 우리의 의도를 의심했어요(아무 말도 안 했지만 확실히 우리를 못 믿겠다는 눈초리로 바라봤죠).

우리는 마음챙김을 통해서, 타일러에 대한 우리의 추측이 맞을 때도 있지만 때로는 아무 근거가 없을 때도 있음을 깨달았어요. 아이가 너무 오랫동안 집안을 혼란스럽게 만들었기 때문에 우리가 섣부른 결론에 이르렀던 것도 당연한 일이었죠. 우리는 아이가 어떤 생각을 하는지 항상 알 수는 없다는 것을 배웠어요. 우리의 생각을 감정으로부터 분리하는 법도 배웠고요(지금도 그렇게 하기 위해 노력 중이에요).

우리가 처음 타일러를 **인정하기** 시작했을 때에도 아이는 의심스러워했어요("엄마 아빠 요즘 왜 그렇게 이상하게 행동해요?") 아이는 냉소적으로 다음에 무슨 일이 일어날지 기다리는 것만 같았는데, 우리는 그 모습에 마음이 찢어지듯 아팠어요. 그동안 우리가 얼마나 아이를 인정해 주지 않았는지 실감할 수 있었거든요.

아이는 천천히, 아주 천천히 달라지기 시작했어요. 우리는 타일러에게 분노와 고통 이외의 다른 감정들도 느끼기 시작했어요. 우리는 더 여유를 가지고 더 자상하고 관용적으로 아이를 대했고, 타일러는 친절함으로 반응하기 시작했어요(어느 정도까지는요). 우리는 아이의 피드백과 반응에 귀를 기울이면서, 어떤 말이 효과적이고 인정에 도움이 되고 어떤 말이 거들먹거리는 것처럼 들리는지 배웠어요.

우리 스스로를 인정하는 것 또한 힘들었어요. 특히 아이 엄마가 더 그랬죠. 아이 엄마는 끊임없이 자신의 능력을 의심하며 자신이 위선자라고 느꼈어요. 하지만 엄마가 자기 아이조차 키울 수 없다면 그동안 어떻게 다른 사람들의 아이들을 돌볼 수 있었겠어요?[9]

한동안 수용에 전념하다가(동시에 변화를 초조하게 미루고 있으면서), 마침내 우리는 변화 전략을 도입하기로 결심했어요. 우리는 앉아서 가장 간절히 변화시키기 바라는 행동들을 나열한 뒤 우선순위를 정했어요. 1순위는 신체적 공격성이었어요. 그건 우리 사전에 용납할 수 없는 일이기도 했고, 아이가 누군가를 다치게 할까 봐 진심으로 걱정되기도 했어요.

우리는 타일러와 얘기하기 전에 먼저 **"미리 대처하기"**를 활용해서 가장 효과적으로 전달할 수 있는 방법을 연습했어요. 과거 타일러와 비슷한 얘기를 했던 경험 상, 타일러가 어떻게 반응할지 대략 알 수 있었거든요. 우리는 논의를 계획하고, 필요할지도 모르는 문장과 기술을 미리 준비하면서, 어색하지만 서로 연습도 했어요!

우리는 타일러와 함께 얘기하는 자리를 가지면서 신체적 공격은 절대 안 된다는 것을 분명히 했어요. 우리는 사실에 입각해서(주의를 기울여, **판단하지 않고**) 변화가 필요한 행동들(주먹으로 때리기, 치기, 밀치기, 침 뱉기)을 기술했어요. 앞으로 아이가 그런 행동을 보일 경우 곧바로 24시간 동안 특혜(스크린타임, 아빠와의 특별 여행, 친구 집에서 자고 오기)를 박탈하겠

---

[9] 1장에서 타일러의 엄마가 유치원 교사로 소개된 것을 기억하자.

다고 했죠.

예상대로 타일러는 방어적으로 격하게 반발했지만, 우리는 차분하게, 초점을 맞춰서, 단호함을 유지한다는 지침을 지켰어요.

그후 몇 주 동안은 좋게 말해서 고된 나날들이었어요. 타일러는 자신의 한계를 시험하기 위해 할 수 있는 것은 다 하려는 듯이 보였죠. 타일러는 알렉스를 툭 치고 나서 곧바로 "툭 치는 건 금지 행동에 포함 안 돼요."라고 주장했어요. 타일러는 알렉스가 자기를 보게 하기 위해 "어쩔 수 없이" 쳐야만 했다고 주장했죠. 타일러는 알렉스가 책상 위에 있는 자기 종이들을 떨어뜨린 것에 대해 우리가 벌을 주지 않는다고 소리를 질렀어요. 그리고 나서는 자기가 나서서 알렉스를 주먹으로 때렸죠.

타일러는 수많은 특혜를 잃게 되었고 상황은 나아지기보다는 더 안 좋아지는 것만 같았어요. DBT 치료자는 타일러의 행동이 좋아지기 전에 먼저 더 악화될 수 있는데, 그것은 앞으로 더 좋아질 수 있다는 신호라고 장담했어요. 치료자는 우리의 기대가 불합리한 것이 아님을 확인하기 위해 아이의 폭발적 행동을 계속 추적하도록 격려했어요.

치료자는 또한 우리가 징벌적이고 부정적인 쪽에 초점을 맞추고 있음을 언급하면서, 좋은 행동에 대해 인센티브를 도입할 것을 권했어요.

우리는 그 조언에 따라 다시 타일러와 마주 앉았어요. 우리는 타일러에게 알렉스를 다치지 않게 하는 것이 얼마나 힘든지 안다고 얘기하면서, 아이가 잘한 행동에 대한 보상을 해주고 싶다고 얘기했어요. 오후 4시 30분부터 7시 사이(타일러의 공격성이 최고조에 달한 시간대)에 타일러가 알렉스에게 공격적인 행동을 하지 않은 날에는 용돈을 1달러 더 받을 수 있었죠. 그러면서도 우리는 아이가 공격적인 행동을 한 날에는 특혜를 박탈하는 조치를 계속 이어 나갔어요.

우리는 몇 번이고 포기하기 직전까지 갔지만 최대한 일관성을 유지하려고 애썼어요. 우리는 같이 싸우지 않는다, 위협하지 않는다, 그저 결과에 맡긴다 같은 몇 가지 "결과에 대한 격언"을 적용했어요. **계획적 무시**와 **고장 난 레코드** 기술 덕분에 초기 적응 기간 동안 온전한 정신을 유지할 수 있었죠.

과거에는 서로 오가는 내용들이 점차 고조되면서 끝내는 타일러가 걷잡을 수 없을 정도로 통제 불능 상태가 되고, 우리 역시 아이가 저지르는 모든 위반 행동들에 대해 더 많은 벌을 주고는 했어요.

지금 우리는 서로 합의한 결과를 지키고 있고 우리가 반응하는 데 지침이 될 만한 틀을 가질 수 있게 된 것을 감사히 여기고 있어요.

신체적 위해를 가하는 부분에서는 융통성을 발휘할 여지가 거의 없었어요. 그래도 가끔은 타일러의 행동에 융통성을 발휘할 수 있는 기회를 발견하기도 해요. 한번은 타일러가 며칠 연속으로 아주 잘 지내다가 알렉스와 잠깐 싸운 뒤 곧바로 멈춘 적이 있었어요. 그때 우리는 아이의 자제력을 칭찬해 주었고 "거의 때릴 뻔한" 상황은 그냥 흘려 넘겼어요.

고맙게도 **자연적 결과**도 같이 따라 주었고, 우리는 그것을 유리하게 활용했어요. 하루는 타일러가 오후 내내 알렉스를 사정없이 놀려 댄 적이 있었어요. 알렉스가 괴롭지만 그렇다고 "공격적"으로는 느껴지지 않을 정도로만 잡고, 툭툭 치고, 너무 세지만 않을 정도로 5대를 찰싹찰싹 때리고, "본의 아니게" 넘어뜨리기도 했죠.

그날 늦게 타일러는 알렉스를 꼬드겨서 알렉스의 새 킥보드를 타려고 했어요. 하지만 오후 내내 교묘하게 괴롭힘을 당했던 알렉스는 같이 타고 싶은 마음이 전혀 안 들었죠. 타일러가 우리에게 도움을 요청했을 때 우리는 알렉스가 왜 못 타게 하는지 이해가 된다고 차분히 얘기해줬어요. 아이는 확실히 말귀를 알아들었어요(비록 아무도 자신을 이해해 주지 않는다며, "알렉스한테 좀 덜 잘해준다고 무슨 일이 생기는 것도 아니"라며 분통을 터뜨리기는 했지만요).

이 모든 과정을 통해 우리는 노력의 효과를 모니터링했고, 타일러의 공격성이 실제로 줄어들고 있는 것을 확인했어요! 우리는 여기에 계속 신경을 쓰면서 기록을 해왔기 때문에, 타일러가 여전히 비교적 자주 동생을 괴롭힌다는 사실에 굳이 초점을 맞추지 않고 승리를 축하할 수 있었어요.

우리는 신체적 공격성 문제와 더불어서, 타일러에게 한계를 설정하고 유지하는 데 어려움이 있다는 것도 깨달았어요. 아이는 끊임없이 통금 시간을 어기고, 저녁 식사 시간이 거의 다 끝날 때쯤 어슬렁 들어오고, 스스로 숙제나 뒷정리하는 것을 거부했어요. 아이는 또한 우리 중 한 명은 동의하게 만들고 다른 한 명은 반대하게 만드는 식으로 우리가 서로 대립하게 만드는 데 달인이 됐죠. 마치 우리가 아니라 타일러가 집안을 이끌어 가는 것 같았어요!

우리는 일단 서로의 관계를 강화하고 근성을 키워 나가면서, **한계 설정과 일관성 유지하기**라는 어려운 문제를 해결하는 데 착수했습니다. 우리가 해결해야 했던 많은 문제들이 비효과적인 위협, 외출 금지, 벌에서 비롯되었고, 애초에 제대로 한계 설정을 했다면 피할 수 있던 것들이었죠.

우리는 한계를 하나씩 설정해 나가기 시작했어요. 첫 시작은 타일러가 비디오 게임을 안 끄는 것이었어요. 아이는 우리가 그만 게임을 끄라고 얘기해도 말을 안 듣고 소리를 고래고래 질렀고, 그 때문에 우리와 아이 모두 좌절과 원망, 분노, 상처받은 기분이 들고는 했어요.

우리는 다음과 같은 한계를 도입하는 데 동의했어요. 우리가 타일러에게 미리 5분 전에 게임을 그만하라고 얘기하면 아이는 최대한 빨리 게임을 끄는 거죠. 만약 아이가 따르지 않으면 다음 게임 시간에서 5분을 빼고요.

아이는 곧바로 한계를 시험했어요. 그냥 말을 안 듣고 게임을 계속했고 다음날 게임 시간에서 5분을 빼려고 하자 어깨를 으쓱하며 "못하게 해 보던가요."라고 말했어요.

어떻게 하면 덩치도 큰 13살짜리 애가 "못하게" 할 수 있을까요?

코드를 빼서 가져가니까 아주 깔끔하게 되더라고요. 비록 타일러는 깔끔하게 끝날 때가 별로 없었지만요.

아이는 적대적인 태도를 취하면서 통제력을 상실했어요. 우리는 **소거** 기술을 활용해서 아이가 심하게 떼쓰는 것을 무시했어요. 우리는 타일러가 엄청 화를 내고 있는 상황에서 알렉스만 데리고 집 밖으로 나왔어요. 집에 돌아왔을 때 타일러는 우리를 비웃으며 이렇게 말했어요. "하하하, 엄마 아빠가 나만 두고 밖에 나간 건 진짜 내가 바라던 거였어요. 아주 평화롭고 좋더라고요." 우리는 일관성과 소거의 성과를 거두기 위해 그냥 아이가 "이겼다"로 느끼게 함으로써 그의 행동을 강화했어요.

이 모든 일들은 우리를 뒤흔들고 속상하게 만들었지만, 다른 한편으로는 태풍을 견뎠다는 자부심도 들었답니다.

사태가 잠잠해진 뒤 우리는 전략을 재점검했어요. 게임 시간을 5분 줄이는 게 타일러에게 아무 소용이 없다는 건 확실했어요(물론 우리가 한계 설정을 하기 전에 했던 것처럼 타일러한테 게임 좀 그만하라고 소리 지르는 것도 효과가 없기는 마찬가지였고요). 그런데 전원을 뽑아 버리는 건 효과가 있었어요. 우리는 한계를 적용하는 전략을 수정했어요. 만약 우리가 말하고 5분이 지나도 타일러가 게임을 끄지 않으면 다음날까지 전원 코드를 압수하기로 한 거죠.

타일러는 우리가 자기를 못 믿고 애 취급한다며 투덜댔어요. 우리는 이런 불평에 대꾸를 안 하고 이후의 모든 불평 불만들을 전부 무시했어요. 실제로 하루 종일 코드가 사라진 날에 아이는 처음으로 게임을 못하게 됐어요. 이후 아이는 놀라울 정도로 한계에 순응하는 모습을 보였답니다!

이런 한계를 적용할 때 화를 통제하기 위해서는 상당한 수준의 마음챙김과 자제력이 필요해요. 우리는 아이에게 2주 동안 외출 금지를 받아들이지 않으면 앞으로 다시는 볼일 보러 다니지 못하게 할 거라는 공허한 위협을 해왔다는 것을 알았어요. 그럴 때, 특히 타일러가 강하게 반발하면 우리도 감정이 격해졌죠. 때로는 더 나은 판단 대신 이런 감정에 굴복할 때도 있었고요.

우리는 타일러가 한계를 무시할 때 여유를 가지고 자기조절을 하려고 노력하지만, 어떨 때는 그럴 마음의 여유를 가지지 못할 때도 있고, 둘 다 바쁜 부모인 만큼 물리적으로 안 될 때도 있어요. 집에 둘이 같이 있을 때에는 한결 나아요. 한 명이 자리를 지키는 동안 다른 한 명은 쉴 수 있으니까요. 학습곡선이 상당히 가파르다 보니, 처음에는 노력에 비해 배우는 것이 굉장히 적고 지금도 여전히 매일 모르는 것을 배우고 있지만, 반복된 연습을 통해 더 잘할 수 있게 되는 것도 사실이에요.

우리 삶에는 아직 수없이 많은 난관들이 있어요. 타일러를 키우는 것은 여느 부모들처럼 그렇게 "쉬운" 여정이 되지는 않을 거예요. 하지만 이제 우리는 새로운 기술을 익히면서 더 자신감이 생겼고, 실제 현실에서의 변화를 확인하고 있어요. 타일러의 말 안 듣는 행동은 확연히 줄어들었고, 타일러의 기분과 우리의 기분, 그리고 타일러와 우리의 관계는 눈에 띄게 좋아졌어요. 우리는 삶의 굴곡을 거치면서도 두 아들을 모두 계속 사랑할 수 있는 힘을 얻었고, 현실에서 직접 변화를 목격하면서 용기를 얻었습니다.

책을 덮기 전에

자동차가 항상 잘 가게 하려면 정기적으로 점검하고 유지 보수를 해야 하듯이, 양육 기술 역시 일회성으로 끝나서는 안 된다. 지속적이고 일관된 자기점검과 지원이야말로 성공적인 양육의 두 가지 핵심 열쇠다.

당신은 지금까지 수많은 기술과 개념을 습득했는데, 그 모든 의미와 세세한 것들까지 전부 기억하는 것은 불가능하다! 다음에 나오는 **양육 기술 완전 정복 체크리스트**는 https://blog.naver.com/happy_han-ga/222523899895 에서도 내려받을 수 있는데, 일상적인 양육을 하면서 빠르고 쉽게 필요한 내용을 찾아볼 수 있다. 당신이 익힌 기술을 다시 되새길 필요가 있거나, 효과를 극대화하기 위해 스스로의 숙련도를 파악하고자 할 때 사용하라.

‖ 양육 기술 완전 정복 체크리스트 ‖

변증법적 기술 (1장)

☐ 변증법적 용어를 사용한다(권장: 둘 다, 효과적인, 흔히, 때로는. 지양: 하지만, 항상, 절대, 옳은, 틀린, 좋은, 나쁜).

☐ 다른 관점에서의 진실을 찾고, 존중하고, 인정한다.

☐ 변화에 맞서 싸우지 말고 이를 받아들이는 노력을 한다.

☐ 변화를 수용하는 연습을 한다.

☐ 당신이 다른 사람들에게 끼치는 영향에 신경 쓴다.

☐ 비난하거나 판단하지 않고 원인을 찾는다.

수용의 이점을 되새긴다 (2장)

☐ 고통 + 수용 = 고통, 고통 + 불수용 = 괴로움.

☐ 수용은 변화로 이어진다(현실을 받아들이지 않고 맞서 싸우면 변화하기 어렵다).

☐ 수용은 대처 능력을 향상시킨다.

☐ 수용은 장기적으로 관계를 개선한다.

수용 기술 (3장)

☐ 수용과 거부의 장점과 단점을 파악하고 그 득실을 비교한다.

☐ 아이의 특징을 나열하고 당신과 비슷한 점을 찾으면서 유대감을 쌓는다.

☐ 수용하는 마음가짐을 지닌다.

☐ 스스로 고집을 부린다고 느껴지면 옅은 미소를 띤 채 기꺼이 내미는 손 동작을 실천한다.

☐ 반대행동을 실천한다.

☐ 미리 대처한다.

☐ 현실을 전적으로 수용한다.

☐ 자신을 관찰한다. 당신은 현실을 수용하고 있는가, 아니면 거부하며 맞서 싸우고 있는가?

☐ 원인을 살펴본다.

☐ 비난을 내려놓는다.

☐ 의미를 부여한다.

☐ 변화를 받아들인다.

☐ 감정이 들게 놔둔다(슬픔을 비롯한 여러 감정들을 알아차린다).

마음챙김 기술 (4장)

☐ "무엇" 기술을 사용한다.
- ☐ 관찰하기
- ☐ 기술하기
- ☐ 참여하기

☐ "어떻게" 기술을 사용한다.
- ☐ 판단하지 않기
- ☐ 한 번에 하나씩 주의를 기울이기
- ☐ 효과적인 것을 하기

인정하기 기술 (5장)

- [ ] 아이가 이해받는 느낌을 가질 수 있도록 언어적, 기능적으로 인정한다.
- [ ] 일말의 진실을 찾아서 오직 타당한 부분만을 인정한다. 인정하기 위해 굳이 동의하거나 허용할 필요는 없다.
- [ ] 인정의 6단계를 실천한다.
    - [ ] 현재에 충실한다.
    - [ ] 판단하지 않고 반영한다.
    - [ ] 아이의 감정에 대한 단서를 찾고 아이의 감정에 이름을 붙여 본다.
    - [ ] 과거를 바탕으로 이해하고 있음을 전달한다.
    - [ ] 현재를 바탕으로 인정한다.
    - [ ] 진심으로 인정한다.
- [ ] 이해가 안 될 때는 아이에게 도움과 상황 파악을 요청한다.
- [ ] 필요하고 건설적인 경우에는 부드러운 방식으로 불인정한다.
- [ ] 효과를 평가한다. 만약 인정하는 것이 효과가 없다면, 다른 것을 시도한다.

행동을 늘리는 전략 (6장)

- [ ] 강화를 제공하되, 다음을 준수한다.
    - [ ] 즉각적
    - [ ] 현실적
    - [ ] 가치 있고 의미 있게

□ 안전하고 건강하게

□ 현재 상황에 적합하게

☐ 칭찬하되, 다음을 준수한다.

□ 진실되게

□ 구체적으로

□ 공개적으로(적절한 경우에만)

□ 자상하게, 어루만지며(적절한 경우에만)

☐ 행동 차트나 계약을 계획할 때에는

□ 목표를 정한다.

□ 목표를 다루기 쉬운 수준으로 잘게 나눈다.

☐ 행동 차트나 계약을 작성할 때에는

□ 아이를 참여시킨다.

□ 아이가 힘들어할 수 있음을 인정한다.

□ 알맞은 정도로 변화를 요구한다.

□ 적절한 보상을 선택한다.

☐ 적절한 보상을 선택할 때에는 다음과 같은 다양한 요인들을 헤아린다.

□ 맥락: 이것은 아이의 발달 단계에 적합한가?

□ 적합성: 보상이 행동에 비례하는가?

□ 균형: 과도한 보상이나 특권 의식으로 이어질 우려는 없는가?

□ 융통성: 보상은 계속 구미가 당기는가, 아니면 시간이 지난 뒤에 변경이 필요한가?

□ 현재의 특혜: 보상으로 제공하려는 것을 이미 아이가 가지고

있는가?
- [ ] 행동 차트나 계약을 실행할 때에는
  - [ ] 관심을 보인다.
  - [ ] 아이가 이를 준수하고 책임감을 갖도록 격려한다.
  - [ ] 행동 차트나 계약의 효과를 평가하고, 필요하면 업데이트한다.

행동을 줄이는 전략 (7장)
- [ ] 벌은 꼭 필요할 때만 효과적으로 사용해야 함을 기억한다.
- [ ] 결과는 다음과 같이 시행한다.
  - [ ] 구체적으로
  - [ ] 한시적으로
  - [ ] 의미 있게
  - [ ] 적절하게
  - [ ] 행동과 밀접한 관련이 있게
  - [ ] 과잉교정을 요구한다(적절한 경우에만).
- [ ] 결과를 확실히 보여준다.
- [ ] 자연적 결과가 발생하게 놔둔다.
- [ ] 소거를 실행할 때에는 없애려는 행동이 심해지더라도 일관되게 무시한다(아무도 다치지 않는다는 전제하에).
- [ ] 아이가 왜 그렇게 행동하는지 원인을 파악하고 사전 방지를 위해 포만을 실행한다.

한계 설정 기술 (8장)

- [ ] 한계를 설정하기 전에 다음의 사항들을 점검한다.
    - [ ] 한계 설정의 목적
    - [ ] 연령 적합성과 사회/문화 규범
    - [ ] 아이의 역량
    - [ ] 부모-아이 관계
    - [ ] 당신의 감정 상태
    - [ ] 이미 실행 중인 한계의 개수
- [ ] 아이에게 한계를 전달할 때에는
    - [ ] 시간과 장소를 주의 깊게 살핀다.
    - [ ] 초점을 유지한다.
    - [ ] 평정심을 유지한다.
    - [ ] 명확하고 단호해야 한다.
    - [ ] 자신감을 가진다.
    - [ ] 자상하게 전달한다.
    - [ ] 설정한 한계의 결과를 확실히 보여준다.
    - [ ] 상황에 따라 일관성과 융통성의 균형을 유지한다.

이 책의 내용은 여기가 끝이다. 하지만 당신의 여정은 끝나지 않았다! 이 책은 당신에게 값진 기술, 관점을 변화시킬 수 있는 통찰, 그리고 당신이 지속적으로 학습하고 성장하며 가능한 최선의 부모가 될 수 있는 프레임워크를 제공해 준다. 변화는 끊임없이 계속됨을 기억하라. 마지막으로, 당신이 이 책을 지도 삼아 끊임없이 변화하는 삶의 풍경을 헤쳐 나가기를 진심으로 기원한다.

‖ 감사의 말 ‖

무엇보다 먼저, 내가 이 책을 쓸 수 있는 능력을 주시고 훌륭한 사람들을 많이 보내 주셔서 내 꿈을 현실에서 이룰 수 있게 해주신 전능하신 하나님께 깊은 감사를 드린다. 훌륭한 사람들의 이름을 다 쓰자면 책 한 권은 써야 할 것이다. 이 모든 분들의 이름을 전부 일일이 언급할 수는 없지만 진심으로 감사드린다.

특별한 분들 중 몇 분에게는 지면을 빌어서 감사를 표하고 싶다.

나의 사랑하는 아내 Ruchama에게, 당신은 정말 훌륭한 배우자이자 엄마입니다. 당신의 지원과 격려가 없었다면 나는 결코 이 책을 쓰지 못했을 것입니다.

나의 놀라운 아이들인 Michoel, Adina, Yisrael, Esti, Shua, Shira에게, 내가 좋은 부모가 될수 있는 방법을 알려줘서 고맙다. 이 책의 많은 부분이 너희들 덕에 만들어질 수 있었어.

나의 부모님께, 저를 세상에 태어나게 해 주시고, 길을 인도해 주시고, 제가 내딛는 한 걸음 한 걸음마다 지지해 주셔서 감사드립니다.

나의 스승이자 멘토이자 가이드인 랍비 David Kleinkaufman에게 감사드립니다. 당신은 이책에 영감을 주었고, 오늘날의 제가 존재할 수 있도록 도움을 주었습니다.

내가 쓴 말들을 예술적으로 다듬어 준 Yael Dorfman에게 감사드립니다. 당신의 글쓰기 재능과 인내, 헌신 덕분에 당신과 함께 일하는 것이 너무나 큰 축복이었습니다.

훌륭한 경험을 할 수 있게 해준 New Harbinger 출판사의 팀원들인 Jess O'Brien, Clancy Drake, Rona Bernstein에게 감사드립니다. 여러분과 작업하는 것은 더할 나위 없이 즐거웠습니다.

참고문헌

Alizadeh, S., M. B. Abu Talib, R. Abdullah, and M. Mansor. 2011. "Relation- ship between Parenting Style and Children's Behavior Problems." *Asian Social Science* 7, no.12: 195–200.

American Psychiatric Association. 2013. *Diagnostic and Statistical Manual of Mental Disorders, 5th ed.* Washington, DC: Author.

Baumeister, R. F., E. Bratlavsky, M. Muraven, and D. M. Tice. 1998. "Ego Depletion: Is the Active Self a Limited Resource?" *Journal of Personality and Social Psychology* 74, no. 5: 1252–65.

Baumrind, D. 1967. "Child Care Practices Anteceding Three Patterns of Pre- school Behavior." *Genetic Psychology Monographs* 75, no. 1: 43–88.

Cameron, J., and W. D. Pierce. 1994. "Reinforcement, Reward and Intrinsic Motivation: A Meta-Analysis." *Review of Educational Research* 64: 363–423.

Deci E. L., and R. M. Ryan. 1985. *Intrinsic Motivation and Self-Determination in Human Behavior.* Boston: Springer.

Eisenberger, R., W. D. Pierce, and J. Cameron. 1999. "Effects of Reward on Intrinsic Motivation—Negative, Neutral, and Positive: Comment on Deci, Koestner, and Ryan (1999)." *Psychological Bulletin* 125, no. 6: 677–91.

Frey, B., and R. Jegen. 2000. "Motivation Crowding Theory: A Survey of Empirical Evidence." *Journal of Economic Surveys* 15.

Gagné, M., and E. Deci. 2005. "Self-Determination Theory and Work Motivation." *Journal of Organizational Behavior* 26, no. 4: 331–62.

Gershoff, E. T., J. E. Lansford, H. R. Sexton, P. Davis-Kean, and A. J. Sameroff. 2012. "Longitudinal Links Between Spanking and Children's Externalizing Behaviors in a National Sample of White, Black, Hispanic, and Asian American Families." *Child Development* 83, no. 3: 838–43.

Gottman, J. M., and R. W. Levenson. 2002. "A two-factor model for predicting when a couple will divorce: Exploratory analyses using 14-year longitudinal data." *Family Process* 41, 83–96.

Gottman, J. M., and N. Silver. 1999. *The Seven Principles for Making Marriage Work: A Practical Guide from the Country's Foremost Relationship Expert.* New York: Crown Publishing Group.

Jabeen, F., M. Anis-ul-Haque, and M. N. Riaz. 2013. "Parenting Styles as Predictors of Emotion Regulation Among Adolescents." *Pakistan Journal of Psychological Research* 28, no. 1: 85–105.

Jeannerod, M., and V. Frak. 1999. "Mental Imaging of Motor Activity in Humans." *Current Opinion in Neurobiology* 9: 735–39.

Kabat-Zinn, J., E. Wheeler, T. Light, A. Skillings, M. J. Scharf, T. G. Cropley, D. Hosmer, and J. D. Bernhard. 1998. "Influence of a Mindfulness Medita- tion-Based Stress Reduction Intervention on Rates of Skin Clearing in Patients with Moderate to Severe Psoriasis Undergoing Phototherapy (UVB) and Photochemotherapy (PUVA)." *Psychosomatic Medicine* 60, no. 5: 625–632.

Kohn, A. 1993. *Punished By Rewards: The Trouble with Gold Stars, Incentive Plans, A's, Praise, and Other Bribes.* New York: Houghton Mifflin.

Krasnegor, N. A., E. M. Blass, and M. A. Hofer (Eds). 1987. *Perinatal Develop- ment: A Psychobiological Perspective.* Cambridge, MA: Academic Press.

Kübler-Ross, E. 1969. *On Death and Dying.* New York: Collier Books/ Macmillan.

Ledford, G. E. Jr., B. Gerhart, and M. Fang. 2013. "Negative Effects of Extrinsic Rewards on Intrinsic Motivation: More Smoke Than Fire." *WorldatWork Journal* 2013, no. 2: 17–29.

Lepper, M. R., D. Greene, and R. E. Nisbett. 1973. "Undermining Children's Intrinsic Interest with Extrinsic Reward: A Test of the 'Overjustification' Hypothesis." *Journal of Personality and Social Psychology* 28, no. 1: 129–37.

Linehan, M. M. 1993. *Cognitive-Behavioral Treatment of Borderline Personality Disorder.* New York: The Guilford Press.

Linehan, M. M. 2015. *DBT Skills Training Manual.* 2nd ed. New York: The Guilford Press.

Mendolia, M., and R. Kleck, 1993. "Effects of Talking About a Stressful Event on Arousal: Does What We Talk About Make a Difference?" *Journal of Personality and Social Psychology* 64, no. 2: 283–92.

Mittelstädt, V., and J. Miller. 2017. "Separating Limits on Preparation Versus Online Processing in Multitasking Paradigms: Evidence for Resource Models." *Journal of Experimental Psychology: Human Perception and Perfor- mance* 43, no. 1: 89–102.

National Institute of Mental Health. 2016. "Irritability in Children—Disruptive Mood Dysregulation Disorder." Accessed August 17, 2020. https://www.nimh.nih.gov/news/media/2016/irritability-in-children-disruptive-mood-dysregulation-disorder.shtml

Pink, D. H. 2009. *Drive: The Surprising Truth About What Motivates Us.* New York: Riverhead Books.

Piotrowski, J. T., M. A. Lapierre, and D. L. Linebarger. 2013. "Investigating Correlates of Self-Regulation in Early Childhood with a Representative Sample of English-Speaking American Families." *Journal of Child and Family Studies* 22, no. 3: 423–36.

Simons, D., and S. Wurtele. 2010. "Relationships Between Parents' Use of Corporal Punishment and Their Children's Endorsement of Spanking and Hitting Other Children." *Child Abuse & Neglect* 34: 639–46.

Skinner, B. F. 1953. *Science and Human Behavior.* New York: Macmillan. Suomi, S. J. 2005. "Aggression and Social Behaviour in Rhesus Monkeys."

Novartis Foundation Symposia 268: 216–253.

Taren, A. A., P. J. Gianaros, C. M. Greco, E. K. Linday, A. Fairgrieve, K. W. Brown, R. K. Rosen, et al. 2015. "Mindfulness Meditation Training Alters Stress-Related Amygdala Resting State Functional Connectivity: A Randomized Controlled Trial." *Social Cognitive and Affective Neuro- science* 10, no. 12: 1756–68.

아이를 변화시키는 부모 수업
: 아이의 감정을 이해하고 행동을 변화시키는 DBT 양육법

첫판 1쇄 펴낸날 2022년 4월 14일

지은이 마티스 밀러
옮긴이 나경세
디자인 신미경

펴낸곳 해피한가 | **펴낸이** 김완규
출판등록 2021년 2월 22일 제385-2021-000011호
주소 경기도 안양시 동안구 시민대로 230 평촌아크로타워 B305-150 (우편번호14067)
이메일 happy_han-ga@naver.com

ⓒ해피한가, 2022
ISBN 979-11-974869-2-0

* 이 책의 판권은 지은이와 해피한가에게 있습니다.
* 이 책 내용의 전부 또는 일부를 재사용하려면 반드시 양측의 서면 동의를 받아야 합니다.